민요공동체 연구

민요공동체 연구

초판 인쇄 2019년 1월 5일
초판 발행 2019년 1월 10일

지은이 나승만 | **펴낸이** 박찬익 | **책임편집** 양영주
펴낸곳 (주)**박이정** | **주소** 서울시 동대문구 천호대로 16가길 4
전화 02) 922-1192~3 | **팩스** 02) 928-4683
홈페이지 www.pjbook.com | **이메일** pijbook@naver.com
등록 2014년 8월 22일 제305-2014-000028호

ISBN 979-11-5848-426-2 (93380)

민요공동체 연구

나승만 지음

(주)박이정

차 례

제1부 프롤로그, 민요공동체의 상상체계를 찾아서 • 5

제2부 민요공동체 현장연구 • 17

1. 소포리 노래방 활동에 대한 현지연구 • 18
2. 비금도 강강술래의 사회사 • 42
3. 남동리 민요공동체 당당패의 성립 과정 • 61
4. 노래판 산다이에 대한 현지작업 • 83
5. 목포 시민들의 강강술래 연행사 검토 • 107
6. 소안도 민요사회의 역사 • 124
7. 민요 연행현장 모아시비(モ−アシビ) 분석 • 206
8. 中國 广西 龍脊古壯寨 壯族의 민요사회 현지작업 • 218

제3부 민요공동체의 세계와 상상의 길 찾기 • 247

1. 민요사회의 사적 체계와 변천 • 248
2. 한국 민요에 내재된 수직과 수평의 세계 • 273
3. 동아시아 민요학계의 연구경과와 새로운 동향 • 282

제 1 부

프롤로그 ::

민요공동체의
상상체계를 찾아서

1.
『인간다운 삶』을 생성하는 에너지는
어디에 있을까

　섬, 민속, 휴머니즘, 민요공동체는 비주류 단어다. 필자는 우리 사회의 비주류에 속한 개념인 『인간다운 삶』에 주목하면서 공부하고 있다. 민속학을 공부하는 입장에서뿐만 아니라 내가 살고 있는 호남, 광주, 섬이라는 공간과 이 지역에서 살고 있는 사람들의 인간다운 삶에 대하여 공부하다보니 그렇게 되었다. 이 글도 그런 논조의 연장선에 있다. 필자는 민요공동체 공부를 하면서 인간다운 삶의 문제에 주목해왔다. 민요공동체의 세포인 구성원 한명 한명에 대하여 그들의 생애 이야기들을 수집하고 분석했다. 그리고 구성원들 간의 관계와 공동체들 간의 관계에 대하여 공부했다. 이 글은 거기서 얻어낸 지식들을 좌표 삼아 다음으로 나아가려는 의도에 대한 것이다.

　『인간다운 삶』을 지향하는 노력은 우리 사회를 건강하게 만들어가는 세끼 밥 먹는 일과 같은 것이다. 윤리적이라든지 도덕적이라든지 또는 양심을 지키려는 노력 등과 같은 것이다. 그렇지만 주류 사회는 도시, 금융, 기업, 시장, 능률, 준법과 같은 단어들에 주목한다. 학문사회가 주목하는 지점도 여기다. 대학 대부분의 학과가 여기에 치중되어 있다. 한국의 주류 사회나 대학의 학과는 대부분 복지, 풍요, 성장, 창조, 생산, 가공, 금융, 경제, 법제 등에 주목하고 있고, 또 이런 용어를 사용하여 자신들의 학과 이름을 정하고 학문의 정체성을 설명

한다. 그러나 이런 용어들의 내면은 감염되어 있다. 늘 질병의 징후를 안고 있다. 사회체제가 자유경제를 지향하는 자본주의 사회일 뿐만 아니라 일제강점기, 6·25 한국전쟁, 개발독제로 이어지는 시간을 통과하면서 지식·자본·권력들이 자본·권력·보수 친화적 지식체제, 법률체제, 경제체제, 산업체제, 문화체제, 교육체제를 공고하게 구축하였기 때문이다. 이런 시스템으로 생산하는 지식제품, 물질제품, 사회제품, 교육제품은 외형적 친일·친미, 내면적 자본·권력·보수 친화적 바이러스를 안고 있다. 이 바이러스들은 우리들의 몸, 마음, 지식, 경험, 인격, 양심의 부분들을 숙주로 삼아 그런 쪽으로 움직이도록 유도한다.

우리 사회는 진통하면서 사회적 건강성을 지키려 노력하고 있다. 이들 바이러스와 대항하면서 국민, 또는 시민, 민중들의 인간다운 삶을 지키고 생성하는 백혈구적 에너지를 생성하는 내면의 다른 시스템이 꾸준히 작동하고 있기 때문이다. 이 시스템은 우리들이 유전적으로 물려받은 DNA적 본성이자 단군 이래 한반도 사람들을 이끌어 온 에너지다. 인간다운 삶을 지향하는 에너지는 물처럼, 공기처럼 우리들의 삶을 안아주고 있다. 폭력과 독점에 대항하고, 평등과 소통과 즐거움과 생명을 지향하는 세계의 에너지들과 연대하면서 인간다운 삶의 길을 열어가고 있다. 필자는 이런 에너지가 한반도 사람들만의 것이라고 생각하는 것은 아니다. 세계 사람들이 공유하고 있는 인류의 귀중한 에너지 자산이라고 생각한다.

인간다운 삶을 지향하는 에너지는 어떤 방식으로 작동하고 있을까. 동맥과 정맥이 한 몸속에 있는 것처럼, 들숨과 날숨, 조직과 조직이 연계되어 있는 것처럼 서로 손잡고 연대하는 다양한 에너지들과 함께, 또는 바이러스와 백혈구가 한 몸속에 있는 것처럼, 붙어서 싸워야 하는 바이러스들과 함께 있는 것처럼 인간다운 삶을 지향하는 에너지는 다양한 에너지들과 다양한 방식으로 연대하거나 대립하면서 발열한다. 국가권력과 공기관의 제도권 속에 디테일로 잠복해서 국민의 인간다운 삶을 공격하고 식민(植民)하는 바이러스와 함께 공존한다. 예를 들어 법과대학을 졸업하고 사법고시에 합격한 인재가 사회에 나가서는 자본가들에게 법의 구멍을 찾아 합법적으로 법망을 벗어나는데 가이드 역할을 하는 식이다. 국가 유공자 그룹에 항일민족해방운동에 헌신한 국가유공자가 친일파와 함께 그룹핑된 식이다. 대학과 학문은 그 지대에 있고, 우리들은 그런 사회에 있다.

『인간다운 삶』을 공부하는 첫걸음은 나를 아는 일로부터 시작된다. 내 안의 바이러스 에너지를 아는 일과 그 활동을 알고 내가 먼저 바이러스의 숙주 역할로부터 해방되는 것이다. 권력과 지배와 식민의 욕망을 억제하며 인간다운 삶을 향해 나아가고 있는지에 대한 자기 성찰과 그 길로 가려는 노력을 해야 한다. 더불어 우리 사회에 대한 인문학적 성찰이 필요하다. 거대 공룡으로 존재하는 한국 학문사회에 돌 던지고 욕하고 싸움을 거는 용기가 필요하다.

필자는 섬의 민요공동체 활동을 조사연구하면서 섬 주민들이 『인간다운 삶』을 향해 나아가고 있는 현장들을 경험했다. 진도 소포리 노래방 활동, 비금도 강강술래 활동, 일제강점기 소안도 야학의 민족해방운동가 학습 활동 등 서남해 섬 주민들이 노래공동체를 만들어 활동하면서 『인간다운 삶』을 살아가고 있는 현장을 조사하거나 경험했다. 그리고 그 조사연구의 현장 경험은 곧바로 내가 경험한 1970년대부터 1990년대까지 전개된 한국 민주주의 운동에서 그 운동을 추동한 에너지원인 노래 부르기로 연계되었다. 필자는 연구자로서 민요공동체 활동과 한국 민주주의 운동을 추동한 노래 부르기 방식의 상호 연계성에 대하여 상상체계라는 개념으로 설명 가능하리라는 기대를 갖고 있다.

2.
새로운 지식과 자원을 조합하여
새시대를 만드는 사람들

민요공동체를 풍성하게 품고 왕성하게 작동시킨 곳이 서남해 섬이다. 육지에도 민요공동체가 있지만 두레나 상두계 등 노동이나 상례를 치르는 경우다. 노래를 부르는 것이 본질이 아니다. 서남해 섬의 민요공동체들은 노동과 의례 외에 노래하고 노는 것이 본질인 민요공동체들이다. 필자가 조사 연구한 곳은 진도, 완도, 신안, 여수 등지다. 서남해 섬이 어떤 곳이기에 민요공동체를 풍성하게 품고 키웠는지 알아보고자 한다.

장보고 이후 섬들이 안정된 생활공간으로 조성된 것은 임진왜란 이후다. 오늘날의 우리들에게 개방된 것은 공도정책, 해금정책에서 풀려나 섬과 바다를 개방한 조선 후기 청나라 이후부터다. 조선 후기부터 섬을 만들어 간 사람들은 누구일까. 공도정책으로 쫓겨났던 원래의 섬 주민들, 내륙에서 이주한 사람들, 섬의 관리인들, 유배인들이다. 내륙에서 이주한 사람들 중에는 도망자들, 천주교도들, 동학교도들이 상당수 있다. 서남해 섬으로 이주해 온 어민들, 농민들, 이주민들, 유배자들은 도망자들이거나 쫓겨난 사람들이거나 새로운 세계를 찾아 온 사람들이다. 섬으로 이주한 사람들은 대부분 소외된 사람들이면서도 새로운 시대를 원하는 사람들이다.

어민으로서 섬사람들은 조선 후기 새로운 산업의 주체들이다. 농업 이주민들 또한 토지가 풍부한 섬으로 이주하여 새로운 마을을 건설하였다. 그리고 이 토대 위에 유배 지식인들이 섬에 들어와 섬 주민들과 지적 교감을 갖는다. 정약전의 흑산도 유배와 정약용의 강진 유배는 서남해 섬 지역을 자극하는 사건이었다. 정약전은 자산어보 작업, 문순득의 漂海始末 대필에서 보듯 토착 지식과 교감하면서 자신의 세계를 넓혀가는 동시에 지역의 지식세계를 자극하였다. 그리고 정약용은 강진에서 유배생활 하면서 서당을 열어 제자를 양성하였는데, 그의 지식은 강진, 해남, 완도, 진도 일대 지식사회와 교감하면서 만들어지고 또 지역사회에 영향을 미쳤다. 특히 강진 주변 섬 주민들의 교육열을 크게 자극하였을 것으로 추정된다.

18~19세기 한반도의 지식사회는 경기, 충청, 호남의 서해안 라인에서 새로운 시대를 준비하였다. 그리고 새로운 사회를 만드는데 유의미한 것으로 생각하여 수용한 것이 서학인 천주교 운동과 그 반동으로 일어난 동학 운동이다. 서

학의 방식으로 수용한 천주교 교리와 서양학이 한반도를 변혁시킬 것이라는 확신을 갖고 그 본질인 천주교 신앙을 수용한다. 당시 조선의 지식인들과 천대받은 백성들이 천주교를 수용하면서 거기서 구원의 길을 찾으려는 노력과 조선 정부로부터 박해받은 천주교도들이 호남의 변방과 섬 지방으로 스며드는 과정은 김훈의 소설『흑산』(학고재)에 서술되어 있으니 일독을 권한다. 그리고 동학 농민전쟁에 대한 자료는 송기숙의 녹두장군, 조정래의 아리랑, 김성동의 국수 등을 참고하기 바란다. 필자는 섬에서 동학군의 이야기를 들었다. 섬 주민들이 동학군으로 참전했고, 패배한 동학군들이 섬으로 스며드는 정황에 관한 이야기들이 섬에서 전승되고 있다. 이 시기 서남해 섬은 신지식의 광장이다.

19~20세기 섬사람들은 어업 또는 바다를 기반으로 하는 새로운 생산방식을 구사하여 사는 존재로 한반도 사회에 경제적 풍요를 가져온 신기술 인력들이다. 장보고 이후 오랜만에 등장한 것이다. 장보고가 개방시대 교류와 상업적 비즈니스로 섬 공간을 자리매김한 것과 달리 바다 자원을 취하여 이를 한반도에 공급하고 그 거래로 취득한 물질을 기반으로 살아가는 사회를 만들었다. 그 체제는 농업기반의 사회와는 확연히 다르다. 농업사회가 안정적이지만 노동성과의 취득이 1년에 두세 차례 이뤄진다. 그러나 바다는 계절과 물때 주기에 따라 자원을 취득하기 때문에 1년에 수십 차례 성과물을 취득하는 특성이 있다. 작업장 취득이 자유롭고 소득의 정도가 바다 지식정보의 수준에 따라 결정되는 특성이 있다. 토지에 종속된 농업과 달리 바다는 오직 바다와 어업에 관한 지식과 정보와 경험과 도구가 수익을 결정하는 요인이며, 또 그 작업장인 바다를 무료로 사용하기 때문에 농업사회와는 확연히 다른 사회조직을 갖게 된다. 농업에 비해 자원이 매우 풍부하고 취득한 자원의 특성도 다르다. 한반도 사회 전체로 보면 탄수화물 에너지 체계에 단백질 에너지 체계가 더해진 것이다. 여기에 대해서는 필자를 포함해 도서문화 연구진들이 조사연구한 동아시아 조기잡이 관련 성과들을 참고하기 바란다.

필자가 공부한 서남해 섬의 민속문화는 이들이 뒤섞여서 만든 문화들이다. 특히 어업이라는 단백질 기반의 풍부한 생산력을 갖고 있는 경제력을 확보했다는 점에 주목해야 한다. 필자는 이 자원이 조선 후기 기호 일대에서 전개된 새시대 운동, 신도시 성장, 문화와 유흥 흥행의 물적 기반이라고 생각한다. 농업 자원이 제공하는 탄수화물 중심의 에너지를 공급받은 사람들의 문화사회가 어업자원의 단백질 에너지 자원을 공급받자 한반도 사람들의 문화사회도 단백질적 칼라 즉 잉태와 생산력을 더하게 되었다고 판단된다. 이 시대에 다양하게 전개된 예술과 유흥문화는 섬의 문화사회가 잉태하고 출산한 한 결과물들이라고 본다.

3.
민요공동체들의 활동과
공동체 체계

필자가 주목한 민요공동체라는 것은 민중들이 노래 부르고 즐기는 공동체다. 민요공동체에서만 인간다운 삶의 길을 찾을 수 있기 때문은 아니지만 필자가 그 분야에 대하여 계속 주목해 왔고, 지금도 그 공동체와 구성원들의 행보를 상상한다. 이러한 작업은 필자가 민요공동체 구성원들의 생애담을 조사연구하면서 구성원들의 생애에 대한 지식을 갖고 있고, 또 이들이 모여서 만든 민요공동체들을 조사연구하여 그 활동을 이해하고 있기 때문이다.

민요공동체들은 과거부터 내려오는 공동체가 있고 당대에 조직된 공동체들도 있다. 필자가 파악한 민요공동체로는 어로공동체, 상두계, 산다이, 또래별 노래공동체, 노래방, 야학 등이 있으며, 각각의 공동체들은 연행주체, 결성방식, 연행목적, 생산방식, 민요주제에 따라 범주화시킬 수 있다.

어로조직 등의 노동공동체, 상두계 등의 의례공동체, 산다이, 또래별 노래조직 등의 순수민요공동체는 현재 어촌에서 활동하거나 존재를 확인할 수 있는 민요공동체들인데, 마을 단위의 지역공동체 안에서 활동하였다. 결성 방식은 노동공동체와 의례공동체는 마을을 구역별로 분할하는 방식이었고 민요공동체인 산다이, 노래방에서는 또래별로 모이거나 기호별로 모여 활동하는 방식이다. 산다이의 경우 현재도 도서 해안지역에서는 연행되고 있는 청춘 남녀의 데이트 노래판이다. 필자는 이러한 민요공동체들이 사회변동을 거치는 동안 일정한 변화를 겪었지만 기본적으로 생활풍습, 생산경제, 의식을 배경으로 형성되었고 또 당시 민요주체의 의식을 반영하고 있다고 생각한다. 일제강점기 항일 민족해방운동 시기 각 마을 야학에서는 항일, 반봉건, 민족해방, 노동해방, 청년운동 의식을 강조하는 내용의 노래 활동이 전개되는데, 이런 공동체들은 전통적 공동체 구성 방식을 이용하여 당대의 문제에 도전하기 위한 공동체들이다.

필자가 논문으로 발표한 소포리 노래방, 소안도 야학, 남동리 당당패, 두레, 서남해 일대의 산다이, 강강술래패, 일본 류큐 모아시비, 중국 광서 장족의 노래패들이 모두 민요공동체들이다. 소포리 노래방은 자기 지역의 노래문화를 수용하고 수련하고 전승하고 창작하고 일터와 마을 생활에서 노래를 즐기며 지내는 공동체다. 남동리 당당패는 놀거나 일하거나 어느 때든 노래하고 즐기는 공동체다. 이들은 일할 때 품앗이도 같이 하고 밤에 함께 모여 북장단에 맞춰 노래부르며 즐기는 공동체다. 산다이는 미혼 청춘 남녀들이 짝 맞춰 모여 음식 먹고 노래부르고 즐기며 짝짓기를 하는 공동체로 류큐 모아시비와 비슷하다. 그리고 강강술래 공동체도 있다. 함께 배타고 어로작업하면서 뱃노래를 부르는 공동체도 있다. 소안도 야학은 일제 강점기 소안도 각 마을에서 만든 야학인데, 한글과 산수와 독립운동의 정신 등 신학문과 민족해방운동가와 노동운동가, 청년운동가, 혁명가 등을 배우는 마을 자생의 기초교육 기관이다.

민족해방운동가를 교수학습한 야학은 일제강점기부터 향촌사회에 편재한 보편적 교육기관이다. 서당에서 개량서당으로, 그리고 야학으로 이어지는 전통을 가졌으며, 사서삼경 텍스트가 한글, 산수, 창가 부르기 텍스트로 교체되었고, 유교에 기반한 훈장에서 신식 교육을 받은 마을 청년으로 교체되었다. 서남해 도서지역 어느 마을에나 야학이 있었다. 소안도에서는 사립학교의 교과목에 기반한 교육 내용을 야학에서 가르쳤다. 사립학교에서 경제학, 법학, 정치학을 배운 청년들이 야학 교사로 마을 주민들을 가르쳤고, 일제강점을 비판하고 민족해방운동을 해야 하는 당위성을 교육했으며, 민족과 인간과 노동과 평등과 사랑과 평화의 가치를 교육의 주제로 삼았으며, 노래 부르기를 주요한 교수학습 방법으로 삼았다.

민요공동체들은 마을에 전승되는 노래를 배우고 부르고 실천하는 동시에 새로운 악곡, 새로운 악기, 새로운 내용, 새로운 형식, 새로운 관계 등을 도입하고 익혀 자신들의 문화적 자산으로 만드는 특성이 있다. 그래서 노래를 전문으로 하는 민요공동체는 늘 새로워지는 특성이 있다.

한 사람이 두루 여러 공동체에서 활동한다. 예를 들면 어로작업을 할 때는 뱃노래 공동체에 참여하다 야학에 가면 야학 공동체의 활동을 한다. 산다이 할 때는 산다이판에서 노래하는 데이트를 즐긴다. 민요공동체들은 상호 연계되어 있어서 한 사람이 다양한 민요공동체 활동을 하게 되어 있으며, 민요공동체 활동을 하면서 노동에서 교육까지의 다양한 지식 정보와 노래문화를 체험하고 과거부터 미래까지를 관통하는 노래문화를 학습하게 된다.

또 습득한 노래 자료는 그의 생애를 통해 삶의 여러 국면에서 활용한다. 노래 지식과 정보는 생애의 중요한 정서 자원이 되어 여러 국면에서 멀티유스하게 사용한다. 상여 소리꾼이 쉬는 중간에 장고나 북장단에 맞춰 유행가를 부르며 즐기는 것도 습득한 노래정보를 여러 국면에서 활용하는 사례의 하나다.

서남해 섬의 주민들은 징용, 군입대, 돈벌이, 어로 등으로 고향을 떠나 외지에 있으면서도 고향의 노래를 불러 그 공간에서 민요공동체 문화를 공유한다. 노동할 때는 일노래를 부르고 쉴 때는 산다이 노래를 불러 그 공간의 사람들과 흥과 신명을 나눈다. 뱃사람이 조기잡이 하러 칠산어장, 연평어장으로 출어해 그곳 파시에서 다른 뱃동무들과 어울려 유흥을 벌이고 서로 노래를 교환하고 공유한다. 분위기가 만들어지면 타지 출신의 사람들과 노래부르기 경합을 하여 노래 정보를 공유하면서 문화적 교제를 한다. 또 파시 유흥업의 여성 종사자들은 각지의 노래문화를 매개하는 메신저 역할을 한다. 한반도 사람들의 노래문화 에너지 융합의 한 현장이다. 그가 귀향하면 이때 배운 노래를 마을 주민들과 공유하여 마을의 노래문화를 풍부하게 한다. 민요공동체 구성원들은 그가 어느 곳에 있든 민요공동체의 문화적 메신저와 수용자 역할을 하면서 서남해 섬문화 에너지를 전파하거나 수용하는 창구 역할을 한다. 그리고 민요공동체 활동을 통해 섬 주민들은 노래의 음악성과 내용의 의미를 내면화한다. 한반도 노래문화를 통해 한반도 에너지가 교류되고 융합되어 민중들의 삶을 풍요롭게 만드는 한 현상이다.

4.
민요공동체의 상상체계를
찾아서

지금 필자가 이 글에서 말하고 있는 내용들, 민요공동체 활동에 담긴 인간다운 삶의 교류와 융합의 에너지와 그 활동들, 그리고 이 에너지 활동이 한반도 사람들의 삶을 인간다운 삶의 방향으로 이끌어 가는 작용을 하고 있다는 서술은 학자들에게 낯선 논리다. 한반도 사람들의 인간다운 삶을 실현하기 위해서는 경제, 법치, 정치, 복지, 경영, 금융 등의 방면에서 해결책을 찾는 것이 기성 학자들의 일반적 견해고 특히 대학사회가 이들을 견인하고 있다.

상상체계라는 개념은 이미 서두에서 말했듯 어쩌면 초논리의 영역이라고 생각할 것이다. 상상체계를 구상한 이유는 인터넷 포털이 그 자체로서 인공지능의 생명력을 갖고 있는 것처럼, 민요공동체의 관계망을 인간다운 삶을 생산하는 에너지 체계로 보기 때문이다. 필자는 상상체계가 오늘날 학문이 소외시키고 있는 인간다운 삶의 문제에 접속하여 그 내면으로 들어갈 수 있는 방식이라고 생각한다. 실증과 형식논리만을 적용하면 민중들의 인간다운 삶을 찾기 어렵다. 기록이 별로 없고 학자들도 그 지점에 시선을 두지 않았기 때문이다. 이 글에서 말한 상상체계는 필자가 어수룩하게 만들어 가고 있는 방식이다. 형식과 논리를 배제하지 않으면서도 그것들의 한계를 넘어 보이지 않는 세계의 그물망 또는 연계의 끈을 잡아낼 수 있는 방법에 대한 구상이다. 보이지 않는 의식의 흐름, 보이지는 않지만 우리들의 삶 속에, 모든 사람들이 마음속으로 간직하고 있는 소망, 인간다운 삶에 대한 로망스, 그 에너지의 연결선들을 찾는 신기술 방식이다.

이상적으로 그려보는 상상체계는 상상력이라는 방법으로 인간다운 삶의 관계망과 시스템과 작동원리에 관한 다양한 면모들을 파악하는 시스템이다. 특히 혼종된, 또는 감염되어 병적 증상을 안고 있는, 그러면서도 병든 줄 모르고 바이러스가 유도하는 방향으로 움직이는 숙주적 사회 속에서 인간다운 삶을 생산하는 에너지 거점으로서 그 지점들을 파악하고, 지점들과 지점들을 연결하는 선들과 선들의 연계망을 파악하고 연계된 망들이 자생적으로 인간다운 삶을 추동하는 에너지를 생산하는 시스템, 가시적으로 드러나지 않지만 엄연히 존재하는 에너지망을 추적하고 그려내는 방식에 대한 용어다.

필자는 서남해 섬지역 민요공동체들을 조사연구하면서 민요공동체가 어떻게 인간다운 삶을 노래하고 있는지에 대하여 경험했다. 그들이 인간다운 삶의 세계로 나아가고 있는 행보를 탐색하고, 공동체와 공동체, 이전 공동체와 현재 공동체, 미래 공동체들의 연계선, 공동체와 구성원들 사이의 연결 끈을 찾아보았다. 그리고 계속 연결선을 이어가서 어떤 모양새, 또는 일종의 체계를 만들고 있는 지, 그리고 공동체가 해체되는 경우 구성원들 또는 참여 경험자들이 각자의 생활현장에서 어떤 역할을 하거나 어떤 사회적 지향에 동의하고 동의하는 방식이 어떤 것인지에 대하여 주목했다. 특히 소안도 주민들의 일제강점기 민족해방운동가 부르기와 소포리 노래방에서 주민들이 자신들의 노래를 지키면서 재생산하고 있는 현장을 경험하며 이런 상황들을 곱씹으면서 긴 시간이 지난 후 상상체계라는 방식을 구상하게 되었다.

서남해 민요공동체들은 인류가 인간다움을 향해 노력해 간 중요한 증거들이다. 인류사에서 이런 류의 노력들이 결합하여 인간다운 사회 시스템을 만들어 왔다고 생각한다. 어느 시대, 어느 곳이든 이런 류의 노력이 있는 곳에서는 인간다운 삶을 누릴 수 있다. 그리고 인간다운 사회로 나아가는 지향성을 갖는다.

오늘날 섬의 민요공동체는 시들어 있다. 에너지를 많이 잃어버렸다. 그러나 필자는 고전물리학이 정의한 에너지 불변의 법칙을 믿는다. 그 에너지가 우리 사회 어디에선가 불타고 있으리라고. 여기서 말한 에너지들은 민요공동체 구성원들을 의미하기도 한다. 연구자인 필자마저도 깜짝 놀랄 방식으로 그 에너지는 보다 진보된 노래공동체를 만들어서 세월만큼이나 증폭된 에너지를 생산하고 있을 것으로 기대한다. 어느 시공간에서나 적응하고 인간다움을 노래하는 공동체로 자가발전하고 있으리라 믿는다. 권력의지가 상상할 수 없는 방식으로. 권력의 중력에서 멀리 또는 그 중력의 자기장 속에서 인간다운 삶을 생산하는 생명공동체를 만들어 가고 있을 것으로 상상한다. 민요공동체의 생명숲이 조성되어 있을 오래된 미래를 상상한다.

대부분의 학자들은 생명숲 민요공동체를 경험하지 못했다. 그러므로 이 글에 동의하기 어렵거나 자기들이 연구한 지역에는 이런 공동체가 없었다고 말한다. 그런 학자들은 그 스스로가 민요공동체 생명숲에 속해 있으면서도 그것이 생명숲 공동체인 줄 모르거나 스스로 자기부정을 한다. 민요공동체를 즐긴 생명숲 사람들은 그들이 어디, 어느 시대에 처하든 노래의 생명숲을 만든다. 오늘날 우리가 숨쉬는 이 시대에도 학자들의 눈에는 보이지 않는 노래의 생명숲 공동체들이 활동하고 있으며 늘 사회를 숨쉬게 하는 산소를 배출하는 역할을 하고 있는 것을 상상한다. 그리고 숨겨진 생명숲 공동체를 탐구하는 학자들이 나오기를 바란다.

제 2 부

민요공동체 현장연구

1.
소포리 노래방 활동에 대한
현지연구

1) 머리말

근대화 이후 자연과 인간, 문화에 대한 이해가 빈약한 정권 주체들이 수행한 개발전략으로 인해 한국의 농어촌 사람들은 심대한 변화를 겪게 되었다. 인구가 급격하게 도시의 상업권으로, 또는 산업현장으로 유리되었으며[1] 그들이 향유했던 문화도 분화되어 가는 과정을 겪게 되었다. 즉 기존의 농어촌 문화나 새로 형성되는 도시, 산업 현장과 주변의 문화변화도 파행적일 수밖에 없었다.

사회변화의 방향이 건강하지 못할수록, 또는 건강을 상실한 사회에서 살아갈수록 건강한 삶의 문화로서 민중의 문화를 생각하게 된다. 그 이유는 민중문화는 건강한 삶을 지향하려는 의지에 토대하고 있으며, 스스로 노동하고 이에 기초하여 자신들의 삶을 꾸려 가는, 생활과 일치하는 문화라는 확신이 담보되어지기 때문이다. 그리고 한편으로는 그러한 토양에서 형성된 문화가 오늘날 우

---

1   1987년과 1992년 사이의 세대수를 비겨해 보면 5년 사이에 25세대, 약 1/8이 이주하였다. 이러한 현상은 한국 농어촌 사회의 전반적 현상이고 지역문화의 존립에 가장 큰 장애요인으로 인식된다.

리의 사회에 새로운 문화적 전망을 제시할 수 있으리라 기대되기 때문이기도 하다.

이 글에서 다루려는 대상은 소포리[2]의 민요 연행·전승 조직인 노래방이다. 필자는 소포리 사람들이 과거의 노래전승 조직을 되살리고 자기들의 문화전통 속에서 형성되었던 노래를 전승하고 현재의 삶과 일치하는 노래를 만들기 위해 학습하는 현상에 대해 이를 민중들의 문화생산 방식의 전형으로 인식하였다.[3]

소포리 사람들은 급격한 외적 변화로 인해 문화전승과 생산에서 불리한 처지에 놓이게 되었는데, 1973년 새마을 방조제를 건설하여 농토를 확대하였으며, 1980년 소포만 방조제가 완공되면서 염업에서 농업으로 생업을 바꿔야 하는 격변을 체험하였다. 그리고 변화된 사회 속에서 전통적인 방법에 의한 노동의 성과물들이 가치절하되는 현실을 체험하였다. 그러나, 한편으로는 자신들이 쌓아왔던 삶의 문법들을 이에 대입하면서 나름대로의 대응을 보여주고 있다.

---

2   소포리는 전남 진도군 지산면 북단 소포만 입구에 위치하고 있으며, 나루를 끼고 있는 현지의 마을 이름이다.

3   필자는 문화창조 과정을 생산과 재생산의 과정으로 이해하였다. 문화의 생산이란 전승, 연행된 문화 요소들을 수용한 주체가 그것을 익히고, 또 시대의 의미에 맞는 새로운 요소, 의미를 덧붙이거나 새롭게 형성한 요소들을 문화주체의 수용 방식에 의해 결합하여 변혁시켜 가는, 즉 생산과 재생산 과정으로 이해하며, 이때 새롭게 덧붙여지거나 새롭게 형상화되는 문화적 작용을 생산이란 용어로 표현하였다. 문화의 생산 작업이 이루어지지 않는다면 그 문화주체는 활동을 정지했다고 할 수 있으며, 그럴 경우 문화의 변질이 일어나고 타 문화에 종속되게 될 것이다. 따라서 문화 생산은 문화주체가 살아서 활동하는 구체적 작용에 의해 가능하게 된다. 그러나 생산활동은 여러 요인에 의해 제약을 받게 되는데, 민중문화의 생산 활동은 상업자본제적 사회에서 취약한 면을 지니고 있다. 특히 민중을 상업자본의 소비구조 틀 속에 구속시키려는 지속적인 작용에 도전받고 있는 상황 속에서 민중 문화가 어떻게 주체성을 지니면서 재생산과 생산의 기능을 수행하며, 사회를 인간화시킬 것인가 하는 문제를 제기할 수 있다. 그런 의미에서 소포리의 노래방 활동은 재생산에서 생산의 단계로의 전이 과정에 놓여 있다고 할 수 있으며, 민중문화 생산의 한 양상을 제시할 수 있다고 생각한다. 문화의 생산과 재생산에 대해서는 레이먼드 윌리엄즈, 문화사회학,(설준규, 송승철 역) 까치,1984, 189-213쪽 참조

한 예로서 갑계,[4] 호상계,[5] 노래방[6] 등의 활동을 들 수 있겠다. 소포리 사람들은 이러한 조직의 활동을 통해 현재의 삶을 과거의 공동체적인 생활문화와 연계시키면서 마을문화의 역량을 유지해 나가고 있으며, 한국 농어촌 문화의 생존력, 또는 문화적 저항력을 보여 주고 있다.

소포리 사람들이 살아온 현재는 도서지역 생활의 일개 현상으로서 뿐만 아니라 한국 농어촌사람들이 문화변동과정에서 어떤 태도를 지니면서 변동에 대응하는가를 가늠하는 한 표본이 될 수 있으리라 생각한다.

필자는 소포리 노래방 사람들의 활동에 대한 현지 작업을 통해 현재 민요를 전승, 재생산하는 주체와 그 방식에 대해 고찰하고자 한다. 이는 민요를 생산, 연행하는 주체로서의 민요 생산조직에 대한 현지작업이고, 거시적으로는 민중들의 문화 생산 과정에 대한 현지작업이기도 하다. 논의의 초점을 현재 운영되고 있는 노래방에 두고, 과거의 노래방 활동과 비교하면서 노래방을 만든 연유와 조직의 운영방법, 실적인 활동과 노래 재생산 방식, 그리고 목적을 밝혀 보려 한다.

---

4 갑계는 같은 해 태어난 사람들끼리 모여 만든 향촌사회 또래 공동체다. 갑계의 참여 범위는 마을을 기본으로 하며 리, 면 단위까지 확대되기도 한다.

5 호상계는 상례 시 운상하는 상여 앞에서 질베를 이끌고 가는 여성 운상조직으로 20명을 단위로 조직되어 있다. 상례를 치르고 상여를 운구하고 매장하는 남성 중심의 상두계와는 다른 상례 공동체의 하나다. 진도 여자들은 누구나 이 계에 한몫 이상 들어 있을 정도로 일반화되어 있으며, 호상꾼들이 없는 출상에는 구경도 가지 말라고 할 정도로 상례에서 중요한 몫을 차지하고 있다. 소포리 여자들은 시부모나 친정 부모, 남편과 자신의 몫대로 계에 가입해 있으며, 친목활동까지 곁들이고 있다. 이에 대한 자세한 정보는 별도의 글을 통해 밝힐 예정이다.

6 이 글에서 논의 될 노래방은 도시에서 유행하고 있는 노래방과는 다른 것이다. 마을 주민들이 자체적으로 북장고를 치면서 노래를 배우고 부르고 즐기는 민요공동체다.

2) 노래방 활동에 대한 현지작업

(1) 소포리

소포리는 진도읍의 서남방에 위치해 있으며 진도읍 사람들이 이곳 나루를 이용하여 목포를 내왕하던 교통의 요충지이기도 하였다. 마을 사람들의 말에 따르면 임진전쟁 때 이순신 장군이 이곳 염전에서 군사를 훈련시켰으며, 그때의 진법을 모방하여 소포리의 금고[7]를 만들었다고 하며, 차씨의 시조 되시는 분이 임진전쟁 때 들어와 정착했다고 전해지기 때문에 마을이 생긴 것은 그보다도 오래 되었을 것이라고 한다. 또 이곳에서 가장 오랫 동안 거주했던 수원백씨가 13대째 되니 약 400년전에 마을이 이루어졌다고도 한다. 그러나 현재 거주하는 주민의 조상 입도 시기를 1600년 이전으로 소급하기는 어렵다. 이는 서남해 도서지역의 선주민들이 임진전쟁 이후 내륙으로 이주하거나 소멸하고 그 후 새롭게 정착한 이주민들로 교체되었던 사실에서 그 근거를 찾을 수 있다.[8] 그렇다면 현 주민의 조상을 임진전쟁 후 새롭게 이주해 온 사람들로 보아도 무방할 듯하다.

마을 형성 초기부터 염업을 주업으로 삼았으나 1973년 새마을 방조제가 완공되고 1980년 소포만 방조제가 완공된 후로는 농업으로 전환하였다. 소포 방조제는 생산경제뿐만 아니라 교통로의 변화 와 문화의 변동에 영향을 미쳤다.[9] 단적인 예로 방조제 건설 전 번성했던 소포 나루가 1992년 현재는 폐허가 되었

7　소포리에서는 농악을 금고, 또는 군고라고 한다. 이 용어는 해남, 완도 일대에서도 사용되고 있어서 전남 도서 지역 일대에 두루 사용되는 명칭으로 생각된다. 이 글에서는 현지의 명칭인 이 용어를 그대로 사용하였다.

8　이해준, 「조도지역의 역사적 배경」, 『도서문화』 제2집, 목포대학교 도서문화연구소, 1984, 76쪽.

으며, 간척지에 물대는 양수장으로 변했다.

소포 사람들의 생활사는 원(제방)을 막는 것과 연계되어 있다. 표 1을 참고하여 보면 집앞막과 동막이 초기 염전이며, 마을 번영의 근거가 되었다. 이 염막이 만들어지면서 원래의 윗동네보다 더 넓은 아랫동네가 만들어졌다. 마을 서편과 북편으로 염전이 확대되면서 소포리는 더욱 번영하였다. 1952년 삼화염전둑, 남일염전둑이 건설되면서 최전성기를 누렸다. 그러다 1970~1980년 사이 외곽지역에 방조제가 건설되면서 염업을 마감하고 농업으로 전환하였다.

1992년 4월 현재 인구 733명, 184세대, 7개 반으로 분할하여 마을을 운영하고 있다. 1992년 4월 현재의 마을 현황은 다음 표와 같다.

〈표 1〉 소포리 마을과 염전 분포 지도

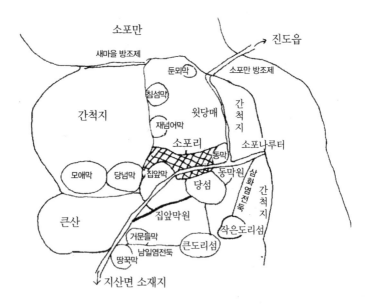

〈표 2〉 인구분포 10)

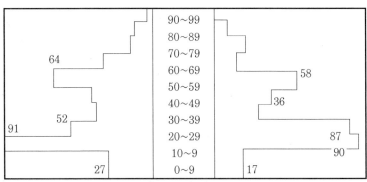

9　염업할 때의 소포리 경제력을 상징하는 말로 "하루에도 들천냥 날천냥이다"라는 말이 있다. 하루에 소금을 팔아 천냥 벌고 식량과 일용품을 사기 위해 천냥을 쓴다는 것이다. 이곳에서는 1955년까지만 하더라도 바닷물을 섯등에 부어 흘러나온 물을 받아 가마솥에 끓이는 화염 제조방식으로 소금을 생산했는데, 5월에 시작하여 10월까지 작업하며, 물때에 따라 한달에 두 번 구울 수 있다. 구울 때마다 돈이 들어 오므로 매월 1회 이상 자금을 확보할 수 있다. 그러나 방조제의 완공에 따라 농업으로 전환하면서 매 가구당 평균 1정보의 토지를 불하받아 소유하게 되면서 부동산 가격에 의한 재산 소유액은 늘었지만 자금 회전력과 평균 수입이 현저히 저하하였다. 그 결과 마을의 경제력이 약화되고 주민의 도시 이주가 현격히 증가하였다. 또한 방조제를 따라 진도읍으로 도로가 개설되면서 버스로 진도읍−진도대교−광주로 내왕함에 따라 진도군 서부지역 일대의 사람들이 소포항에서 배를 이용하여 목포로 출입하던 교통체계에 변화를 가져왔고, 진도읍과 연결된 소포 나루도 사실상 기능을 상실하였다.

10　이 표는 주민등록의 기록을 기초로 작성한 것이다. 참고로 10대와 20대의 인구는 실제 거주인구에 비해 많은 것으로 파악된다. 이 층은 도시에서 학교에 다니거나 취업하고 있는 사람이 많으며, 아직 미혼이기 때문에 주민등록상 이곳에 거주하는 것으로 되어 있을 뿐인 경우가 많다.

〈표 3〉 성씨 분포 (184세대. 22개 성씨)

본 관	세 대 수	본 관	세 대 수
김해 김씨	28	신안 주씨	5
밀양 박씨	21	선산 김씨	5
연안 차씨	15	나주 임씨	4
창녕 조씨	10	경주 정씨	4
남양 홍씨	10	현풍 곽씨	3
완산 이씨	9	평택 임씨	3
동복 오씨	5	기 타	62

〈표 4〉 생산작목 [11]

작목/연대	1900		1950	1960	1970	1980		1992	현재
소 금		(55)							
벼									
목 화					(1976)				
고구마									
담 배									
보 리									
해 태									
대 파									

* (— ; 생산되어진 시기, ――― ; 생산이 쇠퇴되는 시기)

---

11 1970년대까지만 해도 소금이 주 생산물이었으나 소포만 방조제 완공 이후 벼농사로 바뀌
    었다. 이 외에도 콩, 조, 메밀 등을 경작하였는데, 주로 가뭄이 들었을 때 대파 작목으로 선
    택되었다.

〈표 5〉 마을 조직 (행정 조직 제외)

명칭/항목	기 능	구 성 범 위	전 승 실 태
두 레	공동 제초	마을 공동	1950년대 중단
물레방	공동 길쌈	6, 7명 단위	1970년대 중단
품앗이	교환노동	6, 7명 단위	현재 존속
염막선일	소금 생산	가족 단위	1980년 중단
상포계	상례 수행	반(30명)	현재 존속
호상계	운상 보조	계원(20명)	현재 존속
금고	농악 연행	마을 공동(40명)	현재 존속
노래방	노래 학습	또래별(10명)	1984년 재결성
갑계	친 목	나이별	편재 존속
결의계	친 목	2, 3명	전승 쇠퇴
노래계	친 목	노래방 사람	1987년 결성

〈표 6〉 제의 활동

명칭/항목	시기(음력)	구 성 범 위	전 승 실 태
거리제	정월 14일	수호 · 제액	1960년대 중단
당 제	정월 보름	수호 · 풍농	1920년대 중단
마당밟이	정월 보름	수호 · 제액	현재 전승
염전고사	5월 소금 시작 때	풍년 기원	1960년 중단
풍 장	칠월 백중	풍년 기원	1950년 중단
충 제	6월(7월) 초하루	방 충	1920년 중단

소포리 사람들의 조직생활 기본단위는 반이다. 마을이 크기 때문에 전체 마을 단위보다도 반을 단위로 하는 조직 생활에 익숙해 있다. 반조직은 마을의 세대수에 따라 편성했다. 30세대를 기준으로 1개 반을 편성했는데, 사망 시 30명이 있어야 출상을 원만히 치룰 수 있기 때문이었다. 8년 전에 7개 반으로 편성했는데, 현재는 한 반이 25-6가구로 줄어들었다. 두레는 리 전체를 동부와 서부로 나누어 운영하였으며, 다시 20-30명 단위로 재분할하여 논과 밭의 지심을 맸다. 물래방은 여성들을 중심으로 6-7명 단위로 결성되었고, 염막선일은 염전의 소유주에 따라 9개 막으로 분할, 경영되었다.[12] 상포계는 반 단위로 묶어져 있고, 호상계는 여자들이 20명 단위로 결성하였다. 금고는 특별한 기준이 없이 기능에 따라 모였다. 금고에는 대원뿐만 아니라 모든 마을 사람들이 공동으로 참여하였으며, 마을 사람들을 한데 묶어주는 기능을 한다. 갑계는 나이별로 모였고 결의계는 친분을 기준으로 모였다. 근래에 결성된 조직일수록 소규모에 친분관계가 작용한다. 소포리 사람들은 어떤 형태로든 상호간에 하나 이상의 조직으로 연결되어 있다. 소포 사람들은 모두 종횡으로 엮어진 공동체의 한 연결선 위에 놓여 있다. 어떤 문제든 공동체의 맥락에서 제기되고 해결된다. 그리고 새로운 공동체를 만드는데 기준을 제공한다.

소포리 사람들은 의례와 경제생활에서 호혜적 교환관계에 기초하여 생활하였으며,[13] 스스로 예술의 동네라고 할 만큼 예능활동이 활발하였다. 진도에서

---

12 소포리의 염전은 둔매막(3정보), 치섬막(2정보), 재넘어막(3정보), 당넘막(6정보), 집앞막(5정보), 거문돌막(2정보), 땅꿈막(2정보), 동막(4정보), 모애막(6정보) 등 9개 막으로 분할되어 있다. 2정보에 6-7가구 정도가 일했으며, 6정보 정도의 큰 막에서는 20가구까지 일했다. 일하는 작인들은 막주와의 인연에 따라 모였다. 막주는 일하는 작인들을 관리해야 하기 때문에 막주의 집에 자주 모이며, 술과 음식을 접대하는 기회가 많다. 재산의 정도와 관계없이 누구나 염막에서 선일을 했으며, 매 가구마다 균등하게 분배하여 경영하는 것이 원칙이었다. 염전을 소유한 지주, 현장에서 경영하는 막주, 일하는 작인의 체계로 되어 있다. 지주는 외지인들이었으나 중년에 들어 소포리 사람들로 바뀌었다.

13 진도사람들의 호혜적 교환관행에 대해서는 전경수, 「진도 하사미의 의례생활」, 『민족과 문화』 1, 337쪽을 참조할 것.

가장 아름다운 풍물굿을 연행하였으며, 팔월 보름밤에 강강술래로 밤새우며 놀아서 다음날 다리에 퇴옥이 나 정지 문지방을 넘어서지 못할 정도였고 주체적으로 신파극을 꾸며 놀았다고 한다. 과거 소포리 사람들은 생활 속에서 스스로 문화를 형성해 내고 이를 즐기면서 삶을 가꾸어 왔다. 그러나 현재 소포리 사람들의 문화 활동은 금고와 노래방을 제외하고는 전반적으로 위축되어 있다.

(2) 소포리 사람들의 노래생활과 노래방 사람들

소포리 사람들은 노래를 부르며 사는 생활풍습을 지녀왔다. 그들은 전 생활과정에서 수시로 노래 부르며 생활하지만 제도적으로 생산노동의 시기, 세시의례, 통과의례에서 노래를 부르도록 되어 있다.

생산노동의 경우 염업이 주 소득원이었기 때문에 많은 시간을 염전에서 노동하였다.[14] 그러나 염업은 기본적으로 가족 단위의 노동이기 때문에 이와 관련된 노래도 자연히 개인 노동기능과 관련되어 있다. 염전 노동에서의 노래는 뻘을 갈 때의 소모는 소리, 염수를 퍼부을 때 물푸는 소리, 작은 옹다리에서 큰 옹다리로 옮기면서 통을 이어 주는 소리, 큰 옹다리에서 솥으로 물을 퍼 올릴 때의 물올리는 소리, 그리고 소금을 구면서 흥그래타령 등을 불렀다. 이런 노래들의 연행이 중단된 것은 70여 년 전이며, 지금은 전승이 단절되었다.

농업노동에서 주로 많은 노래를 불렀다. 소포리 사람들은 염업을 주소득원으로 삼았고 농업도 같은 비중으로 중요하게 생각하였다. 염업은 가족단위로 구역이 분할되었으며, 남성들만이 작업에 참여하였지만, 농업생산에서는 남 여가

---

14 이곳에서의 염전일은 5월에 시작되며 10월 경에 끝난다. 염전의 뻘을 소를 이용한 써레로 갈고 섯등을 만들고 말린 뻘을 섯등에 붓고 갯물을 퍼 넣어서 염수를 만들고 이것을 옹다리에 받아 저장했다 가마솥에 모아서 끓이는 일의 과정이다. 그러면 다시 섯등의 뻘을 퍼내서 써레로 갈아 말리는 과정을 반복하면서 작업을 계속한다. 이 일은 우기를 제외한 기간 동안 계속되었고 또 소금을 굽기 위해 연료로서 나무를 해오거나 사오며, 명절에 따라 제를 지내는 작업이 규칙적으로 반복된다.

두레공동조직으로 작업하였다. 농업노동에서 많은 노래가 불려 졌기 때문에 노동민요가 소포리의 노래를 주도하였다고 할 수 있다.

소포리에서는 밭매기와 논매기에서 같은 노래를 불렀는데, 가락에서 약간의 차이가 있을 뿐이다. 소포리의 들노래는 음악적인 면에서 진도 들노래의 전형이라 할 수 있다.[15] 농업노동에서 부른 노래를 표로 정리하면 다음과 같다.

소포리의 들노래는 모찌기를 시작해서 밭매기와 논매기를 마칠 때까지의 전 기간 동안 줄곧 불려졌다. 그러나 일제 말 공동노동이 분화되어 가면서 차츰 자취를 감춰 현재는 노래방 사람들에 의해 전승이 이루어지고 있다.

〈표 7〉 소포리 노동민요 분류표

기능/항목	노래명	기 간	연행주체	작목	가창방법	연행실태	학습조직
밭매기	흥그래타령	3,6,7월	여성 개인	보리 목화	독창	현재 연행	자연적 습득
	절로소리 산타령 방아타령	6,7월	남녀 공동 두레		선후창	일제 말 중단 두레 해체	노래방
모찌기	먼데소리	6월	여성	벼		80년대 중단, 경작법 변화	
모심기	상사소리		품앗이				
논매기	절로소리 산타령 방아타령	6,7월	남녀 공동 두레			일제 말 중단 두레 해체	
풍 장	잦은절로소리	7월					
장원질	논매기 노래와 타령류						

15   전남지역 들노래의 권역과 연행현장, 진도 들노래의 특징에 대한 논의는 필자의 『전남지역의 들노래 연구』, 전남대학교 대학원, 박사학위청구논문, 1990.을 참조하기 바람.

세시의례에서 노래를 부르며 노는 때가 있다. 정월 보름, 화전놀이, 그리고 추석에는 마을 사람들이 서로 패를 이루거나 공동으로 모여 노래 부르고 논다. 정월 보름과 추석에는 강강술래를 주로 부르는데, 현재는 노래방 사람들에 의해 재현되고 있다. 봄철의 화전놀이는 각각의 계를 중심으로 이루어지며, 육자배기를 비롯하여 흥겨운 타령을 부르는데, 현재까지도 지속되고 있다.

혼례와 상례에서 노래를 부르는데, 혼례 시 이불짐을 지고 간 마을의 청년들이 짐을 건네주면서 팔월가[16]를 불렀다. 상례 시에는 상여소리를 한다. 출상 전날 저녁 씻김굿을 하고 다음날 상여소리를 하는데, 상여소리는 남자들이 하고 여자 호상계원들이 상여 앞에서 질베를 잡고 가면서 남자들의 소리에 맞추며, 쉴 때 육자배기를 중심으로 노래판을 벌이고 논다.

소포리 사람들은 1930년대까지도 노동이나 세시절일, 의례공간 속에서 연중 계속해서 노래 부르며 생활했다. 그러나 일제의 침략전쟁이 확대되는 1940년대에 들어서면서 마을 사람들의 생활이 피폐해지고 일본 순사가 주둔하자 자연히 노래 부르는 생활이 쇠퇴하게 되었다. 현재 소포리 사람들의 생활공간에서 이 마을의 전통민요를 연행할 기회가 줄어들고 있으며, 들노래와 팔월 가는 노래방에서 학습을 통해 전승되고 있다.

필자의 조사에 의하면 향촌사회에는 일반적으로 노래를 익히는 학습조직이 어떤 형태로든 있었다. 때로는 노동조직이 그런 역할을 담당하고 소포리에서처럼 노래만을 학습하는 조직이 있는 경우도 있다. 소포리에서 뿐만 아니라 신안군 장산면 공수리에서도 이 지역의 전통민요를 학습하는 모임에 노래방이란 명칭을 사용하고 있다.[17]

소포리에는 한국전쟁 이전까지만 하더라도 노래방이 형성되었다. 당시의 노

16   팔월가는 해방될 당시 해방가로도 불려졌다.
17   이 명칭이 소포리와 일부 지역외에도 일반적으로 사용하고 있는 명칭인지는 아직 확인하지
      못하였다. 그러나 이러한 노래 학습조직이 전남지역의 민요사회에 두루 발견되기 때문에
      소포리의 노래방에 대한 현지작업을 통해 민요연행의 조직을 파악하고자 하였다.

래방에서의 학습은 또래별로 모여 각각의 방마다 마을 어른 중 노래를 지도할 선생을 모시고 농한기를 이용하여 이루어 졌다. 명절이 가까워 오면 각각의 노래방을 중심으로 연습이 이루어지고 당일 밤에는 마을의 주도적 위치에 있는 노래방을 중심으로 마을 노래판이 이루어졌다. 현재 활동하고 있는 노래방은 또래별 조직이라는 기본적인 양식은 유지하고 있으나 생활 관습으로 이루어 졌던 과거 시기의 경우에 비해 노래방 수와 활동인원이 줄어들었고 친분관계가 강조되며, 노래의 가창력이 강조되고 있다. 그러나 조직 내의 결속력이 강화되었고 농어촌 문화의 존립에 대한 위기감이 증대됨에 따라 그에 대한 반작용으로 노래방이 수행할 목적을 확고히 자각하고 있고, 일정하게 노래를 재생산할 역량을 갖추고 있는 강점도 있다.

노래방 사람들 중 남자들은 노래 지도를 맡거나 노래 부르는 여자들을 돕고 있으며, 여자들은 실제로 노래방을 이끌어 가면서 노래를 배우고 부른다. 1992년 노래방 사람들의 명단은 다음과 같다.

김홍연(남,82) 박병님(남,72) 조추환(남,62) 김양식(남,59) 한남례(여,60) 임연수(여,62) 조순심(여,62) 김송례(여,58) 김애순(여,55) 오갑례(여,52) 임예심(여,49) 김유예(여,67)

실제로 노래방을 결성하고 노래 지도 선생을 모시는 일을 여자들이 주체가 되어 하였으며 노래의 전승과 재생산에 대한 요구도 여자들로부터 제기되고 있다. 노래방에 모이는 여자들은 소포리 사람들이 겪어 온 역사과정에서 생존에 대한 위협과 그 과정에서 당했던 삶의 고통을 공유하고 있으며 서로 신세타령을 주고받으면서 삶의 문제를 풀어 가고 있다.

노래방을 이끌어 가는 주도적 역할을 한씨가 맡고 있다. 남편 김씨와 함께 리사무소 뒤에서 구멍가게를 꾸려가면서 살아가고 있다. 19세 때 지산면 보전리에서 시집왔으며 현재 국악협회 진도지부 회원이고 아리랑보존회의 회원이다.

노래방을 주도할 수 있게 된 배경은 탁월한 가창력과 새 노래를 기억하는 인지 능력, 그리고 개인적인 품성을 꼽을 수 있다.[18]

예능지도는 남자들이 하며, 김홍연, 박병님이 맡고 있다. 김홍연은 한남례의 숙부로 노래방 사람들 중 가장 연장자이다. 한때 소리북을 쳤으며 40세 때 일본에 건너가 6년간 산 경험이 있다. 금고에서는 상쇠를 맡았으며 지금은 고령이라 젊은 사람들의 자문 역할을 맡고 있다. 노래방에서도 자문역할을 맡으면서 박병님과 함께 북을 치기도 한다. 박병님이 노래방 사람들의 노래수업을 돕는다. 그는 지산면 거제리 출신으로 1970년에 소포리에 이주해 왔다. 젊어서 이병기에게서 소리를 배웠으며 현재 국악협회 진도지부 회원으로 활동하고 있다. 소포리로 이주해 온 후 금고의 부쇠로 활동했고 노래방이 결성되면서 지도 선생으로 참여하고 있다. 배우는 노래는 정채심(여,90), 김막금(여,91) 등이 불렀던 이 마을의 토속 민요들이다. 노래 지도 선생들은 판소리의 수련을 통해 학습했던 데 비해 노래방에서 배우는 노래는 정채심과 김막금이 불렀던 마을의 토속적인 민요들과 단가 등이다.

---

18   한남례의 지도력은 공동체적 생활에서 획득한 인간 이해와 개인적인 품성에서 나온다. 첫째, 생활 체험에서 얻어진 폭넓은 인간이해를 들 수 있다. 그가 시집을 당시 시아버지는 집 앞막의 막주로서 16가구를 거느린 염전의 중간 관리자였다. 시아버지의 염전관리에 시중을 들면서 사람들을 조직하고 운영하는 방법을 배웠으며, 그들이 필요로 하는 사항에 대하여 알게 되었고 그때 익힌 사람에 대한 태도가 바탕이 되어 현재의 소포리 사람들을 결속하고 문화적 재생산을 가능하게 한 것으로 생각된다.
둘째, 성품면에서 그러한 요인을 찾아 볼 수 있다. 성격이 부드럽고 명랑하고 인정이 많아서 주변의 많은 부인들이 따른다. 생활이 어려운 사람들에게 물질적인 도움을 주었을 뿐만 아니라 지금도 노래방 사람들에게는 정신적으로 구심점의 역할을 수행하고 있다.

(3) 노래방의 형성 과정과 운영

소포리에서 겨울철 농한기에 노래방을 열고 노래 부르고 노는 것이 일이었다. 원래 노래방은 남성들 중심이었다. 겨울철 사랑방에서 또래들끼리 모여 새끼 꼬고 바구니 절며 육자배기, 흥타령, 단가, 판소리 등을 배웠다. 이 시기에는 마을에서 노래 잘 부르는 어른을 초청하여 지도받는 형식으로 진행되었다. 그러나 일제 강점기 일본인 순경이 소포 나루에 주둔하면서 노래방 활동이 어렵게 되었다. 일본인 순경 눈을 피해 비밀리에 노래방을 열었다. 노래를 잘 부르는 선생님을 지도 강사로 모셨고, 장고와 북을 손수 만들어서 사용했다. 배우는 곡목은 판소리, 단가, 육자배기, 흥타령 등이었다. 당대 유명한 소리꾼 이병기 선생을 모셨으며, 그로부터 소리를 배운 박만석, 김상환, 허전 등 마을 어른들이 자진하여 노래방 강사로 활동했다. 그리고 해방 직후 노래방이 부흥되었다. 해방되자 소포리 사람들은 노래 부르고 춤추고 농악치며 해방의 기쁨을 분출했다. 강강술래, 팔월가와 해방가를 많이 불렀다. 그러다 1950~60년대 천일염 대량생산으로 소금값이 하락하자 소포리 사람들이 경제적으로 쇠퇴하여 노래방 활동도 부진하게 되었다. 겨울철이기 때문에 방에 불을 때야 하는데, 연료 구입도 어려웠다. 그래서 불을 많이 때는 두부방을 찾아서 노래방을 열 정도가 되었다. 또 TV가 보급되어 주민들의 예능에 대한 시선이 그쪽으로 쏠렸다.

지금의 노래방이 조직된 것은 올해로 9년째다. 과거에는 판소리와 단가 중심의 소리 공부를 하였으며, 명절 때가 되면 강강술래를 연습했다. 그 때도 규칙적으로 일정한 구성원들이 모여서 소리 공부를 했지만 지금과 같이 전통 노래문화가 위협받지 않았으므로 노래 학습도 단가와 판소리에 치중하였다.

형성배경의 기본 요인은 사회의 변화에 대한 소포리 사람들의 자각과 이에 대한 대응이라고 할 수 있다. 소포리 사람들은 금고와 민요 등 소포리의 연행예술이 자기들에게뿐만 아니라 다른 지역의 문화예술과 비교해 볼 때도 가치 있는 것이라는 사실을 인식하게 되었다. 한편, 조상들이 불렀던 민요를 보존, 전승하는 것이 마을의 역사에서 자신들의 수행해야 할 합당한 역할이라는 생각을 갖게 되었다는 점도 요인의 하나다. 그리고 국악협회 진도지부, 민요보존회, 아리랑보존회 등을 출입하면서 점차 자기 마을의 노래에 대한 가치를 인식하게 된 것도 일정한 배경이 되었다.

노래방 조직의 단초는 호상계로 부터였다. 21년 전 소포리 당골이었던 정씨와 현재의 노래방 사람들이 서로 뜻이 맞아 호상계를 조직했다. 9년 전 호상계가 끝나자 한씨를 중심으로 임연수, 오갑례, 김애순, 임애심 등 10여명의 부인들이 김홍연, 박병님 등을 선생으로 모시고 소포리 사람들이 불렀던 노래를 다시 되살리자는 목적으로 노래방을 시작했다. 그 후, 노래방 활동이 활발해지자 1991년 한씨 노래방의 영향을 받아 40대가 중심이 된 새 노래방이 결성되었으며, 한씨 노래방 사람들은 노래방 조직을 더욱 강화하기 위해 남편과 식구들까지 관련을 맺는 노래계[19]를 만들어 활동을 강화하였다.

현재 노래방이 열리는 곳은 한씨의 집이다.[20] 모임 기간은 동짓달 그믐경부터 정월까지이다. 정월 보름이 넘어가면 모임 횟수가 줄어들고 2월 들어서 일이 터지면 파한다. 실제 노래 학습 기간은 50일 정도며, 저녁 7–8시에 시작하여 10–11시까지 배운다.

---

19 한씨 노래방 사람들이 결성한 친목조직이며, 매년 봄이면 부부동반하여 봄놀이를 가는데, 91년에는 이웃 마을인 보전리에 가서 하루를 보내고 왔다. 자녀가 결혼할 때 부조 하며, 계 칙에 의거 운영한다.

20 한씨집은 소포리에서 특별한 위상을 차지하고 있는데, 사당패, 꼭두각시놀음이 들어 오면 그집 마당에서 놀았고 추석과 보름에 마을 사람들이 여기에서 강강술래를 하였으며 소포리 당골이 받거지를 한 곡물을 임시로 보관했던 곳이기도 하다. 92년 마을 모둠세배가 이곳에서 이루어 졌으며 그 뒤끝에 노래방 사람들과 마을 사람들이 한데 어울려 들노래, 강강술래, 아리랑타령, 춤판, 유행가, 줄넘기등을 하면서 흥겹게 놀기도 했다. 현재 노래방이 이루어지고 있는 한씨의 집은 마당 단위의 문화행위에서 소포리의 중심 공간이라고 할 수 있다. 특별한 일이 있으면 김애순의 작은방으로 옮겨 모인다. 김애순의 집이 한씨의 뒷집이라는 것과 일정한 경제력을 갖추고 있으며, 가정 내에서 김애순의 입장이 지지받기 때문이다. 한편 소포리의 문화 예술을 연행 공간을 기준으로 구분하면 방, 마당, 마을, 특정 지역 등으로 구분할 수 있다. 현재의 노래방 활동이 방단위로 이루어 지는 단계에 있으며, 마당단위로 확대되는 과정에 있다고 할 수 있다.

노래 지도는 김홍연, 박병님 등이 맡고, 모임이 시작되던 초기에는 지도 선생이 먼저 부르고 다음에 돌아가면서 부르도록 하여 틀린 대목을 교정하였다. 지금은 노래방 사람들이 육자배기 정도는 자연스럽게 부를 수 있기 때문에 노래의 짜임새와 규칙, 노래가 담고 있는 깊은 맛을 느낄 수 있도록 해 주는데 관심을 두고 있다. 노래하는 사이에 '잘한다!, 어이!, 좋다!, 그렇제!' 등의 추임새를 넣어서 노랫길을 유도해 나가며, 다른 사람들도 함께 '잘하요!, 좋아요!, 그라제!' 등의 추임새를 넣어 흥을 배가시킨다. 지금은 노래방 사람들도 장단치는 법과 노래를 익혔기 때문에 스스로 모임을 이끌어 갈 수 있다.

수련하는 노래는 들노래, 팔월가, 육자배기, 아리랑타령, 흥타령, 둥덩이타령, 판소리, 단가 등이다. 가창방법은 제창, 독창, 윤창 등으로 부르며, 시작할 때 육자배기를 제창으로 부른다.[21] 윤창의 순서는 일반적으로 '지도 선생, 한남례, 김애순, 임연수, 오갑례, 임예심.....'으로 이어 진다.[22] 현재 학습하고 있는 노래와 내용은 팔월가와 들노래를 익히는 일과 전승되고 있는 노래를 장단에 맞게 정리하여 익히는 일이다.

경비는 재래로부터의 방식대로 해결하고 있다. 경비 항목은 학습시의 음식과 악기 구입 등인데, 음식의 경우 제사음식, 명절음식, 특별한 음식을 장만하면 가져와 나누어 먹고, 북은 한씨집의 것을 쓴다. 이러한 방식은 소포리 사람들이 옛부터 노래방을 운영했던 전통적 방식이다. 과거에 연행되었던 노래방의 활동도 위의 방식에 의해 경비를 확보하였고, 이점이 소포리의 노래방과 다른 형태의 학습조직과를 구분하는 점이 된다. 즉 판소리를 전문으로 수련하는

---

21 노래방에서 가장 많이 부르는 노래가 육자배기다. 사설이 다양하여서 윤창에 적절할 뿐만 아니라 악곡이 지닌 멋스러움 때문에 즐겨 애창된다.

22 윤창을 벽돌림이라고 부른다. 본문의 순서대로 윤창이 진행되는데, 노래방에서의 질서 또는 위계를 반영하는 것으로 파악된다. 윤창 순서의 기본 원칙은 나이를 기준으로 하는 듯하다. 그러나 김애순의 경우 나이는 순서에 비해 적지만 한남례와 함께 노래방을 이끌어 가는 역할이 강조된 때문인 것으로 생각된다. 그리고 다른 사람도 참여할 수 있는데 이경우 특별한 기준이 있지는 않지만 앞의 순서를 지키면서 참여하는 것이 관행이다.

소리방이나 율방의 경우 지도 선생에게 일정한 사례를 하거나, 도제관계를 형성하는 것이 관례라는 점에서 소포리 노래방 운영 경비의 확보 방식과 구분된다. 노래방의 경비확보 방식은 금고와도 구분된다. 금고의 경우 연행을 통해 경비를 확보하며, 당해년도의 마을 사업 규모에 따라 연행범위가 달라질 정도로 마을의 사업과 긴밀하게 관련된다. 금고의 연행은 예능활동을 통한 주민자치의 한 보기라고 할 수 있다.[23] 이에 비해 노래방 활동은 방 단위의 구성원에 국한되며, 필요한 소비재의 확보도 방을 단위로 이루어 진다.[24]

3) 노래방 사람들의 현실 인식과 노래방 재생산 작업

(1) 소포리의 정체성 찾기와 노래방 사람들

소포리 사람들은 공동체 문화가 활발했던 생활과 해방공간에서 자생적으로 이루어진 신명났던 삶의 경험을 보다 가치있는 것으로 여기고 있다. 일제 강점기, 한국전쟁, 산업화로 인한 주민 이탈을 신명 상실의 과정 또는 마을의 권위

---

23 향촌사회에서 공동체의 경비 확보 방식은 그 범위가 마을 내든 밖이든 연행예술의 공연을 통한 방식이 흔히 사용된다. 농악의 걸궁이 대표적인데, 소포리 금고의 경우 마을 내 마당 밟이에서의 수입금으로는 소규모의 마을 행사,금고의 기물 구입, 수리, 복색과 고깔 마련 등에 충당한다. 이때의 경비거출 방법은 정월에 각 가정을 돌면서 굿을 쳐서 마당을 밟아 주고 쌀과 돈을 받아 확보하는 것이고, 마을 밖까지 범위가 확대되는 걸궁의 경우, 샘을 파거나 도로 보수, 회관 건립 등 비교적 대규모의 공사를 할 경우 마을 회의를 통해 결정하며, 다른 마을을 순회하면서 그 마을의 마당밟이를 하여 주고 경비를 확보한다. 그리고 다른 마을의 걸궁이 들어 올 경우 이를 수용한다. 이는 농어촌 사회에서 마을기금 확보방법이며, 마을끼리의 예술교환 또는 호혜적 경제교환의 한 보기라고 할 수 있다.

24 지금까지 모임과 활동에서 금전으로 환산해서 해결할 만한 경비가 소요된 적이 없기 때문에 앞으로 마당 단위의 활동이 활발해 질 경우 어떤 방식으로 해결할 지 관찰해야 할 사항이다.

쇠퇴 과정으로 이해한다. 마을 공동체의 자치적 역량 회복을 위한 노력의 하나로 과거 공동체 문화 회복운동을 하고 있다. 소포리 사람들은 과거 자신들의 마을이 살아온 자주적 생활 양식, 부의 균등한 분배, 인간다운 즐거움을 주는 공동체 활동의 회복이야말로 매우 중요한 일이라고 생각하고 있다.

현재 소포리를 이끌어 가는 세대는 50-60대들이다. 다른 세대들에 비해 수적으로 다수일 뿐 아니라 생산의 주축을 이루고 있고 외지로의 이주 경험이 비교적 적은 세대들이며, 마을 생활을 이끌어 가는 주도적 역할을 한다. 그러므로 자연히 이들이 향수하는 문화적 방식이 마을 문화를 주도한다. 이들은 과거 마을 공동체 문화의 풍토를 체험했을 뿐만 아니라 현재까지의 다양한 문화를 체험한 세대들이다.

소포리에 당솔만 살아 있어도 이렇게 되지는 않았을 것이라는 언술 속에서 과거 당제나 거릿제를 올리고 마당밟이를 했던 공동체적 문화[25]공간이 이들에게는 가장 이상적인 문화의 모델로 인식되고 있음을 알 수 있다. 정초에 거릿제를 올리면서 시작한 마을굿을 마당밟와 노래로 이어가면서 제의를 통한 공동체의 결속을 다지고 생산노동의 공간에서 공동체를 이끌어 가는 질서와 단결의 토대를 마련한다. 당제를 지내고 거릿제를 지내면서 살았을 때 발현되었던 문화적 구조와 생산방식은 현재에 대한 비판과 정체성을 논의할 때 기준이 되고 있다. 거릿제를 지내고 당에 제를 지내던 과거에는 제가 끝나면 바로 마당밟이와 노래판으로 이어간다. 남자들은 낮 동안 금고를 치며 마당밟이를 하고, 밤에는 여자들이 중심이 되어 강강술래 등 노래를 연행한다. 당제를 중심으로 낮의 금고, 밤의 노래판이 서로 짝을 이루면서 며칠 동안 마을공동체가 굿을 연행하고, 이를 통해 공동체의 결속력을 확립하고 새해의 생활에 대비하며, 노동현

---

25   소포리에서 가장 고령이자 민요의 소리꾼들인 정채심(여, 91)과 김막금(여, 90)은 "어떻게나 당이 시었든지 당 앞을 가마나 말을 타고 지나가지 못했다. 그러다가는 가마채가 부러지거나 말 다리가 부러져버렸다"고 과거 당의 권위가 대단했다고 말한다. 아무리 양반이라도 당 앞에서는 말에서, 가마에서 내려 걸어가야 했다.

장에서 이를 구현하는 것이 소포리 사람들의 마을 공동체 생활 방식이 이 시기에 이루어진 공동체 중심의 생활을 소포리 사람들은 가장 적정한 또는 가장 인간다운 삶을 구현할 수 있는 것이라고 생각하고 있다. 그러나 일제의 식민지적 약탈과 6·25 한국전쟁에서 경험한 동족 갈등, 그리고 이후 전개된 사회모순이 마을문화의 형성력, 생산력을 억압함에 따라 소포리의 적정한 문화가 분화되어 갔다. 그러나 또한 역으로 자신들의 문화를 지키기 위한 문화적 저항감과 긴장감, 그리고 위기의식도 갖게 되었다.

소포리 사람들에게 있어서 당제나 거릿제가 살아있던 시기는 문화 생산력이 살아있는 시기로 상상되고 있다. 현재 소포리 사람들이 바라는 지향은 과거로의 회귀가 아니라 공동체 문화구조의 회복이라고 생각된다.

"이대로 가다가는 소포리가 죽도밥도 안된다. 과거에는 금고로도 진도에서 제일이었고 노래로도 제일이었는데 지금은 아무것도 안된다. 젊은 놈들은 다 객지로 나가버리고 작년 한해만 해도 스무명이나 잃어버렸다. 그러니 우리라도 무엇인가 해야 한다. 남자들은 저러니 우리라도 소포리 옛 전통을 살려보자"라는 움직임이 노래방을 부활시킨 동기였다. 노래방에 참여한 사람들은 호상계 활동과 품앗이, 그리고 어려운 시절에 서로 도우며 생활했던 인적 유대를 맺어온 사이이며, 한씨가 구심점의 역할을 수행했다. 그는 호상계가 해체될 때 구성원들을 노래방으로 재결합시켰으며, 지도 선생은 전통적으로 마을의 인력을 활용했다.

그런 과정에서 과거 또래들끼리 패를 이루어 연행했던 노래생활 양식이 문화적 위기의식과 관련되면서 현재의 노래방으로 전환된 것으로 생각된다.

(2) 노래 재생산과 노래방의 역활

노래방 사람들이 노래를 습득하는 과정은 전통 민요의 학습을 통해 습득하는 것과 단절되었던 노래를 발굴, 재현하는 것이다. 그런데, 현재의 학습 조건이 과거의 실재 연행되었던 상황과 다르기 때문에 문제점들이 제기되고 있다.

들노래의 경우 정채심과 김막금이 부른 노래를 녹음 테이프를 통해서 배우며 부족한 부분은 노래방 사람들이 직접 찾아가 배웠는데, 학습의 실질적인 진행과정은 다음과 같았다. 처음에는 지산면 일대에서 부르고 있는 들노래의 원래 뿌리가 소포리의 들노래라는 자각을 갖게 되면서 노래방 사람들이 자기 마을의 들노래를 배우자는 움직임으로부터 출발했다. 그래서 정채심과 김막금을 찾아가 직접 들노래를 들으면서 곁들여 녹음하였으며 이를 활용하여 김홍연을 비롯한 지도 선생들이 장단에 맞게 재정리하였다. 이 과정에서 정채심, 김막금은 들노래는 박자가 없이 무장단으로 부르는 노래라고 주장하여 노래방 사람들의 작업에 대해 이견을 제시하였다. 그러나 노래방 사람들은 자신들의 생각대로 장단에 맞게 재편성하여 학습했다. 한편 한씨 등이 지금도 정채심, 김막금을 찾아가 당시에 불렀던 노래의 원형을 배운다. 이러한 현상은 들노래에 그치지 않고 육자배기의 학습과정에서도 제기되었지만 김홍연, 박병님을 비롯한 노래방 사람들은 자신들의 뜻대로 장단의 틀에 맞게 재정리하여 배우고 있다.

강강술래의 경우 전승의 또다른 양상을 보여 준다. 원래 정초와 대보름, 유두, 백중, 추석 등의 명절 밤에 마당에서 남녀가 함께 뛰놀면서 불렀다. 단절된 15년만에 노래방 사람들에 의해 불려지기 시작했고 그런지 3년 되던 1992년 정월 초사흗날 한씨집 마당에서 마을 사람들이 모여 모둠세배를 드린 후 놀았다. 강강술래가 다른 전승민요보다 쉽게 소포리 사람들을 공동체적 상황으로 끌어 낸다는 사실은 매우 흥미있는 일이며 앞으로 노래방 사람들이 어떤 노래를 불러야 할 것인지에 대한 지침이 될 수 있으리라고 생각한다.

재생산의 차원에서 볼 때 각기 특정한 시기와 기능에 따라 불려졌던 노래가 노래방을 통해 연행되면서 기능, 시간, 장소와 유리되었고 이에 따라 음악성만 강조되거나 사설에 비중을 둔 서사민요나 신세타령류의 흥글노래 전승이 단절되는 문제점을 안게 되었다. 이러한 현상은 여러 면에 걸쳐 관련을 맺는데, 앞서 말한 장단에 대한 인식의 차이점도 그 한 예이다. 즉 앞 세대들이 작업 현장의 조건에 따라 노래의 장단이나 빠르기가 달라지거나 불규칙했던 과거의 체험이 노래를 인식하는 기준이 되고 있는데 비해 노래방 사람들은 판소리 수업을 통해 체득했던 음악 인식이 바탕을 이루고 있으며, 국악협회, 아리랑보존회 등을 출입하거나 민요 경창대회에 참가하면서 정격의 장단구조를 중시한 데서 영향을 받은 것으로 생각된다. 그리고 시간과 장소의 변화도 노래의 재생산에 영향을 미친다. 각각의 명절이나 생산 시기에 맞게 불려지던 노래가 노래방이 주도하는 지금에는 정초에 집중되어 놀아지고 있다. 이러한 현상이 앞으로 지속되어 소포리의 문화전통으로 정착될 지 알 수는 없지만 소포리 사람들의 지지를 받으며 노래방이라는 한정된 방의 범주를 벗어나 마당으로 발전하였으며, 전체의 공동체 공간으로 확산되어 가고 있는 과정에 있다.

한편 노래방 사람들의 주체적인 노래 만들기 작업은 문제의 제기에 머문 상태다. 과거의 시기에 들노래나 팔월가가 소포리 사람들의 신명을 담아 냈던 것과 같은 노래를 만들려고 한다. 그러나 현재의 역량으로는 이러한 과제를 해결하기에 어려운 상태이며, 적절한 방법을 모색하는 단계에 있다.

(3) 노래방 활동의 의미

과거 소포리 사람들은 삶터의 주체로서 자연, 주위 사회와 조화로운 삶의 방식을 영위하려 하였다. 마을 공동체를 근간으로 가족과 개인의 생활이 이루어졌으며, 염업으로 생계를 꾸렸다. 그러나 외적 요인에 의해 염업이 폐쇄되고 농업으로 전환하였으며, 이에 따른 경제력 약화로 80년대에 들어 주민의 도시 이주가 급격히 증가하여 마을 공동체 활동이 위축되었다. 그 과정에서 여성활동이 강화되는데, 이러한 현상은 비단 소포리의 경우에 국한된 것은 아니다. 한국의 향촌사회에서 거의 공통적으로 인지되는 현상이며, 역사적으로 전환기에 처할 때마다 여성들이 활동을 강화하여 가족과 마을의 존재 위기에 대처하였다. 경제 생산활동에서 남성들의 역할을 대신하였으며, 문화전승에도 보다 적극적으로 참여하면서 이를 조직화하고 있다.

소포리의 경우, 실질적으로 마을을 이끌어 갈 30대와 40대들이 경제적 문제와 자식들의 교육을 위하여 대부분 도시로 이주하거나 이주하려고 하는 시점에서 40대 후반과 50대, 60대의 사람들이 마을의 실질적인 노동을 감당하고 있으며, 마을을 주도하고 있다. 〈표 2〉에서 보듯 호상계, 노래방, 노래계 등이 최근에 생겨난 조직들인데, 이들 조직은 여성들이 중심을 이루고 있다. 여성들이 남성들에 앞서 변화에 대응하면서 마을의 정체성을 지켜나가려 하며, 그 실천을 마을 문화전통 속에서 찾으려 하고 있다.

소포리에서는 노래방 사람들에 대하여 "느그들 참 재미있게 산다"고 부러워한다. 노래방 사람들이 다른 사람들과 구별되는 점은 구성원들이 한 형제간처럼 지내며, 지금도 수시로 모이거나 각자의 생활 속에서 이 마을에서 전승되어 오고 있는 노래를 부르며, 겨울철이면 노래방을 차려서 노래학습을 한다는 점 등이다. 여기에서 민중문화의 전통에 뿌리를 둔 삶이 어떤 의미를 갖겠는가를 상기할 필요가 있다. 현재 소포리에 거주하는 사람들에게는 과거 소포리 사람들이 주체가 되어 이룩한 문화가 가장 이상적인 모델로 인식되고 있다. 그것은 단순히 과거의 전통적인 그 무엇이 가치있는 것이라는 환상적 관념에 의한 발상이 아니라 그러한 문화적 행위에서 인간다운 삶의 즐거움을 얻는 다는 구체적 이유에서이다. 노래방을 이루면서 또래들끼리 모여 자기들의 노래를 학습하고 명절이면 대동으로 결집하여 굿하고 노래부르는 생활구조에서 참다운 삶의 맛을 획득한다는 말이기도 하다. 그런 의미에서 소포리의 노래방은 현재의 향촌사회 문화가 어떤 방향으로 나가야 할 것인 지, 그리고 인간다운 삶의 양상이 어떤 것인지를 나타내 주는 지표일 수 있다.

노래방 사람들이 가치를 부여하는 노래는 주로 자신들의 삶의 과정이 담긴 노래, 자기들의 음악어법에 의한 노래들이다. 육자배기를 부르며 음악미의 아름다움과 사랑의 정서를 토로하며, 시집살이노래나 흥타령을 부르며 현실의 갈등과 화해의 감정을 정화한다. 그러므로 이러한 노래를 땀 흘리면서 부르면 힘들지만 자기도 모르는 사이에 마음이 개운해 지고 흥이 솟는다.

한편, 이제 출발단계에 있는 노래방 조직을 어떻게 마을 공동체 문화와 접목

시킬 것인가, 또 새로 시작한 40대의 노래방과 어떤 관련을 맺으면서 유대를 강화할 것인지도 앞으로 해결해야 할 과제다.

4) 맺는말

이 글에서 필자는 소포리 사람들의 노래방 활동에 대한 현지 작업을 통해 민중들의 노래 연행과 전승 조직의 실체로서 노래방을 제시하고 그 주체와 활동, 그리고 지향세계를 규명하고자 했다. 그들이 어떻게 노래를 전승하고 재생산하려 했는가를 기술하려 했으며 민요 해석의 한 전망으로 그것을 부르는 사람들의 실체에 대하여 고찰하였다. 소포리 사람들은 당면하고 있는 불리한 사회적 여건 속에서도 전승되고 있는 공동체 문화의 전통에 삶의 뿌리를 두고 이에 기초하여 자신들의 문화를 재생산하고 있다. 외적 요인에 의해 생산력이 저하되고 마을 공동체가 해체되어 가고 있는 상황은 소포리 뿐만 아니라 한국의 농어촌 사람들이 처하고 있는 일반적 현실이기도 하다. 이러한 여건 속에서 소포리 사람들이 노래방 활동을 통해 보여주고 있는 문화생산은 인간다운 삶을 잃어가고 있는 현재의 민중문화에 한 전망을 제시하고 있다고 생각한다. 한 시대의 유행으로서가 아닌 지속적으로 생명력을 지니면서 역사 속에서 살아 있는 문화조직으로서 소포리의 노래방은 민중들의 생활풍습 속에서 인간다운 삶을 담고 있는 문화를 재구성하는 생성조직으로 전개될 것으로 생각한다.

한편 노래방의 노래 생산과 수용에서 변동 과정과 그것을 이끌어 온 원리는 무엇인가, 노래방에서 생산된 노래가 소포리 사람들에게, 나아가 우리 모두에게 어떤 의미로 수용되며, 어떤 문화적 생산력을 배양시킬 것인 지, 실질적인 생산 활동과 어떻게 연계시킬 것인지도 지속적으로 연구해야 할 과제이다.

(역사민속학 3, 한국역사민속학회, 1993)

2.
비금도 강강술래의 사회사

1) 비금도 강강술래 조사 연구의 의미

이 글은 한국 서남해역[1] 중심권에 위치한 비금도의 강강술래 사회사를 조사, 연구한 것이다. 민요 사회사 조사연구는 1991년 이후 목포대학교 도서문화연구소 민요연구가 취해온 일관된 입장이며, 이 글도 같은 맥락에서 수행된다. 특히 비금도 연구에서는 강강술래의 사회사 조사 연구에 치중했다.

비금도 강강술래 조사 연구는 다음의 조사 목록표를 작성하여 수행했다.

> 술래패 구성 : 마을 단독, 두 마을 연합, 여러 마을 연합, 공연 단체, 학습 집단
> 장소 : 마을, 학교, 공연장, 행사장, 기타
> 성별 구성 : 여성 단독형, 혼성형
> 지역 구분 : 연안, 도서, 내륙, 도시, 학교, 기타
> 형태 : 원무 놀이 복합형, 원무 중심형.
> 기능 : 제의, 짝짓기, 놀이, 투쟁, 경연, 학습, 오락, 취미, 기타.
> 공연 경험 : 문화제 참가, TV 출연.

---

1   서남해역은 전남북의 바다와 섬, 연안, 조수 영향을 받는 강 하구를 포괄하는 해역 구분이다. 이런 관점에서 한국 해역을 구분하면 서남해역, 동남해역, 서해해역, 동해해역, 제주해역으로 구분된다.

비금도 강강술래 조사는 1999년 8월과 2001년 1월, 2002년 1월 세 차례에 걸쳐 수행했다. 조사 마을과 면담자, 일시는 아래와 같으며 글쓴이와 이윤선 연구원(목포대 국문과 석사과정), 서경수 연구원(목포대 국문과 석사과정)이 공동으로 작업했다.

> 비금면 죽림리 상암마을, 김정욱(여,64세), 김길동(남,65세), 1999년 8월 19일
> 비금면 내촌, 박일동(남,86세, 호적명:박천동), 2001년 1월 26일
> 비금면 내촌, 고연덕(여,71세), 2001년 1월 26일
> 비금면 원평리, 천순예,(여,81세), 문귀송(남,74세), 김영준(남,71세),
>   2001년 1월 30일
> 비금면 고막지 유충옥(남,70세), 2001년 1월 30일
> 비금면 고막지 박춘봉(남,50세), 2001년 1월 30일
> 비금면 가출리 박우자(여,45세), 2002년 1월 11일
> 비금면 용소리 선인단(여,53세), 2002년 1월 11일
> 비금면 고막리 명길덕(여,57세), 2002년 1월 12일
> 비금면 죽치리 문양심(여,49세), 2002년 1월 12일
> 도초면 고란리 김상인(남 76세), 2001년 1월 30일

〈면담자 사진자료〉

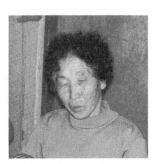

내촌 박일동(좌3)과 아들(좌1)과 나승만(좌2), 이윤선(우)   내촌의 고연덕

원평 천순예(좌) 주정순(우)   원평리 문귀송(좌)과 김영준(우)

강강술래 연구실적과 자료 수집이 없던 것은 아니다.[2] 자료 수집가나 연구자
들은 각기 민속학, 국문학, 음악학의 입장에서 자료 조사와 연구를 수행했지만
아직 강강술래의 전모를 밝히기에는 부족한 실정이다. 그 동안 강강술래 연구
자들이 혼란을 겪은 것은 문화재 시대의 자료와 비문화재 시대의 자료가 구분
없이 혼재한 데서 온 경우가 많았다. 현재 수집된 강강술래 자료들은 문화제 출
전 경험을 갖는 강강술래와 그렇지 않은 강강술래로 나눌 수 있다. 이 중 후자
가 대부분임에도 불구하고 문화재로 지정된 진도 해남 강강술래가 표준화된 강
강술래로 인식되고 있다.

이 글에서 문화재 시대란 1960년대 이후 전승 단절 위기에 있는 중요 문화재
를 국가나 지방문화재로 지정하여 보존 전승하는 시대를 총칭하는 용어로 사
용한다. 또 문화제 행사 구도에 맞게 재편된 강강술래들을 통칭하여 문화재권

2   연구논문들은 다음과 같다.
     김정업, 「강강술래 민속유희의 기원고」, 『어문학논총』 7집, 1966.
     선영란, 「강강술래 민속고」, 『해남지방의 세시풍속』, 해남문화원, 1987.
     정익섭, 「전남지방의 강강술래고」, 『한국시가문학논고』, 전남대출판부, 1989.
     최덕원, 「강강술래고」, 『남도민속고』, 삼성출판사, 1990.
     임재해, 「강강술래와 놋다리밟기의 지역적 전승양상과 문화적 상황」, 『민속연구』 제2집,
           안동대학교 민속학연구소, 1992.
     나경수, 「줄다리기와 강강술래의 주술종교적의미」, 『전남의 민속연구』, 민속원, 1994.
     서해숙, 「강강술래의 생성배경과 기능」, 『남도민속연구』 제3집, 남도민속학회, 1995.
     _____, 「강강술래의 문학적 형상화」, 『남도민속연구』 제5집, 남도민속학회, 1999.

강강술래라고 부른다. 문화재 시대를 뒷받침하는 장치로 각 지역의 문화제 경연 행사와 이를 총합하는 전국민속경연대회가 있다. 이들은 무형문화재의 등용문이 되었는데, 많은 문화자원들이 이 등용 과정을 통과하기 위해 30분 단위의 무대 경연물로 재정리된 바 있다. 그리고 문화재로 지정된 다음에는 수시로 무대에서 공연되었다. 글쓴이는 한국의 문화자원들이 그 주체가 자발적이든 타의든 이 기준이 두루 적용되고 또 이 기준에 맞게 재편되어 문화재가 되고자 하는 시대를 문화재 시대라고 부르고자 한다. 우리가 표준으로 삼는 진도 해남 강강술래는 바로 문화재 시대의 강강술래다. 강강술래 연구자들은 문화재 시대의 강강술래 연행을 연행의 기준으로 삼았기 때문에 비문화재권의 강강술래는 음악자료에만 주목한 것으로 보인다.

비금도 강강술래는 강강술래 분포권의 중심에 있으면서도 비문화재권의 강강술래에 속한다. 비금도 강강술래의 민요사회사 조사 연구는 강강술래 연구의 확장이라고 생각된다. 글쓴이가 생각하기에 이 글이 갖는 의미는 두 가지라고 생각된다. 하나는 비금도 강강술래의 현장조사연구라는 점이고, 다른 하나

김혜정, 「강강술래의 지역별 분포와 의미」『한국민요학』, 제9집, 한국민요학회, 2000.
_____, 「강강술래의 음악적 특성과 역동성의 원리」『권오성교수 회갑기념 논총』, 2000.
현지조사된 강강술래 자료집은 다음과 같다.
임동권, 『韓國民謠集』I‐Ⅵ, 집문당.
목포대학교 도서문화연구소, 도서문화 1‐19집의 자료편 구비문학자료 참조.
지춘상, 『전남의 민요』, 전라남도, 1988.
민중자서전9집 『진도 강강술래 앞소리꾼 최소심의 한평생‐시방은 안해 강강술래럴 안해』, 뿌리깊은 나무, 1990.
『전남민속연구』제1집(신안군 도초면 민요분야), 전남민속학연구회, 1991.
『전남민속연구』제2집(완도군 정도리 민요분야), 전남민속학연구회, 1993.
『한국민요대전』‐전라남도편‐, MBC, 1993.
『한국민요대전』‐경상남도편‐, MBC, 1994.
『한국민요대전』‐전라북도편‐, MBC, 1995.
『임석재채록 한국구연민요』‐전남, 제주민요, 서울음반, 1995.
「장산도의 민요」『남도민속연구』제3집, 남도민속학회, 1995.
목포시・목포대학교 박물관, 『木浦市의 文化遺蹟』, 1995.
「영암군 시종면 일대의 민요」『남도민속연구』제6집, 남도민속학회, 2000.

는 지금까지 소외되어 온 비문화재권 강강술래의 의미 복원이자 강강술래 연구 영역의 확장이라는 점이다.

2) 비금도 강강술래의 사회사

(1) 강강술래 중심권 서남해역의 해양사

일제시대에 일본인 학자들이 조사한 자료에 보면 강강술래 전승 지역과 시기, 참여자들이 다음의 〈표1〉과 같이 정리되어 있다.[3]

〈표 1〉 조선총독부 조사 자료에 의한 강강술래 통계표

조사 지역	서　　　기	참 여 자
광 주	가을	부 녀 자
고 흥	가을	부 녀 자
보 성	정월 · 추석 · 달밤	여 자
화 순	정월 · 추석 · 달밤	여 자
장 흥	추석	부 인
목 포	추석	부 인
강 진	정월 · 추석	여 자
담 양	정월보름 · 단오 · 추석	일 반
장 성	정월보름	일 반
해 남	정월보름 · 추석	일 반
영 암	정월보름 · 추석	일 반
무 안	추석	일 반
나 주	추석	일 반
함 평	추석	일 반
영 광	추석	일 반
완 도	정월보름 · 추석	부 인

조사 지역	서 기	참 여 자
전 주	추석	여 자
금 산	추석	소 녀
임 실	수시	여 자
의 성	여름	일 반
영 일	추석	소 녀
연 백	봄	소 년

이 표에 따르면 일제 강점기에 강강술래는 서해로는 황해도 연백까지, 동해
로는 경상북도 영일군까지 분포되어 있었다. 지금까지 수집된 여러 보고서들을
종합하여 강강술래의 전승 분포권을 그려보면 서남해역이 전승 중심지역이고,
서해와 남해의 해로를 따라 전파되어서 서해로는 황해도까지, 동해로는 영일만
까지 전파되었고 내륙으로는 화순, 담양, 장성, 전주, 금산, 임실, 의성까지 뻗
어 있다. 일제 강점기와 오늘날의 현상을 비교해 볼 때 일제 강점기까지만 하더
라도 강강술래는 서남해역을 중심권으로 바닷길을 따라 서해와 남해, 동해 남
부, 그리고 전라도와 경상도 내륙에 이르기까지 분포되었다[4]. 그러나 오늘날에
는 자연적 조건에서 강강술래를 연행하는 마을은 없어지고 공연이나 행사로서
진도 해남의 강강술래 인간문화재 팀이, 또는 각급 학교에서 연행하고 있다. 특
히 1988년 서울올림픽 폐막식에서 강강술래를 불렀으며, 인천시의 초등학교
음악교육과정 강강술래 학습은 앞으로 강강술래의 기능 변화를 예고해 주는 매
우 중요한 시사점이라고 생각된다[5].

강강술래 분포권과 그 변화 양상을 그려보면 이 노래가 서남해역을 중심으로
바닷길을 따라 교류되고 내륙으로 전파된 해양문화의 중심 컨텐츠라는 것을 발

---

3 조선총독부, 『朝鮮의 鄕土娛樂』(1941)에서 강강술래 자료만을 발췌해 정리한 것임.
4 김혜정은 강강술래 분포권을 중심부, 중간부, 주변부로 구분하여 논의한 바 있다.
    김혜정, 「강강술래의 지역별 분포와 의미」 참조.
5 인천교육대학교에서 편찬한 7차 초등교과서 3~6학년 편에는 강강술래, 자진강강술래, 청
    어엮자, 고사리 끊자 등의 악곡이 실려있다. (『음악』3~6, 교육부, 2001.)

견할 수 있다. 강강술래 분포권의 중심지인 서남해역은 한국 해양문화의 중심지로 강강술래를 비롯해 다시래기, 뱃노래와 같은 무형적인 해양문화와 전통한선, 도자기 가마, 옹구 가마, 젓갈 등 다양한 유형적 해양문화, 그리고 옹관묘, 고대 해양 도시, 성곽과 봉수 등 고고학적 해양문화가 전승되고 있는 해양문화의 중심해역이다.

한반도의 지정학적 위치를 보면, 서북 방면은 육지로 중국 대륙과 연결되어 있고 서남 방면은 바다로 중국, 일본 열도와 통하고 있다. 바로 이러한 위치 때문에 적어도 고려시대까지의 한반도는 해양문화와 대륙문화가 착종하는 양상이 강하게 나타나며, 중국과 일본열도 사이에 문화 교류를 매개해 주는 문화 메신저 역할을 수행한 해양문화의 강국이었다[6]. 바닷길이 국제 교통로의 중심 역할을 하던 고려시대까지만 하더라도 강강술래의 중심지인 서남해역은 동아시아 문화 교류의 1번지이자 한국 해양문화의 1번지였다. 특히 우리가 잘 아는 해양실크로드의 종착점이자 그 출발점이었다.

〈로마 ↔ 꼰스딴띠노쁠 ↔ 바그다드 ↔ 페르시아만 ↔ 인도 서해안 ↔ 스리랑카 ↔ 니코바르 제도 ↔ 말라카 해협 ↔ 수마트라 ↔ 자바 ↔ 베트남 ↔ 광주 ↔ 항주 ↔ 한반도 남단 ↔ 일본 나라〉

로 이어지는 10세기 전후 해양실크로드의 바닷길을 타고 서방, 인도, 동남아시아, 중국의 문화가 한반도에 유입되고 한반도의 문화가 중국과 서방으로 수출되었다[7]. 서남해 주민들은 이 바닷길을 타고 한중일을 왕래했으며, 이 해로에서 선박을 운영하고 도자기를 제작 수출하였다.

---

6   강봉룡, 나승만, 정근식, 『해양축제와 해양엑스포-진남제와 장보고축제를 중심으로-』, 해양수산부 주관 해양한국발전프로그램 연구개발사업, 2001, 참조.
7   정수일의 실크로드학을 참고하여 정리한 것이다. 여기서 한반도 남단이란 지금까지의 연구성과로 보아 중국과의 교역 출입구 역할을 했던 서남해를 의미하는 것으로 보아야 한다. 정수일, 『실크로드학』, 창작과 비평사, 2001, 67쪽 참조.

이 시기 많은 서남해 주민들이 중국과 일본으로 진출하고 또 외국인들이 이 해로를 타고 서남해로 유입되었다. 앞으로 해양실크로드를 따라 문화교류의 자료들을 조사 연구하면 교류의 구체적 증거들이 속속 드러날 것으로 기대되며, 강강술래와 더불어 현재 서남해 도서문화의 실체도 밝혀질 것으로 기대된다.[8] 이 시대의 상징적 인물이 장보고와 왕건이다. 개방과 교류, 호혜적 평등 그리고 창조적 발상을 통한 해외 진출과 시장 개척은 당시 해양문화시대의 정신적 맥락이었으며 서남해 문화의 핵심이다.

그런데 조선시대에는 명나라 해금정책 영향을 받아 바다를 멀리 하고 해양문화를 천시했다. 바다가 열린 시기에 번영하던 해양문화가 바다가 닫히면서 숨겨진 문화, 고고학 자료로 전락하였다. 이 시대의 해양문화를 상징하는 인물이 이순신이다. 이순신의 시대는 바다를 버린 시대, 왜구의 침략으로 황폐화된 시기다. 바다가 막히고 황폐화되면서 조선의 국력은 쇠락하였고, 서남해의 해양문화는 존재 의미를 잃었다.[9] 그러나 이순신은 그나마 잔존해 있던 서남해 주민들의 해양문화 속에서 조선의 해양정신을 되살리고 그 문화 속에 내재된 저력을 현실의 힘으로 유인해 낸다. 강강술래와 이순신과의 관련 전설은 이런 맥락을 상징화시킨 주민들의 역사 구술담이라고 이해된다.

비금도는 해양실크로드의 한국 출입구에 위치한다. 당시 입출국하는 선박들은 출입국관리사무소 격인 흑산도를 거쳐 국내로 들어오기 위해서는 반드시 비금도를 거쳐야 한다. 따라서 비금도의 문화에는 당시 해양문화적 요소가 잔존해 있을 것으로 추정되고 현재 연구 대상이 되는 강강술래는 그 핵심적 자료라 생각된다.

---

8   곤노 게이꼬는 한국의 강강술래와 일본의 원무를 비교하여 연구한 바 있는데, 이런 연구들은 해양시대에 이루어진 문화교류의 실상을 밝히는 작업으로 확대될 가능성을 예고하는 작업으로 평가된다.
     곤노 게이꼬, 「강강술래와 일본의 전통가무와의 비교 고찰」, 『남도민속연구』 제7집, 2001.
9   한국 서남해역의 해양문화사적 의미는 다음의 글에 정리되어 있다.
     강봉룡 외, 『흑산도 상라산성 연구』, 목포대학교 도서문화연구소, 2000.

(2) 산과 바다, 마을간의 교류 선을 따라 구획된 강강술래판 분포권

주민들의 의견을 종합해 보면 비금도 술래권은 동부권, 중부권, 서부권의 3권역으로 구분된다. 비금도 술래권을 표로 그리면 〈표 2〉와 같다.

〈표 2〉 비금도 술래권 분류표

권역별	술래판 장소		참가마을	비 고	우세 순위
동부권	비금동 초등학교 (용소마을 소재)		광대리(당두)	13년 전까지(선인단의 40세까지) 강강술래를 했음. 용소, 도고마을이 비교적 큰 마을이어서 강강술래가 근래까지 지속되었을 것으로 보임. 면담자 : 박우자(여, 45세, 가산리) 선인단(여, 53세, 용소)	3
			용소리		
			도고리		
			가산리(나배)		
			지당리 (우산 · 당산)		
중부권	중앙초등학교	대광분교	지당리 (지동 · 신유)	30여년 전인 1970까지 중앙초등학교에서 강강술래를 했음. 명길덕의 31세 된 작은아들을 낳고부터 중단됨. 서부 비금 서초등학교로 원정하기도 했음(이때는 대광초등학교 설립 이전으로 판단됨) *동부, 서부의 강강술래 세력 우열은 진술자에 따라서 달라짐. 면담자 : 천순예(여, 81세, 원평) 문귀송(남, 74세, 원평) 김영준(남, 71세, 원평) 김정욱(여, 64세, 죽림리) 김길동(남, 65세, 죽림리) 명길덕(여, 57세, 고서리)	1 (대광 분교 4)
			수림 · 용호 (구림리)		
			구기(구림리)		
			신원리 (자항 · 신촌 · 평림)		
			고서리		
			덕산리		
			죽림리(상암)		
서부권	비금서 초등학교 (죽치마을 소재)		죽림리 (임리죽치)	29년 전까지 강강술래를 했음. 중부권 중앙초등학교로 원정하기도 했음. 면담자 : 박일동(남, 86세, 내촌) 고연덕(여, 71세, 내촌) 문양심(여, 49세, 죽림리)	2
			내월리		
			수대리		

위의 표를 기초하여 분포권을 지도에 표시하면 다음과 같다.

〈비금도 술래권 지도〉

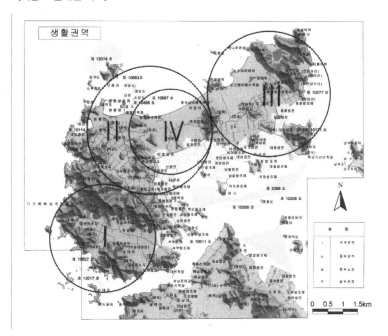

① 비금도의 역사문화 집결지 동부권

동부권은 광대리(당두,광대), 용소리, 도고리, 가산리(가산,나배)와 지당리의
일부인 우산과 당산이다. 이 술래권은 비금도에서 주민들이 처음 살기 시작한
곳으로, 비금도의 역사자원과 고고학적 문화자원이 집중된 권역이다. 이 권역
에 속한 8개 마을 청춘들이 용소리 소재 비금 동초등학교에 모여서 강강술래를
했다. 이것은 가장 큰 마당인 학교 운동장이 권역의 중심지 역할을 했음을 말해
주는 것이다.

동부권은 지당리의 당산마을 뒷산인 마산을 경계로 하여 중부권과 구분된다.
지당리의 동부인 당산과 우산은 동부권 중심지와는 낮은 구릉지대로 연결되었던 것으로 보인다. 이는 1728년 이전의 지형도를 보아도 알 수 있다. 흥미로운 것은 당산마을 뒷산을 경계로 가까이 등을 대고 있는 지동, 신유와 같은 술래권을 만들지 않고 보다 먼 거리에 있는 동부권으로 술래권을 엮었다는 점이다. 그리고 최근 13년 전까지 술래판이 유지된 것은 문화적 보수성이 강하여 전통적 문화인자들을 오래 보존했으며, 또 개발에 의한 변화를 적게 겪었기 때문으로 생각된다. 이점은 앞으로 더욱 면밀한 조사가 필요하다고 본다.

② 교육 행정의 중심지이자 신개발지 중부권

중부권은 비금도의 교육, 행정의 중심지로 비금도 술래권 중 가장 큰 판을 형성한다. 이 권역에 비금 초등학교와 중고등학교, 그리고 면사무소가 있다. 그리고 서부권과는 기림산이 속한 선왕산 줄기를 기준으로 구분된다. 중부권에 속한 지당리(지동, 신유), 구림리(수림, 용호, 구기), 신원리(자항, 신촌, 평림), 고서리(고마막, 서산), 덕산리(한산, 망동, 덕대, 읍동), 죽림리 상암은 중앙초등학교(현재의 비금초등학교)에 모여서 강강술래를 했다.

중부권에는 두 개의 술래판이 존재했다. 제1의 큰 판은 중앙초등학교 마당이었고, 중부권에 예속된 제2 술래판이 대광초등학교 마당이었다. 즉, 큰 술래판이 자항에 소재한 중앙초등학교를 중심으로 꾸며졌으며 소규모의 또 다른 술래판이 대광초등학교 학군을 중심으로 형성되었다는 것이다. 제2 술래판은 학교가 소재한 신유마을을 중심으로 지동, 신유, 수림, 용호 마을 등 낮은 구릉과 평야지대의 마을들이 참여했던 것으로 보이는데, 동부권과는 신유마을 뒷산을 경계로 하고, 또 중앙초등학교판도 역시 신촌의 뒷산을 경계로 한다.

중부권의 두 술래판 구도는 매우 흥미로운 관심거리다. 실제로 대광초등학교판은 낮은 구릉지를 매개로 서로 연결된 마을들의 술래판이지만 제1의 판이라고 보는 중앙초등학교 술래판은 1728년 이전까지만 하더라도 덕산리 들판이 바다였기 때문에 바다를 경계로 하고 있어 한 술래판을 만들기가 상식적으로 어렵다는 것이다. 고서리와 덕산리가 바다를 경계로 서로 떨어진 지역이었지만

1728년부터 1909년 사이에 매립되어 육로로 연결된다. 덕산 들은 1728년부터 1909년 사이에 매립되어 농지를 비롯해 대단위 유휴토지로 바뀌진 곳이다. 그로인해 대단위 부지가 소요되는 학교 건립과 관공서 건립이 가능해져 그 일대가 부흥했다고 보아야 할 것이다. 그래서 큰 술래판을 형성했고, 보다 오래 되었다고 판단되는 대광초등학교 술래판도 흡수한 비금도 중심 술래권으로 성장했을 것으로 보인다.

③ 중부권과 교류한 민속문화 집결지 서부권

서부권인 죽림리(임리, 죽치), 내월리(외촌, 내촌, 월포, 내포), 수대리(대두, 수도, 송치)는 죽치마을에 소재한 비금 서초등학교에 모여서 강강술래를 했다. 이 마을 사람들에 의하면 중부권역으로 강강술래 원정을 가기도 하고 중부권역에서 서부권역으로 원정을 오기도 했다고 한다. 이것은 덕산리와 내월리를 경계짓는 선왕산 줄기를 넘거나 우회하여 권역 이동을 했었음을 알 수 있다. 또 서부권역 사람들은 서부강강술래 판이 제일 컸다고 말하고 있으며, 중부 사람들은 중부의 강강술래 판이 제일 컸다고 말하고 있다. 마을의 숫자를 통해 객관적인 입장에서 본다면 중부권역이 제일 큰 강강술래 판이었지 않았을까 짐작된다. 서부권은 밤달애 놀이를 비롯해 당제와 뱃고사를 지내는 등 민속문화가 왕성한 곳이다.

(3) 술래꾼들과 연행의 사회사

① 1년을 준비하는 술래판

강강술래판을 만들기 위해 일년 동안 준비하고 연습한다. 그래서 그 해의 술래판은 1년 동안 술래판을 구상한 청춘들의 창조적 성과물로 이해해야 한다. 서남해역 주민들의 삶에서 강강술래판은 열정의 분출구였다. 여성들은 중매가

들어오면 명절에 술래판을 벌이지 못하는 작은 동내인 경우 다른 동내로 술래하려 가는데, 어떻게 그런 데서 살 수 있을까 하는 걱정 때문에 혼담을 거절할 정도로 전통사회에서 술래판의 기능은 중요했다.

먼저 좋은 소리판을 짜기 위해 구상을 하고 일상생활에서 연습한다. 한 사람이 설소리를 하면 다른 사람이 함께 받는소리를 하는 것이 술래소리의 기본 구성이다.[10] 그러나 이 기본에 다양한 변형이 구사된다. 두 사람이 매기는 수도 있고 모두 아는 설소리는 제창으로 같이 한다. 한 사람이, 두 사람이, 세 사람이 설소리를 매기게 하는 등 그 방법은 다양하다. 능력있는 창자가 설소리를 하는데, 창이 좋은 남자들도 설소리를 매긴다. 지금까지 강강술래의 설소리는 여성들의 전용으로 보고되었는데, 비금도의 경우는 여성 설소리꾼들이 약간 우위에 있지만 전통시대에는 상호 대등하게 설소리를 매겼다.

강강술래에서 지지 않기 위해 새로운 노래 가사를 준비한다. 다른 마을에서 시집온 여자들은 다양한 노래 정보를 지니고 있기 때문에 공동 노동하는 일터는 새로운 노래의 공연장이고 노래정보가 교환되는 현장이다. 새로운 노래정보를 입수하면 이를 일상 생활에서 학습하는데, 부엌에서 불 때면서 부지땅 장단에 맞춰 연습한다. 그리고 사설뿐 아니라 소리의 배치를 어떻게 하느냐도 중요하다. 앞소리를 독창으로, 받는소리를 제창으로 하는 단순한 배치에서부터 앞소리의 사설을 두 사람이 쌍으로 내는 형식 등이 다양하게 검토된다. 이러한 작업들이 생활현장에서 이루어진다. 설소리꾼을 선발하여 제창으로 소리 연습을 시킨다.

술래판은 팻션 경연장이다. 추석인 경우 남성들은 흰옷에 색이 든 조끼를 입는다. 처녀들은 댕기를, 유부녀들은 낭자를 했다. 큰애기들은 귀영머리를 따서

---

10   비금도에서는 여러 사람들이 제창으로 받는소리 하는 것을 모듬이로 하는 소리라고 한다.

꾸미고 댕기를 좋은 것으로 드려 멋을 냈다. 술래판에 나갈 때는 다 좋은 옷 입고 간다. 마을을 출입하는 옷감장수는 이때가 대목이다. 술래하면서 입기 위해 맘에 든 옷감을 떠서 손수 만들어 입고 댕기도 들인다. 좋은 옷감을 고르면 다른 큰애기들도 같은 것으로 옷감을 골랐기 때문에 같은 옷이 많았다. 그런데 만들 때는 온갖 정성을 드리기 때문에 바느질 솜씨에 따라, 디자인에 따라 좋고 나쁜 것을 평가한다.

② 보름 밤과 사리때와 술래

조사 보고된 자료에 의하면 강강술래는 설, 대보름, 단오, 백중, 추석 밤에 놀았던 것으로 파악되지만 이를 집약해 보면 설과 정월 보름, 칠월 백중과 팔월 추석에 많이 했고 특히 팔월 추석날 밤에 대대적으로 술래판을 벌였다. 추석이 되면 밤에 술래판을 벌이기 시작하여 밤을 새우며 놀고 다시 밤이 되면 술래판을 시작하여 4–5일간 술래로 밤을 지샌다. 백중 때는 한 여름이어서 밤에 술래판을 벌이더라도 온 몸이 땀에 젖었다. 추석 밤도 땀에 젖기는 마찬가지였다.

강강술래는 보름밤의 가무다. 일반적으로 보름 만월을 풍요 상징으로 해석하며 농업적 세시절기로 이해한다. 그러나 만월은 해양주민에게 있어서는 상징이 아니라 현실이다. 달의 인력 작용에 따라 바닷물의 이동이 가장 큰 사리때다. 이때는 바닷물이 거세지고 물의 흐름이 빨라 고기잡이가 불가능하다. 대부분의 선박은 기항하며, 이때 어부들은 마을에서 시간을 보낸다.

해양주민들에게 보름은 바다 작업을 마무리하는 시기이자 새로운 작업을 준비하는 기간이고, 보름밤은 바닷물이 거센 것처럼 설렘과 격정의 시간이자 제의와 휴식의 시간이기도 하다. 세시절기에서 농업적이고 육지적 사고만으로는 한국 세시문화의 절반밖에 수용하지 못한다는 점을 지적하고 싶다. 앞으로 해양적 사고에 의한 세시절기의 연구와 이해가 필요하다.

③ 남성과 여성 술래꾼이 어울리는 술래판

술래꾼들은 몇 마을 주민들이 연합한 청년 동무들로 미혼의 남녀 청춘들이다. 15세가 되면 술래꾼이 되고 20세까지 한다. 갓 결혼한 부부들도 술래판에 참여할 수 있지만 자기 동내를 벗어나지 못한다. 비금도 술래판의 주인공은 미혼의 청춘남녀들이지만 젊은 기혼자들도 판을 흥겹게 하는 양념구실을 한다.[11]

강강술래를 회상하는 사람들은 '옷이 땀에 푹 젖도록', '발이 아파서 문지방을 못 넘을 정도로' 신명나게 놀았다고 한다. 강강술래는 여러 마을 남녀 청춘들이 한 자리에 모여 날밤 새기로 노는 가무판이다. 술래판을 뜨겁게 달군 가장 큰 요인은 여러 마을의 청춘 미혼자들이 서로 어울려 한 자리에 모여 가무한다는 점이었을 것이다. 다음에는 강강술래를 노래하며 손잡고 원을 도는 노래와 춤, 그리고 서로 얽혀져 다양한 모양새를 꾸며가는 여러 놀이들이 강강술래를 흥겹게 하는 요인이라고 본다. 평소 관심있는 이성에게 자연스럽게 접촉할 수 있는 기회가 술래판이다. 미혼 남녀가 그 날만은 아무 거리낌없이 막 얘기하고 장난하고 밀치고 붙잡고 손잡고 뛰고 노는 젊음과 성의 난장판이다. 상대가 마음에 들면 끄는 손을 따라 술래판을 벗어난다. 어둠 속으로 사라지면 아무개 아무개 손잡고 나간다고 흉을 보았다. 손을 잡고 나가서는 "재미있게 놀자, 다음에도 꼭 같이 손잡고 놓지 말자."는 그런 얘기를 했다. "내일 저녁에 뛸 때는 들어가믄 손 놓지 말어이."

상대방을 선택하는 기회를 여성들도 자유롭게 활용한다. 여성들도 좋아하는 남성이 있으면 손잡고 뛰어보기 위해 술래판에 끼어든다. 그리고 손잡고 뛰면

11　일제 강점기 이후 술래판은 점차 쇠퇴하였다. 술래판 전승 후속세대들이 단절되기 때문에 술래판 참여자들의 연령도 점차 고령화되어 1960년대 이후에는 기혼자들이 술래판의 주인이 된다. 또 이들 중 상당수가 목포로 이주하여 목포에서 같은 양상의 술래판을 구축한다. 여기에 대하여는 다음의 글을 참고하기 바란다.
　나승만, 「목포지역 기층민들의 이주담에 담긴 의식」, 『南道 民俗學의 進展』, 1998.2.28.

서 손수건을 건넨다. 그리고 술래판이 마무리되면 "아무개 잡고 뛰었더니 손이 부드럽더라, 발을 사뿐사뿐 가볍게 뛴다, 무겁게 뛴다"고 관심의 대상이 되는 남성들을 평가한다. 마음에 들지 않는 남자나 여자가 손잡고 들어올 때 손을 빼고 술래판을 벗어나버리는 것은 상대방에 대한 거절의 표시다.

술래판에서 손수건을 주고 받는다. 술래판은 격정의 가무판이어서 땀을 많이 흘리기 때문에 이를 닦기 위해 손수건을 가져가지만 이면으로는 애정을 전하는 상징물로 이용된다. 특히 여성들은 손수건을 정성스럽게 만들었다. 여성들은 수를 놓아 손수건을 만드는데, 좋아하는 사람이 있으면 자기와 상대방 이름을 새기거나 동백꽃, 무궁화꽃, 나무 등을 수놓아 남자 손에 딱 잡혀 준다. 남자들은 수를 놓지 못하기 때문에 수건을 구입해서 사용한다. 마음에 점찍은 사람이 있으면 그 사람에게 손수건을 쥐어주기도 하고 그 사람의 손수건을 빼앗기도 한다. 자유롭게 선택하고 거부하면서 짝짓기가 이루어진다. 그렇게 해서 눈맞아 결혼한 사람도 있다.

3) 비금도 강강술래 자료의 민요사회사적 의미

이 논의에서 글쓴이는 비문화재권인 비금도 강강술래가 지닌 민요사회사적 의의를 찾고자 했다. 한국 서남해역을 중심지로 하여 서해와 남해, 동해 남부, 그리고 내륙으로 전파된 강강술래는 해양문화의 핵심 자료라고 생각된다. 해양문화가 번영하던 10세기 전후까지 제의적 기능과 짝짓기 기능, 그리고 마을간의 통합과 교류, 지역간의 교류, 그리고 공존과 번영을 누리던 강강술래는 해양문화가 쇠퇴하면서 고립된 문화로 남아 전승된 것으로 보인다. 따라서 지금까지 강강술래를 농경문화의 한 자료로 파악했던 시각의 변화가 필요하다고 본다. 앞으로 해양실크로드를 따라 강강술래와 같은 양상의 가무 자료들을 조사 연구하면 보다 확연한 강강술래류의 가무 연행 양상을 파악할 수 있을 것으로 기대되며, 그런 의미에서 곤노게이꼬의 작업은 시사점을 던지는 것이며, 비금도 강강술래 연구는 앞으로 개방과 교류, 호혜적 평등 그리고 창조적 발상이 넘치는 강강술래에 대한 새로운 연구의 가능성을 제시한 것으로 생각된다.

비금도 강강술래 자료는 지금까지 우리가 추상적으로만 알았던 강강술래에 대한 역동적 모습들을 드러내 준다. 강강술래가 술래판이라는 매우 견고한 무대에서 연행되었다는 점을 알 수 있었고, 또 여성 전용의 가무가 아니라 지역에 따라서 남녀 청춘들이 어울리는 성적 에너지 넘치는 가무라는 점, 그리고 이 가무판에 남녀의 역동적 짝짓기가 이루어 진다는 점 등을 밝혔다.

특히 술래판의 권역에 대하여 실증적 연구를 하려고 노력했다. 비금도 술래권은 기본적으로는 산이 술래판의 경계선을 긋고 있다. 산의 경계에 따라 강강술래 권역이 구분되고 있음을 확인할 수 있다. 그리고 다음에는 산을 경계로 하면서도 보다 큰 산이 경계를 이루는 중부와 서부는 서로 넘나드는 관계를 유지한 반면 보다 작은 산이 경계를 이루는 동부와 중부는 서로 넘나들지 않았음을 알게 된다. 중부권역과 서부권역은 산을 경계로 하고 있지만 밤길을 걸어서 넘어 다니는 즉, 상호 원정하는 강강술래 판이 이루어졌던 것으로 판단된다. 그 이유를 당장 밝힐 수는 없지만 글쓴이의 생각으로는 마을간의 위계가 문화교류에 그대로 적용된 것이 아닌가 생각된다. 동부권에 속하는 마을들은 비금도의 개척기에 성립된 마을들로 비금도의 선사, 역사유적이 모두 자리하고 있는 권역이다. 이는 마을 역사가 고대까지 소급됨을 증명하는 동시에 마을의 문화적 위계를 보여주는 자료다. 여기에 비해 중부와 서부지역은 주로 민속자료가 분포되어 있고 17세기 전후에 건설된 마을들로 주로 어업과 농업에 종사했던 기층민들로 생각된다. 특히 중부권의 덕산 들판은 1728년부터 1909년 사이에 간척된 지역이어서 이 간척이 이루어지면서 급속하게 물산이 풍부해져 비금도의 경제력이 집중된 것으로 보인다. 이에 따라 강강술래와 같은 민중 연희판이 집중된 것이 아닌가 생각된다.

그리고 지당리에 속한 마을들이 두 술래권으로 분할되는 사례나 대광초등학교판이 형성되었다 더 큰판인 중앙초등학교판으로 이동하는 사례에서 우리는 간척과 방조제의 건설, 도로의 개설에 따라 술래판이 재편되고 있음을 알게 된다. 따라서 이 술래판의 구도는 간척과 도로가 개설되는 근대사회의 술래판으로 이해되고, 간척이 이루어지기 전 여러 개체의 섬으로 존재했던 전통사회의 술래판에 대한 연구가 별도의 작업으로 추진되어야 할 것이다.

강강술래의 구조는 변화하지 않으면서 내용을 채우는 가사와 놀이, 가락의 시김새, 그리고 강강술래에 부여되는 기능과 의미는 끊임없이 변화하고 있다. 그 변화는 시대가 변화하고, 상황이 바뀌는 것에 강강술래는 적절히 적응해 간 결과다. 김혜정의 지적처럼, 노래의 가무구조는 크게 변화하지 않지만, 새로운 의미 부여를 통해 끊임없이 재해석되고 새로운 모습으로 되살아나는 변신에서 민속 전승의 중요한 원리를 보여주고 있다.[12]

강강술래의 사회사를 정리해 보면, 〈고대사회의 풍요제의 가무〉, 〈무정이 목격한 남녀 짝짓기 기능〉, 〈임진왜란 때 이순신장군에 의한 활용〉, 〈일제의 탄압과 저항을 담은 가무〉, 〈1965년의 국가지정 중요무형문화재 지정과 무대화〉, 〈여타 지역 강강술래의 소멸〉로 정리할 수 있다. 제의적 믿음이 중요시되던 해양문화 시대에 번영을 누리던 강강술래는 해양이 쇠퇴한 조선시대에는 유교 이데올로기에 압박되어 양반마을에서는 여성전용 가무로 제한되어 그 저력을 숨기다 임진왜란이라는 국난을 만나 이순신장군을 통해 그 역량을 발휘한다. 일제시대에는 일제에 저항하는 가무로 부르다 금지당하였고, 한국전쟁 후 쇠퇴했으며, 20세기 후반에 들어서 문화재로 지정되어 전승 보존되는 한편 무대 공연물로 재창조되었다. 그러나 문화재 시대에 소외된 대다수의 강강술래는 쇠퇴했다.

비금도 강강술래는 〈고대 해양문화권의 보름제의 가무〉에서 〈남녀 짝짓기 가무의 시대〉를 거쳐 〈문화재 시대의 시련기〉를 겪으면서 적응하고 있다. 문화

---

12   김혜정, 「강강술래의 음악적 특성과 역동성의 원리」, 「권오성교수 회갑기념 논총」, 2000.

의 시대란 문화력의 확장을 의미하는 시대라고 볼 때 소외된 문화자원의 문화
생산력 회복도 이 맥락에서 매우 중요한 작업이라 생각된다. 이제 미디어 시대
에 들어서 강강술래가 어떤 모습으로 재해석되어 부각될 것인지를 생각한다면
강강술래 조사 연구는 이제 시작이라는 생각이 든다.

4) 정리 및 결론

이 글은 비금도의 강강술래 가사와 음악은 배제하고 강강술래판의 사회사 조
사연구라는 주제로 진행되었다. 앞으로 강강술래의 가사와 음악이 결합된 통합
적 연구를 수행할 예정이다. 비금도 강강술래 조사 연구에서 찾아지는 것처럼
강강술래는 매우 다양한 모습으로 연행되었다. 강강술래는 시대별로, 지역별로
다양한 양상을 찾아내고 연구할 수 있는 방법의 인식전환이 필요하다.

오늘날 문화를 확장시키기 위해서는 전승문화들을 다양한 양상으로 전환시키
는 작업과 더불어 그동안 소외되어 온 문화들을 조사하고 그 실상을 정확히 기
록 자료로 남겨 후일 문화자원의 밑거름으로 활용해야 한다. 그런 의미에서 비
금도 강강술래 조사연구는 강강술래의 연행현장에 대한 회복과 확장인 동시에
지금까지 소외되어 온 비문화재권 문화자원이 지닌 의미의 회복이라고 말할 수
있다. 더구나 디지털 미디어 시대는 무대화의 강력한 추세 때문에 비문화재권의
기층문화들이 철저히 소외던 문화재시대의 질곡을 극복할 수 있는 가능성을 내
포하고 있다고 보기 때문에 디지털 미디어 사회에 다양한 강강술래의 자료를 띠
우고 강강술래 문화가 더욱 풍성하게 논의되는 장을 마련할 필요가 있다.

(도서문화 19. 목포대학교 도서문화연구소, 2002. 2)

3.
남동리 민요공동체 당당패의 성립 과정

1) 머리말

민요는 연행하는 주체의 활동에 의해 존재한다. 민요의 사설이나 가락도 민요 주체의 활동에 따라 이루어지고 변해 간다. 글쓴이는 민요주체의 활동과 터를 민요사회라는 용어로 설명한 바 있으며[1] 각 시대 민요사회-전통민요사회, 근대민요사회, 현대민요사회-의 실상을 현지조사의 주요 항목으로 삼아 왔다. 전통민요사회의 경우, 민요를 연행하는 향촌의 마을공동체가 민요사회가 되고, 일정한 기능을 수행하면서 민요를 생산하고 연행하는 소단위의 민요공동체들이 민요사회를 이루는 인자들이다.[2] 그 관점에서 본다면 민요의 사설과 가락을 생산하는 모태가 바로 민요사회라고 할 수 있으며, 연구의 차원에서 보면 민요사회에 대한 연구가 민요연구의 기초라고 할 수 있다. 그러나 현실적으로 민요사회를 연구 대상으로 한 글들은 드물다. 이제 민요연구에서도 민요사회라는 새로운 틀의 구축이 필요할 때다.

---

1   민요사회, 민요공동체, 전통민요사회에 대한 개념적 이해는 다음의 글을 참고하시기 바람. 나승만, 「민요사회의 사적 체계와 변천-전남지역의 민요사회를 중심으로-」 『민요와 민중의 삶』, 한국역민속학회, 우석출판사, 1994, 92-8쪽.
2   나승만, 앞의 글, 92쪽.

향촌사회의 민요공동체들은 독립적으로, 때로는 함께 활동하지만 서로 독립된 일과 기능을 지니고 활동했다. 현재는 이러한 민요공동체들이 해체된 상태이기 때문에 민요사회의 실상을 파악하기는 어려운 실정이다. 그렇지만 두레, 물래방, 상두꾼 조직, 노래방[3], 또래들의 노래패 등은 당시 활동했던 사람들이 생존해 있어 민요공동체로서의 활동 내용을 파악할 수 있고, 어느 정도 민요사회의 체계를 복원할 수 있다.

글쓴이는 민요사회의 체계를 파악하기 위하여 민요공동체에 대한 현지조사를 수행했고, 그 결과를 발표한 적이 있다. 「소포리의 노래방 활동에 대한 현지연구」에서는 현 시점에서 전통민요를 재생산하고 있는 향촌사회의 민요공동체 활동 양상과 사회적 배경, 기능, 의미에 대해 논의하였고, 「전통민요의 현지조사 방법론」에서는 민요공동체의 조사 방법에 대해 정리하였다[4]. 이 보형은 「전통사회에서 민요를 연행하는 사회집단과 그 문화행위」에서 민요의 총체적 연구를 위한 작업의 일환으로 민요가 불리워지는 문화행위와 그 행위자 및 행위집단에 대한 연구의 필요성을 제기하였다.[5]

이 글에서 논의하려는 당당패는 진도군 임회면 남동리에서 활동했던 민요공동체며 현재 이들의 나이는 60대 후반이다.[6] 그리고 80대의 사람들도 민요공동체로 생각되는 조직을 만들어 활동했기 때문에 당당패는 마을 사람들의 생활 속에서 구조적으로 전승되어 온 민요공동체라고 할 수 있다. 그리고 진도군의 각 마을에는 남동리의 당당패와 같은 민요공동체들이 있었으며, 각 마을의 형편에 따라 지금도 활동하고 있거나 또는 해체되었다. 이런 정황으로 보아 남

---

3   나승만, 「소포리 노래방 활동에 대한 현지연구」, 『역사민속학』 제3호, 한국역사민속학회,
      1993.
4   나승만, 「전통민요의 현지조사 방법론」, 『전남민속연구』 제2집, 전남민속연구회, 1993,
      13-4쪽.
5   이보형, 「전통사회에서 민요를 연행하는 사회집단과 그 문화행위」, 『민요와 민중의 삶』, 한
      국역사민속학회편, 1994, 우석출판사.
6   구술자들의 나이는 1994년 3월 현재를 기준으로 한 것임.

동리의 당당패에 관한 논의는 향촌사회의 보편적 민요공동체의 관행으로 볼 수 있다.

이 글에서 다루고자 하는 바는 당당패의 성립 과정을 현지 사람들의 구술을 통해 파악하려는 것이다. 이러한 작업은 민요사회의 체계를 재구한다는 점에서 의의가 있을 뿐 아니라 향촌사회에서 작은 단위의 공동체들이 생성되는 과정을 드러내는 데 참고가 될 수 있으리라 생각된다. 한편 이런 논의에서 가장 중요한 민요공동체의 생산 작업, 즉 외부의 노래 수용, 새로운 노래의 창작, 자신들의 생활 현실에 맞는 노래말의 창작에 대해서는 다음의 논의에서 다루고자 한다.

글쓴이가 이 마을에서 현지작업을 수행한 기간은 1992년 10월부터 1994년 4월까지였으며 10회에 걸쳐 현지작업을 수행했다. 이 기간 동안 마을을 출입하면서 안성단(여, 68세), 김생님(남, 82세), 김봉길(남, 65세) 등과 알게 되었고 이들로부터 당당패에 관한 자료를 얻었다.

2) 남동리의 사회 문화적 배경

남동리는 전남 진도군 임회면의 최남단에 있는 마을로, 南桃浦鎭城이 있던 마을이다. 이곳은 진도 본도와 조도 사이의 해협을 통제하는 중요한 구실을 하는 곳으로 해남과 진도 사이의 명량 해협과 이곳의 물목을 차단하면 경상도 일대와 전라도 남해안 일대에서 서울로 통하는 물길이 끊기게 되는 해로상의 요충지이다. 南桃浦鎭城은 고려 원종 때 배중손이 삼별초군을 이끌고 와 진도를 대몽항쟁의 근거지로 삼으면서 쌓은 성이라고도 하고, 그들이 제주로 후퇴할 때 이곳을 통해 빠져 나갔다는 설화가 전해오고 있지만 그러한 사실을 확인할 수 있는 사실적인 자료가 있는 것은 아니다.[7] 1481년에 간행된 동국여지승람에 처음으로 기록되어 있는 것으로 보아 세종 20년(1438년) 設鎭을 전후한 조선 초기에 축조된 것으로 추정할 수 있다.[8] 1875년 이곳에 세워진 萬戶李贊

弘永世不忘碑를 참고하면 이곳에는 19세기 말까지 萬戶를 중심으로 한 상당수의 수군들이 주둔했던 것을 알 수 있다. 그리고 1894년 갑오경장 이후 각 지역의 성과 주둔군이 해체되는 정황으로 보아 이곳은 19세기 말까지 수군이 주둔했던 군사의 요충지였다. 현재는 성내에 주거지가 분포되어 있지만 마을 주민들의 구술과 남아있는 주거지의 흔적으로 미루어 보아 원래의 민간인 주거지는 성밖의 현재 주거지와 성의 뒷쪽 구릉지였을 것으로 추정된다. 이 마을에 거주했던 민간인들은 주로 주둔군을 지원해줄 민간인들이었을 것이며, 성밖에 자리를 잡았을 것이다. 다시 정리하자면 이 마을은 수군 주둔지로 성장해왔고 19세기 말에 수군주둔지로서의 기능이 상실되자 비로소 지금의 민간인 주도의 마을이 되었던 것이다. 이러한 맥락에서 본다면 남동리는 19세기 말 이후 민간인 거주지역으로 자리를 잡게 되었다고 봐야 하고 현재 주민들의 문화도 그 이후에야 주체적으로 형성된 것으로 보아야 할 것이다.

현재 이 마을은 농촌으로 마을이 한창 번성할 때는 100여호가 모여 살았지만 현재는 42호가 살고 있고 김해김씨들이 많이 사는 마을이다. 앞바다에 어종이 고갈되기 전에는 半農半漁의 생산구조를 지닌 전남의 도서 해안지역 사람들의 일반적인 생계방식대로 남동리 사람들도 원래는 어로와 농경을 하며 살았다. 자연적인 조건은 농사보다는 어로에 적합했다. 농업에는 여자들이 종사하고 어업에는 남성들이 종사하였다. 남자들의 작업터는 주로 남동리의 앞바다였으며 조기철에는 칠산까지 진출했고 멀리는 가거도까지 출어하여 적극적인 어로활동을 했다. 철따라 돔, 멸치, 간재미, 상어, 민어, 숨뱅이, 부서 등을 잡아왔다. 이 앞바다는 어종과 어획량이 풍부하여 남동리 사람들의 생업 바탕이 되었다. 주민들의 말에 의하면 멸치의 경우 바닷가에 떠밀려오는 것을 줍기만 해도 그릇이 적어서 못 건져올 정도였고 멸치가 밀려오면 전어, 갈치 등 멸치를 쫓아온

---

7   『珍島郡의 文化遺蹟』, 목포대학교 박물관, 1987, 152쪽.

8   앞의 책 152쪽.

고기들까지 한꺼번에 잡았다고 한다. 농업과 어업의 수입을 정확히 비례로 계산하기는 어렵지만 과거의 전통사회에서는 어로에서 올린 수입이 농사에서 올린 수입보다 많았다고 한다.

자연적 조건이 농업환경에는 불리했지만 조금이라도 많은 농경지를 갖기 위해 산지를 개간하여 밭을 마련하였고 바닷물을 막아 농지를 갖고자 했지만 제한된 조건 때문에 많은 농지를 가질 수 없었다. 이로 인해 군소단위의 불규칙한 농지가 형성되었으며, 소단위의 품앗이노동이 성행했고, 이로부터 연유된 농업노동요들이 비교적 오래 남게 되었다. 논의 경우, 산밑의 좁은 평지나 비탈에 축대를 쌓아 만든 다랑이논이었기 때문에 기계화가 힘들어 최근에도 많은 논에서는 손으로 모를 심고 있는 형편이다. 밭 역시 산비탈에 위치해 있어서 규격이 불규칙하고 규모가 영세했다. 이러한 환경 때문에 기계화가 잘 안되어 오래도록 수작업으로 농사를 지었으며, 품앗이 관행이 지속되었고, 농업노동요를 최근까지 부를 수 있었다.

여성들의 생산활동은 시대에 따라 질을 달리해 왔다. 과거 전통사회에서 여성들은 주로 농업활동에 종사하면서 가사를 전적으로 꾸려야 했기 때문에 노동량에 비해 가시적으로 드러난 수입은 미미했다. 여성들의 해안에서의 해초 채취가 당시로서는 상업성을 갖지 못했기 때문에 노동의 소득이 지극히 적어 가정 내의 경제적 지위에서 여성들이 소외되었으나 최근에는 여성들의 역할이 증대되고 소득도 향상되어 남성들과 대등하게 되었다. 그러한 경향은 남동리 근해의 연안어종 고갈, 70년대 이후 농업생산이 강조되면서 수리시설이 갖춰져 농업에의 의존도가 높아지고 해안에서의 해초 채취에 의한 수입이 증대함에 따라 여성들의 역할이 증대되고 남성들의 역할이 상대적으로 위축되었기 때문이다. 그리고 현재는 사람들이 마을을 떠나 도회지와 공단지역으로 이주해감에 따라 나이든 사람들이 마을을 지키고 있는 실정이다.

3) 당당패의 성립 과정

(1) 당당패의 역사성과 성립 배경

향촌사회의 공동체는 그 사회가 지닌 조직 구성의 관습화된 방식에 의해 성립된다. 각각의 공동체들은 그 사회가 처한 환경과 조직 구성의 관습, 그리고 그 사회가 나아가려는 방향 등에 적절히 적응하면서, 때로는 갈등하면서 이루어진다.

당당패는 10여명의 마을 사람들이 모여 만든 민요공동체로 남동리 사람들의 인간관계 맺기 방식을 반영하며 성립되었다. 성립의 모델이 되었던 직접적인 관행이 있을 것이고 성립의 토대가 되는 기본조건이 있을 것이다. 앞의 요소는 이 마을의 앞선 민요공동체들이 전통적으로 취해왔던 조직화의 관행이 활동의 모델이 되었고 기본 조건들은 마을 사람들의 생활 전반에 작용하면서 당당패의 성립에 작용했다.

당당패 성립의 모델이 되었던 민요공동체가 일찌기 있었다. 당시에 활동했던 여성들이 거의 사망했기 때문에 자료를 얻기 힘들지만 지금의 80대들 사이에 그러한 활동이 있었다. 김생님(남, 82세)의 구술에 의하면 현재 70대들의 바로 윗패들이 잘 놀았으며 당당패들의 활동은 바로 이 패의 놀이 양상과 같은 맥락에 놓여 있다.

'젊어서 노래 부르고 노는 모임이 있었다. 여자들도 취미있는 사람은 다 그 당에 들어온다. 그 때도 쇠북은 있었지만 장단을 제대로 몰랐다. 무장단으로 놀았다. 느그들만 노냐 나도 논다고 그러면서 장난 비슷하게 그 무리 속에 들어온다. 그 당에 들어 올라고 술값을 많이 쓴 사람도 있다. 나도 술한잔 살란다고 하고 들어온다. 들어와서 지 흥에 겨워서 춤추고 노래하고 논다.'

김생님의 구술에 의하면 남동리에는 김생님과 같은 또래인 80대의 사람들 사이에서 민요공동체의 활동이 있었음을 알 수 있다. 김생님의 구술에서 보면 남성들이 중심이 되었으며, 80대의 여성 집단에 60대 후반의 남자들이 참여했는데, 여성들보다 남성들이 일찍부터 민요공동체 활동에 참여하는 현상은 이 마을에서는 일반적이다. 이는 남성들이 여성들보다 일찌기 자주적인 생활을 할 수 있었기 때문이라고 생각된다. 이들의 활동이 당당패와 확연히 구분되는 것은 아니지만 이에 참여했던 대부분의 사람들이 사망했고, 김생님이 이들의 활동에 참여했지만 젊어서 마을을 떠나 객지생활을 했기 때문에 현재 이들의 활동에 대한 상세한 구술자료를 얻기 힘들다. 더구나 당시에 활동했던 여성들이 모두 사망했기 때문에 여성들의 입장에서 구술된 자료를 얻기 힘들다. 김생님의 구술에 의하면 80대의 노래패들은 확실한 조직이나 조직의 이름을 갖지 못했으며 정격의 장고 장단에 접하지 못했지만 40대 이후 나이가 들면서 가정 내에서 주체적 위치에 오르자 스스로 민요공동체를 만들었고, 또 들어오지 못한 사람들도 여건이 마련되면 들어와 활동했던 것으로 보인다. 이런 조직이 품앗이 등 노동조직과 어떻게 연결되어 있는지는 명확치 않지만 민요공동체의 활동 내용으로 보아 현재의 당당패가 이들 노래활동 관행을 이어 받은 것은 확실하다.

당당패 성립의 기본 조건들은 남동리 사람들의 친족 관계, 의례 수행 방식, 또래들끼리의 어울림, 품앗이 조직에서 찾을 수 있다. 특히 주목되는 것은 일상생활에서 또래집단끼리의 어울림과 노동에서의 품앗이 관행, 그리고 의례에서의 음식의 나눔 행위이다. 이런 관행에 의해 남동리의 생활문화가 성립되고 이 관행에 변화가 오면 그에 따라 문화도 변화하는 것을 발견할 수 있다.

또래집단끼리 어울려 생활하는 관행은 삶의 여러 곳에서 이루어지는데, 남동리의 여성 또래집단은 처녀 집단, 20-30대 집단, 40대 집단, 60대 이상의 네 집단으로 나눌 수 있다. 명절이 되면 같은 또래들끼리 어울려 강강술래를 하거나 어느 집에 모여서 노는 것이 관습화되어 있다. 그러나 또래집단끼리 어울리는 기회는 그 또래가 처한 사회적 위상에 따라 다르다. 처녀들이나 20-30대들은 주체적으로 활동할 역량을 지니지 못했기 때문에 마을 내에서의 활동 또한 제약을 받을 수밖에 없다. 그러나 40대 이상의 사람들은 자율적인 생활이 가능하기 때문에 집단의 문화적 생산이 가능하다. 각 또래집단의 특성은 품앗이 구성과도 연결되어 있다.

남동리에서 가장 흔한 노동력 동원 형태가 품앗이이며, 그 구성 방식에서 마을 사람들의 사회적 관계와 조직화 방식을 엿볼 수 있다. 품앗이의 구성이 어떻게 되어 있는가에 따라 마을내의 인적 구성을 짐작할 수 있다. 경기도 평택군 소재의 한 자연마을인 신진마을의 품앗이 관행을 연구한 김주희에 의하면 마을 주민들의 사회적 관계의 영역들이 품앗이의 작용에 의해 형성되고 유지된다고 보았다.[9] 품앗이를 구성하는 요인들은 여러 가지가 있다. 가령 가족관계를 중심으로 품앗이가 이루어지는 경우랄지 이웃간에, 또는 또래끼리 품앗이를 구성하는 경우가 있을 것이다. 또 남자들과 여자들로 구분되어 성별로 품앗이가 이루어지기도 한다. 남동리의 경우 품앗이는 주로 여성들 사이에서 이루어지는 노동력 동원 관행이다. 남동리에서 농업노동은 여성들이 주도하였으므로 품앗이도 여성들 중심으로 이루어졌다.

남동리의 품앗이 조직은 두 부류로 나누어 진다. 하나는 친족간의 품앗이이고, 다른 하나는 또래집단끼리의 품앗이이다. 친족간 품앗이의 경우 시집의 동서들끼리의 품앗이가 관행적으로 이루어진다. 이 경우 품앗이 조직은 시어머니가 관장하며 가족간의 위계에 의한 질서가 엄격히 지켜진다. 그리고 각 구성원들의 자율성이 억제되어 품앗이 조직 내에서의 예능 연행이나 자유로운 의사 교환이 실현되지 않고 순전히 노동으로 일관한다. 남동리의 아낙들은 모두 이 단계의 품앗이를 거친다.

---

9   김주희, 『품앗이와 情의 人間關係』, 집문당, 1992, 19쪽

또래들간의 품앗이는 사회적으로 자립할 수 있는 40세 이후에나 이루어진다. 시어머니의 영향력이 약화되거나 사망하면 가족관계에 의한 구속력이 약화된다. 또 그런 경우 상속이 장자 중심으로 이루어지지 않고 누구든 부모와 동거하는 아들에게 큰집과 재산을 우선적으로 분배하기 때문에 비교적 균등하게 재산이 상속된다.[10] 여성들이 시부모의 구속으로부터 벗어나 자율적인 생활을 하기 시작하는 시기가 일반적으로 40세 전후이며, 이 시기에 이르면 품앗이 구성이 자유로워져서 또래들끼리의 품앗이 구성이 가능하다. 가령 엄격한 시어머니의 예속하에 사는 젊은 시절에는 또래집단의 품앗이 조직을 만들어 활동하는 것이 현실적으로 힘들다. 40세쯤 되면 또래집단의 품앗이 활동이 가능하게 된다. 당당패의 활동을 주도했던 안성단(여, 68세)의 구술에 의하면 이러한 정황을 짐작할 수 있다.

> "당당패도 처음에는 품앗이로부터 시작했다. 시부모밑에서 살 때는 놈하고 품앗이도 못했다. 못가게 한다. 꼭 시어머니가 데리고 이녁 식구끼리 밭도 매고 논도 매고 요렇게 팍팍하게 한다. 그러다 자식도 낳고 손밑이 검어져 즈그 정물을 좀 먹었을 때 품앗이로 나갔다. 그러기 전에는 품앗이도 못나갔다. 우리 또래끼리 품앗이는 40대에 만들었다. 계속 시집살이를 하다 나대로 나오면서 시작했다. 그전에는 품앗이 한다고 해도 나 맘대로 못했다. 그럴 때는 일만 하고 살줄 알았다. 저금(分家) 나와서 바늘귀만큼 멋을 조금 알 때가 40세 될 때다."

또래집단의 품앗이에서 노동력 교환과 함께 정의 교환이 이루어 진다. 그리고 이로 인해 문화적 행위가 가능하다. 품앗이의 구성이 대등한 노동력 교환에 바탕을 두고 있지만 한편으로는 정의 교환이 바탕에 깔려 있다. 남동리에서 또

---

10   이수애, 「조도지역의 사회구조」, 조도조사보고 『도서문화』 제2집. 1984. 163-7쪽 참조.

래집단의 품앗이 조직은 일대일의 노동력 교환관계에 머물지 않는다. 구성원들이 공동으로 작업하고 생활하기 때문에 여러 가지 행위가 계기적으로 연결되어 일어난다. 가령 음식의 나눔에서도 이들은 제도적으로 장치되어 있는 관행을 넘어서 별도로 초청되며, 또한 일상 생활에서도 이들끼리만의 모임이 수시로 이루어진다. 이러한 관계는 품앗이를 근간으로 해서 이루어 지면서 한편으로는 품앗이 조직이 다른 내용의 활동조직으로 발전할 가능성을 시사해주는 것들로 생각된다.

의례에서의 음식 나눔 또한 남동리 사람들의 인간관계를 이해하는 중요한 관행의 하나다. 남동리 사람들은 의례를 치루면 마을 사람들을 초청하여 음식을 나누어 먹는 관행을 지니고 있다. 이때 초청되는 사람들의 범주는 의례의 성격과 규모에 따라 다르다. 가령 큰제사에서는 마을 사람들을 모두 초청하고 작은 제사에서는 이웃 사람들을 초청하여 밥을 나누어 먹는다. 그리고 이러한 관행은 비단 제사에만 국한되지 않고 명절에도 수시로 이루어지고 생활 속에서 하나의 관행으로 성립되어 집에 특별한 음식이 있으면 이웃을 초청하여 음식을 나누어 먹는 일이 일상적으로 이루어 진다. 음식을 나누어 먹는다는 것은 그들 사이의 관계가 특별한 것임을 의미하기도 한다. 이 글에서 논의하는 당당패의 경우 혈연이나 이웃관계가 아닌 또래집단이기 때문에 공식적인 의례과정에서는 초청되지 않는다. 그러나 의례를 치룬 다음이나 의례적 관행을 벗어나 적절한 기회가 마련되면 우선적으로 초청되어 음식을 나누어 먹고 노는 것이 일상화되어 있다. 가령 당당패의 어느 집에서 제사를 지내고 남은 음식이 있으면 다음날 밤에 당당패들을 초대하여 음식을 나누어 먹고 노래판을 벌인다. 의례에 따른 초청이 아침에 이루어진다면 당당패들에 대한 초청과 노래 연행은 밤에 이루어진다고 할 수 있다.

10여명의 또래들이 40대에 이르러 독립적인 생활을 할 수 있게 되자 뜻이 맞는 사람들끼리 품앗이를 구성하고 공동작업과 음식나눔의 관행을 통해 끈끈한 공동체를 만들고, 민요공동체로 발전하게 되었다.

(2) 당당패의 초기 단계와 구성원들의 자질

당당패의 시작은 현재의 구성원들이 품앗이를 같이 시작한 시기부터 이루어졌다. 40세가 되어야 시부모로부터 어느 정도 자유로울 수 있으며, 시부모가 사망하면 제도의 속박으로부터 풀려나 자율적 활동이 가능하게 된다. 당당패가 활동하던 1970년 전후 당당패 외에 두 품앗이패가 있었다. 당당패를 중심으로 보다 젊은 패와 나이가 많은 패였다. 이중에서 당당패가 민요공동체로 발전하게 된다. 당당패의 아래 패들은 1994년 현재 40-50대들이며 흥겹게 잘 놀지만 주로 유행가를 부르며 논다. 그리고 윗대는 70대들인데 일만 해온 사람들로 놀 줄 모르는 사람들이라고 한다.

당당패에 들어와 품앗이를 하면서 함께 어울려 놀았던 사람들은 10여명 정도로 곽태진(여, 70, 임회 굴포리에서 혼입, 부산에서 사망), 한거단(여, 65, 남동리 출생, 서울 거주), 하포심(여, 68, 진도읍 고산에서 혼입), 연동네(여, 63, 연동에서 혼입), 매정네(여, 67, 매정에서 혼입), 무른네(여, 71, 지산면 길은리에서 혼입), 김매실(여, 70, 남동리 거주), 안성단(여, 68, 지산면에서 혼입, 남동리 거주), 강남심(여, 66), 김대례(여, 당골, 65, 씻김굿 인간문화재, 현재 진도읍 거주) 등이다. 외부에서 혼입해 들어온 여자들 중 같은 또래들이 주축이 되어 만들었다. 이들 중에서도 주도적인 인물이 안성단, 한거단, 김대례, 김생님이었다.

안성단은 당당패의 주도 인물이다. 당당패의 품앗이를 조직하고 이 품앗이패를 이끌었다. 노래를 잘 부르고 사람들을 따뜻하게 대하기 때문에 여러 사람들이 따른다. 그의 집에는 시부모가 없기 때문에 당당패들이면 누구에게나 개방되어 있어서 수시로 노래판을 벌일 수가 있었다. 그가 일찌기 시집에서 나올 수 있었던 것은 장자라도 분가하여 살 수 있는 진도 특유의 가족제도 때문이다. 그리고 사리에 밝고 지혜가 있어서 구성원들과 원만한 관계를 유지했기 때문에 당당패 내에서 지도적 인물로 인정받았다.[11] 그는 진도군 지산면 출신으로 17

세에 일제의 정신대 징용을 피해 이곳으로 시집왔다. 당시 남편은 31세였으며, 세번째의 부인으로 안성단을 맞이했다. 전 부인들이 시어머니의 시집살이에 견디지 못하고 가출했기 때문에 큰아들이지만 분가시켜 살게 했다. 상황이 이러했기 때문에 마을에서 그의 활동은 비교적 자유스러웠다. 그는 천부적으로 언어감각이 뛰어나다. 주어진 어떤 상황이든 노래로 만들어 부르는 시적 재능을 지니고 있다. 그의 노래부르는 능력은 창에서도, 가사창작에서도 돋보이는 점이 있다. 박자에 대한 감각은 다소 흐트러지는데, 이는 그가 소리를 전문적으로 배워본 적이 없기 때문이기도 하지만 순전히 일하는 현장에서 일과 함께 소리를 해왔기 때문이다. 노래말로 작업을 지시했기 때문에 그에게는 노래의 형식적 규칙보다 일판의 현장적 상황이 노래의 흐름을 지배하는 중요한 규칙이다. 그래서 현장의 상황을 노래말로 형상화시키고, 상황에 따라 노래의 흐름을 조절했기 때문에 이 규칙이 그의 노래 전반에 적용되어 나타난다. 그에게 있어서는 노래말의 내용에 따라 노래의 장단이 조절된다. 그러니까 노래말의 내용에 따라 소리의 빠르기, 길이가 구속되는 경향이 있다. 그는 노래부르면서 평생을 살아왔다고 해도 지나치지 않을 정도로 일상 생활에서 노래 부르는 것이 관습화되어 있다. 다음의 구술은 그의 삶이 노래와 얼마나 밀착되어 있는가를 보여주는 한 예가 될 것이다.

"노래를 좋아하는 사람은 아퍼 병들었어도 노래를 해야돼. 내가 담석수술을 할라고 대학병원에 입원했는데, 6명이 입원한 8층 병실에 입원했는데, 진도서 왔다고 하니까 환자들이 노래 한자리만 들으면 병이 낫것다고 해, 낼모레 수술 들어갈라고 식사 금지라고 써붙인 환자에게. 그래서 아리

---

11 남동리는 민촌이었고 마을 내의 계급적 구분이 없다시피 했기 때문에 구성원들 간에 권위에 의해 언로가 차단되는 일이 없다. 이점 때문에 많은 갈등을 일으킬 수 있지만 또한 의사결정 과정이 지극히 민주화되어 있기도 하다. 그러므로 이런 집단 내에서 지도력을 발휘하기 위해서는 합리적 사고와 판단력을 갖지 못하면 지도력을 잃게 된다. 주민들이 이런 사고에 익숙해 있기 때문에 언어구술 능력이 발달해 있고 노래말의 창작에도 영향을 미친다.

랑타령을 불러 줬더니 환자들이 모도 보호자들보고 일으켜달라고 해서 앉아서 좋아라고 어쩔줄을 몰라. 수술 끝나고 2층에 와서 눴는데, 전부가 닝게루 꽂고 거그까지 왔어, 들여다 본다고. 나는 어디를 가든지 나도 모르게 노래가 이렇게 나오게 되야. 일할 때도 시간 간줄 모르고 서로 즐겁고.

한거단은 이곳에서 출생하여 성장했다. 현재는 아들을 따라 서울에서 살고 있다. 아버지는 진도군 조도면 출신인데, 남동리로 이거하여 바닷가에 터를 잡았다. 성격이 활달하여 안성단과 함께 당당패의 축을 형성한다. 특히 그를 중심으로 한 네 동서들이 같은 패에 있어서 많은 영향력을 행사했다.

김대례는 당골가계 출신으로 임회면에서 살다 이 마을의 당골 집안으로 시집왔다. 그의 시아버지 한찬용(50년 전 70세로 사망)과 시어머니인 삼달이엄마(사망)는 이 마을 당골이었다. 김대례가 30세 가까이 되어서 시어머니를 따라다니며 굿을 배우게 되었다. 그가 시집와서 마을 아낙들과 함께 어울려 시집살이를 하면서 살았다. 김대례는 원래 마음이 좋고 성격이 활발하고 언어구술력이 뛰어나다. 당당패에 어울려 다닐 때는 당골로서 뛰어난 기량을 드러내기 전이었기 때문에 평범한 아낙으로 활동했다. 글쓴이가 관찰하기로는 김대례의 탁월한 언어감각은 이곳 아낙들과 함께 어울려 살면서 채득한 것이라 생각된다. 그러나 시어머니의 영향 때문에 그가 당당패에 어울린 것은 시어머니가 사망한 50세부터였다고 한다. 10여년 전 이웃 마을인 백동으로 이사했으며 현재는 진도읍에서 살고 있다.

김생님(남, 82, 현재 남동리 거주)은 당당패의 한 구성원이었으며 장단의 개념을 마을에 도입한 사람이다. 그가 장단을 배워오기 전에는 북과 장고를 치더라도 정확한 장단의 개념이 없이 놀았다. 그러나 그가 장단을 배워와서 마을에서 장고를 치게 되자 그에 따라 여러 가지 변화가 일어나게 되었는데, 김생님의 또래들이 패의 이름을 갖지 못했던데 비해 당당패가 이름을 갖게 된 연유도 김생님의 장고장단 때문이었다고 할 수 있다. 그는 청년시절에 판소리 공부를 했다. 그가 판소리를 배우기 위해 청년시절에 인지리에 가서 고공살이(머슴살이)

를 했기 때문에 지금도 그곳 나이든 사람들은 김생님에 대해 기억하고 있다. 그는 인지리에서 소리를 배운 후 40대까지 객지에서 생활했기 때문에 마을의 문화 형성에 관여하지 못했다. 50살 때 마을에 돌아와 정착했으며, 그 때문에 자기 또래들보다 현재의 당당패들과 더 어울리게 되었고 과거 그가 체험했던 또래집단의 민요연행 관행을 당당패와의 활동을 통해 실행한다. 그는 품앗이를 가더라도 소리만 하고 일은 하지 않는다. 당당패 내에서 안성단과 어울려 노래를 부르는데, 주로 안성단이 노래하고 김생님이 장고를 친다.

(3) 품앗이 조직에서 노래조직으로의 전환과 음악인식의 태도

남동리 사람들은 일하면서 노래부르는 것이 관습적으로 몸이 배어 있다. 일할 때 노래를 부르지 않으면 일의 효과를 충분히 거둘 수 없다. 남동리 사람들은, 대부분의 진도 사람들도 마찬가지지만, 일할 때 노래를 불러야 오랜 시간 동안 버티면서 일할 수 있다. 노래를 안부르며 일하면 몸이 아프고 작업 능률이 저하된다는 것이다. 일과 노래는 작업능률의 향상, 일판의 즐거움, 몸의 건강 유지라는 세 측면에서 긴밀히 관련되어 있다. 그러므로 일판에서의 노래부르기는 단지 어느 한 면에 국한되지 않는 전체의 문제와 관련되어 있다고 할 수 있다. 일꾼을 얻은 것을 보면 그날 일의 진행 정도를 측정할 수 있다는 것이다. 아무리 품꾼을 많이 얻더라도 거기에 안성단과 김생님이 들어있지 않으면 그날 일은 재미없이 힘만 들고 비능률적이라고 판정한다. 안성단과 김생님이 들어 있으면 그날 일은 힘들지 않으면서 흥겹게 치루고 작업능률도 20%정도 향상된다는 것이다.

일판에서 노래의 연행은 자연스럽게 이루어진다. 여성들만의 품앗이일 경우, 밭맬 때 그들이 가정에서 당한 시집살이를 이야기 하거나 베짜기, 미영질삼을 얼마나 했는지를 말하며 일을 하다 일거리에서 앞선 사람이 노래를 매기면 노래가 시작된다. 밭매는 사람이 다 골을 잡고 나란히 매가지만 지심이 더 짓고 덜 짓은 목이 있어서 품꾼들 사이에 작업 진도의 차이가 나 앞으로 간 사람과 뒷처진 사람들이 구분된다. 그러면 앞서 간 사람들이 뒷처진 사람들과 일손을 맞추기 위해 노래를 시작한다. 처음 내는 노래는 육자배기이다. 그러면 다른 사람들은 호미를 치고 "좋다!" 하는 추임새를 넣으면서 밭매기를 이어간다. 흥이 나면 아리랑타령으로 이어진다.

현재 남동리에 거주하고 있는 안성단의 말에서 당당패의 초기 활동을 엿볼 수 있다. 원래 당당패의 초기 단계인 품앗이패로 있을 때는 남성들이 참여하지 않았다. 여성들의 순수 품앗이패로 존재하면서 노래를 부르며 일하는 상황이었다. 당시 이들의 작업과 노래가 연결되는 한 상황에 대해 안성단은 다음과 같이 구술한다.

"서쪽 서망가는 질목 길밑에가 저희 밭인데, 거가 우리 밭이 엿마지기 있거든, 거그서 여나믄이 붙여서 밭을 맨디 엿장사가 가새를 치고 엿타랑을 하고 가요. 젊은 아낙네들이 밭을 매고 있응께, 엿장사가 엿타랑을 하니까 인제 일어나서 수대로 호무들고 엿타랑을 하는거라, 같이 따라서. 그랑께 엿장사가 할 수 없이 못가고 엿을 지고 밭으로 냈왔어요. 냈오니까 밭둑에서 엿판을 딱 짊어지고 우리들이 돌아다니면서 엿타랑을 해부니까 띠어 먹은 놈은 먹고 타랑하는 놈은 하고 해서 엿장사가 거그에 쏙 빠져갖고 엿 다 털어불고...그래서 별호가 엿장시 떨어먹은 사람들이라고 났어. 재밋게 살았어."

이 품앗이패들은 일판과 노래판을 뚜렷이 구분하지 않았던것 같다. 이 점이 일판에서 노래가 가창되면서도 노래판으로 발전하지 않은 다른 품앗이패와 구별되는 점이기도 하다. 일하다 흥이 나면 호미들고 바로 노래판을 벌이게 된다. 이 경우 하루의 작업량을 반드시 성취해야 한다는 구속감을 갖지 않는다. 당당패의 경우, 일하다 신명나면 바로 노래판으로 전향할 가능성은 어느 일판에서나 공통으로 지니고 있기 때문에 이 노래판 벌림도 일종의 품앗이적 성격을 지닌다. 위의 경우는 이런 판에 외부 사람인 엿장수가 개입함으로써 더욱 신명나는 판으로 발전한 사례다.

당당패에 남성들이 참여하면서 활동이 활발해졌다. 논매기 공동작업에서, 음식나눔에서 남성과 여성이 함께 일하고 함께 노래부르도록 되어 있다. 논매기에서 남성과 여성들이 함께 어울려서 맸는데, 마을 사람들의 말에 의하면 여자와 남자가 섞여서 일해야 힘이 난다고 한다. 한나절 논을 매고 쉰 다음 점심을 먹은 오후에 퇴비를 하기 위해 산으로 풀을 베러 갔다. 논매기에서는 논매기 노래를 공동으로 부르고, 풀베러 갈 때는 아리랑타령을 한다. 이와같은 제도적 장치는 인력이 부족한 일판에서 남녀가 공동으로 작업해야 하는 도서해안지역의 사회적 조건과 관련되어 있다. 여성과 남성이 함께 어울려 일하고 노래하는 과정에서 공동의 문화를 형성하게 되는데, 당당패는 이러한 조건을 활용하면서 노래조직으로 발전해 갔다고 볼 수 있다.

김대례의 구술에서 품앗이패에서 노래패로 변모해가는 양상을 읽을 수 있다. 그의 구술을 정리하면 다음과 같다.

"당당패들은 총(기억력)이 좋아서 흥타령, 육자배기, 어떤 노래든 들은 대로, 본대로 다한다. 히트치고 다녔다. 당당패, 나이롱당당패, 떵떵패, 떵떵거리고 논다고 해서, 둥덩이덩하고 춤춘다고 해서 마을 사람들이 당당패라고 불렀다. 소문나게 했다. 나이가 몇년 차이나도 필요 없이 거기 사는 동안 내내 재미있게 놀았다.... 노니까 당당패라고 했다. 장에 잘 다닌 사람보다 장돌뱅이라고 하듯 옛날에는 배운 것도 없고, 이녁 멋대로 춤추고, 난잡해서가 아니라 모이기만 하면 활을 매서 문에 걸고 손으로 치고, 쪼박(바가지) 엎어놓고 치거나 물동우에 바가지 엎어놓고 치고 놀면서 둥당에타령 부르면서 모여서, 명절에는 칠팔월에 강강술래, 설 돌아오면 둥덩애타랑, 맨 타랑하고 그랬어요."

초기 단계에서 당당패는 여성 중심으로 활동했으나 김대례의 구술에서 보듯 춤이 강화되는 질적 변화를 발견할 수 있다. 초기에 당당패는 작업의 현장에서 노래판과 춤판을 동시에 놀았다. 그리고 명절이면 마을 내의 일정한 집에 모여 당당패가 중심이 되어 노래와 춤을 추며 놀았다. 춤에서는 필연적으로 장고 장단이 필요하다. 이 단계에서 장고 장단이 곁들여지고 이에 따라 자연스럽게 남성들이 끼어드는 변화를 가져오게 되었다.

한편 음식 나눔에서의 노래 연행도 당당패 성립의 한 축이 되고 있다. 옛날부터 명절을 지내고 나면 또래들끼리 집집마다 돌아가면서 먹고 논다. 가령 추석을 새고 난 뒤 차례대로 돌아가면서 오늘은 어느 집으로 모이자고 하면 다 모여서 북장구 치고 노래하며 논다. 남동리 사람들은 명절을 제대로 보내려면 북장구와 노래 소리가 마을에서 나야 한다고 생각한다. 지금과 같이 화투놀이나 윷놀이만 하고 보내는 것은 올바른 명절 새기가 아닌 것으로 생각한다.

음식 나눔의 노래판은 마을 내에서 이루어지기 때문에 남성들이 자연스럽게 끼어든다. 그래서 품앗이판과는 다른 노래판이 형성된다. 여기에 참여한 남성들은 노래와 반주에 소질이 있는 장구칠만한 사람들이거나 놀이에 관심이 있는 품앗이패 여자들의 남편들이었다. 남자로는 김생남(남, 82, 남동리 거주) 김기주(67, 10년전 사망), 김정채(67, 10년 전 사망), 김봉길(65, 남동리 거주) 등이다. 김생남은 안성단의 남편과 절친한 친구로서 장고를 잘 쳤기 때문에 당당패들에게는 반드시 필요한 사람이었다.

안성단의 다음과 같은 구술에서 보면 당당패가 품앗이패의 한계를 넘고 있음을 드러내고 있다. 당당패의 노래 기능이 강화되면서 연희의 기회가 확대되었다. 그런 과정에서 노래와 춤이 결합되어 춤판이 벌어지고 추렴을 통해 놀이의 기회를 확대하게 되었다.

"공동샘에서 물길어다 먹을 세상에는 사람 짐승 다 먹으니까 계속해서 물을 길어야 한다. 그러니 샘에 자주 모인다. 샘에서 의논을 해서 저녁, 낮 어느 시간에 누구 집으로 모이자고 의논 하면 모두 모인다. 한바탕 놀자고 의논이 돌면 물동우를 끼고 나와서 동우는 그대로 샘에 놔두고 가서 술한 잔씩 하고 잠깐 논다. 안성단의 구음에 맞춰 한춤 추고 논다. 그리고는 샘으로 달려가 물을 길러 집에 돌아간다. 밤에도 그런 식으로 모여 놀았다. 밭매면 밭맨다고 소리하고 놀고 추렴이 심했다. 무수떡 추렴, 낙지연포 추렴 등 추렴을 많이 했다."

김생님은 당당패의 출발을 당당패 당사자들보다 다소 늦은 시기로 잡고 있다. 그의 말에 의하면 당당패의 본격적인 활동이 20년 전부터 시작되었다고 한다.

"우리덜이 바로 당당패다. 20여년전 시작했다. 여자들은 40대 들이었다. 그렇게 몰려 다니니까 당당, 당당패라고 불렀다. 우리가 당당패로 한창 신나게 놀 때 마을 여자들 중에서도 얌전한 사람들은 그 패에 안들었다. 별호로 부르던 말이 고정되어버린 것이다. 여기는 이름도 쌨다(많다). 잘 노는 패거리들이 있으면 별호를 붙인다."

김생님이 말하는 당당패는 마을 예능조직으로서의 기능을 수행한 때부터를 의미한다. 초기의 당당패들은 품앗이에서 노래를 부르고 노는 조직이었는데, 남성들이 참여하면서 노래조직으로의 성격이 확실해졌다. 남성들의 참여란 김생님의 참여를 의미하는 것인데, 그가 참여함에 따라 물동이 장단에서 장고 장단으로 바뀌게 되었다. 이 변화는 무장단의 시대에서 장단의 개념이 개입하게 되었다는 의미이기도 하다. 김생님이 말하고 있는 "우리덜이 바로 당당패다. 20여년전 시작했다."라는 언술은 그가 당당패에 참여함으로써 장고 장단을 갖춘 노래패로 발전하게 되었다는 의미이다. 그러나 장고 장단이 개입했다고 해서 정격의 장단에 맞춘 노래를 불렀다는 의미는 아니고 장고 장단이 노래판에 개입했다는 의미다. 당당패들은 원래 무장단의 노동현장에서 노래를 불렀기 때문에 장단에는 크게 관심을 두지 않았다. 이러한 현상은 지금도 마찬가지다. 이 점 때문에 김생님과 당당패들 사이에 갈등을 일으키기도 하지만 당당패들의 노래 관습을 바꾸지 못했다. 당당패들은 여전히 자신들이 노동 현장에서 익혔던

음악어법에 맞게 노래를 부른다. 아리랑타령 등 장단이 쉬운 노래에서는 장단의 문제가 제기되지 않는데 장단이 어려운 육자배기나 흥타령에서는 장단의 문제가 제기된다. 그러나 당당패 구성원들은 육자배기나 흥타령을 부르더라도 장단에 얽매이지 않고 자신들의 신명대로 노래를 부른다.

당당패 초기였던 무장단의 시대에는 물동이 장단에 맞춰 둥덩이타령, 아리랑타령, 강강술래 등 의례나 노동현장에서 노래를 불렀으며 장단의 시대에 들어서면서는 육자배기, 흥타령 등의 노래를 노동현장과 마을 내의 노래판이나 놀이판에서 부르게 되었다.

(4) 일판에서 당당패의 역할과 생산성

당당패는 마을의 공동노동에서 중추적인 역할을 한다. 남성들은 논을 갈거나 모를 져나르고 모심기는 여자들이 전담한다. 사정이 이러하므로 온 마을 사람들이 함께 일하는 두레노동인 모심기와 논매기에서 작업의 진행을 당당패가 관장한다. 모심기가 시작되면 당당패의 구성원들이 작업대의 요소에 배치되어 일을 끌어간다. 안성단이 들노래의 매기는 소리를 맡고 김샌님이 장고를 친다. 보통 30-40명의 인력이 동원되어 작업하는데 노래로 인력과 일거리를 조절하고 지휘했기 때문에 노래가 매우 중요한 구실을 한다. 만일 노래가 없으면 작업을 효과적으로 이끌어갈 수 없다. 예를 들어 모를 찌는데 한 손으로 한가하게 찌면서 옆사람과 이야기하며 노는 사람이 있으면

> 눈치를 보아서- 맞지를 말고
> 일걸을 보아서 맞어주게-
> 　어기야 여-허 여허-어-라
> 　머-허-어-난 뒤허-어요

이모판을 어서를 들버 내고
우리가 술참을 쉬어 보세
　어기야 여-허 여허-어-라
　머-허-어-난 뒤허-어요

라고 소리한다. 그러면 놀던 사람들이 소리를 받으면서 두 손으로 부지런히 일하게 되니까 작업능률은 자연스럽게 향상된다. 그리고 당당패의 구성원들을 작업단의 요소에 배치하여 뒤처진 사람에게 못손을 빌려줘서 일거리가 순조롭게 추진되도록 한다.

　당당패의 이러한 역할은 다른 일판에서도 비슷한 양상으로 나타난다. 마을 공동 저수지를 막을 때도 다구질소리에 맞춰 일했고, 이 때도 소리로 모든 작업을 지시하며, 당당패가 중심에 되어 설소리를 했고, 일꾼들의 요소에 배치되어 일했다. 다구질에서 가장 중요한 역할을 설소리꾼이 맡는데, 당시에는 모두 굵고 다구질을 하기 때문에 힘이 부쳤다. 설소리꾼의 소리가 적어지면 다구꾼들의 받는 소리도 안맞고, 그러면 다구꾼들이 다구를 살살 놓기 때문에 저수지가 튼튼히 막아지지 않는다. 다구질하는 소리가 크게 나야 잘 다져지기 때문에 설소리꾼이 소리를 높이면서

　들었다 놓아도 다구로 고나
　　얼~널~널 상~사도~야

하면 다구꾼들이 힘차게 다구질을 한다. 다구질하는 소리가 팡팡 나면 바작을 지고 흙을 나르는 사람, 곡괭이로 흙을 파는 사람, 돌을 파는 사람들 모두가 즐거운 마음으로 긴 해가 지는 줄 모르고 즐거운 마음으로 일했다고 한다. 당시 설소리를 했던 안성단은

"봄에 굶주리고 일하는 사람들 데리고 일하면 해는 질고, 해 쳐다보고 시간보고 해 쳐다보고 시간보고, 참 고생들 많이 했다. 해는 질고, 밥은 조금밖에 못먹고 국이나 죽을 많이 먹어 물로 배채우고 나온 사람들이 먼 힘이 차것소? 하루 점도록(저물도록) 소리를 하고 나면 온 삭신이 쏟아져 불라고 한다. 목도 쟁기고,..... 눈에 보이는 것은 다 갖다 미겼다. 사람 걸어가는 것도 잡어다 미기고, 둘러봐서 명산도 잡어다 미기고, 명산 산줄기가 잘 빠졌으니 거기다 산소를 써라 그라고도 미기고, 못생기는 소리가 없었다. 노래라는 가사는 다 줏어다 생겨도 모자란다. 소리하는 사람이 제일 먼저 나가야 한다. 다구질한 사람들은 내가 바삐 하자고 하면 바삐 하고 쉬자고 하면 쉬었다."

일판을 이끌어가면서 작업 능률을 향상시키는 생산 현장에서의 역할은 당당패의 존재와 역할을 돋보이게 하고 이로 인해 그들이 마을 내에서 노래패로 활동할 수 있는 입지가 마련된다. 만일 당당패가 남동리의 생산력 향상에 기여하지 못한 채 한낱 향락적인 집단으로 존재했다면 그러한 존재는 일시적으로는 가능할지 모르나 남동리 사람들의 문화체계의 일부로 자리잡지 못했을 것이다.

4) 맺는말

전통민요사회에서 보편적으로 존재한 민요공동체인 당당패의 성립과정에 대한 고찰을 통해 민중의 사회에서 민요공동체가 어떻게 성립되는가를 밝혀보고자 했다. 당당패의 성립과정을 통해 전통민요사회의 민요공동체를 재구해 내는 데는 상당한 한계를 갖을 수밖에 없을 것이다. 그럼에도 불구하고 당당패의 활동 배경이 전통민요사회의 체계와 가치관을 지닌 사회였기 때문에 공동체 성립 과정을 당당패를 통해 이해하려는 관점은 어느 정도 유효하리라 생각한다.

민요공동체 성립의 기본적 바탕은 그 사회가 지니고 있는 조직구성의 관습과 사회의 지향 속에서 찾아야 된다고 본다. 글쓴이는 남동리의 경우 민요공동체 구성의 기본적 틀을 인간관계의 조직화와 운영에 대한 전승되는 관습에서 찾고자 했다. 여기서 드러나는 것이 과거의 생활 속에서 이루어진 민요사회의 관습이었고, 품앗이 조직과 의례에서의 음식나눔의 행위였다. 그리고 그 바탕에는 또래끼리의 어울림과 호혜적 교환관행, 정의 교환이 맞물려 있다고 보았다. 여기에 더하여 민요를 연행하고 생산하는 능력을 갖춘 민요 주체들이 결집함에 따라 민요공동체가 성립된다고 보았다.

초기의 형태는 또래들의 품앗이 조직을 바탕으로 성립되었다. 품앗이는 도서지역의 생태족 조건을 반영하는 향촌사회 노동조직이며, 특히 또래집단의 품앗이는 주체적 생산력을 갖추어야 가능하다는 점에서 앞으로 주목해야 할 대상으로 생각된다. 비슷한 또래들이 서로 품앗이를 조직하여 일하면서 자신들의 문화를 생산하는데, 당당패라 불린 이들은 단순한 노동조직에 머물지 않고 마을의 노래패로 발전하여 생활 속에서 일과 노래와 놀이를 수행하면서 그들의 생활현실에 맞는 노래를 만들어 부르는 민요공동체로 발전하였고, 그들의 활동으로 인해 마을 사람들의 삶이 한결 풍요롭고 흥겨워졌다는 점에서 의의를 갖는다.

의례를 통한 놀이의 관행이 당당패의 성장에 기여했다. 여기에 남성들이 가세하여, 또는 장고장단이 개입하여 노래조직으로 성장하게 된다. 한편 생산과정에서 향촌사회의 생산력 향상에 기여함에 따라 향촌사회 내에서 자신들의 입지를 마련하고 당당패에서 생산된 민요가 그 마을의 정체성을 지닌 노래로 자리잡게 되고 민요공동체로서의 정체성을 확보하게 된다. 그러나 마을 사람들이 왜 당당패에 모여들었는가, 또는 당당패의 정체성은 무엇이가 하는 문제는 앞으로 보다 진전된 논의를 통해 접근하고자 한다.

(한국민요학 2, 한국민요학회, 1994)

4.
노래판 산다이에 대한 현지작업

1) 머리말

이 글은 산다이에 대한 현지작업의 보고서다. 수집한 산다이의 사례들 중 유형적으로 대표적이 사례를 들어 서술하고 산다이의 문화적 의미를 고찰하겠다.

전남의 도서 · 해안시역 사람들은 명절 때, 초상을 치른 다음에, 쉬는 때 노래부르며 노는 것이 관습화되어 있다.[1] 사람들은 이 노래판을 산다이라고 부른다. 40-50여년 전까지만 하더라도 젊은이들은 젊은이들끼리, 어른들은 어른들끼리, 노인들은 노인들끼리, 또는 남여가 함께 어울려 산다이 하는 것이 이 지역의 오랜 관습이다.

글쓴이는 전남의 도서 · 해안지역 사람들로부터 민요의 현지작업에서 산다이에 관한 이야기를 들었다. 시간이 지나면서 자주 산다이에 대하여 이야기를 듣게 되고 주민들이 벌이는 산다이판에 참여하면서 연구주제로 관심을 갖게 되었다. 산다이를 하기 위해 사람들을 모으는 과정, 그 자리에 모인 구성원들이 노래부르고 즐기며 서로 기쁨을 나누는 현상, 남자와 여자가 노래를 불러서 서로

---

1   글쓴이가 조사한 바에 의하면 여천군에서부터 고흥군, 완도군, 신안군, 영광군 일대의 전남의 도서 해안지역에서 산다이는 일반화되어 있다. 그런데 진도군에서는 산다이와 같은 노래판이 있지만 산다이라는 용어는 사용하지 않는다.

화답하는 행위, 외부 사람들도 자연스럽게 어울리게 되는 과정이 지극히 자연스럽게 이루어졌다. 산다이판을 꾸려가는 주민들의 행동방식이 산다이는 오랜 전통을 지닌 행위문화의 유산이라는 생각을 갖게 했다. 그리고 어려운 현실 속에서도 고난을 이기고 넉넉한 마음을 갖고 있는 이 지역 사람들의 마음을 느끼게 했고 관심도 촉발시켰다.

글쓴이가 산다이에 대한 현지작업 과정에서 질문지를 만들었다. 조사를 시작했던 처음에는 질문지의 내용이 산다이가 무엇인지를 파악하는 간단한 것이었는데 점차 확대시켜 왔다. 다음에 제시한 질문지는 최근에 작성한 것으로 다음의 산다이 사례조사에서 사용할 것이다. 이 질문지는 산다이에 관해 응답이 가능한 사항들을 모아 놓은 것이다. 실제 면담에서는 현지의 형편에 따라 조사자가 적절하게 응용해야 조사의 효과를 높일 수 있다. 만든 질문지를 소개하면 다음과 같다.

    * 명칭에 대하여
      산다이라는 말을 아십니까
      무슨 뜻이라고 생각하십니까

    * 연행 시기에 대하여
      이 마을에서는 언제부터 산다이를 하게 되었습니까
      (여)처녀 시절에만 합니까, 시집가서도 합니까
      (남)총각 시절에만 합니까 결혼 후에도 합니까
      명절에 주로 합니까
      어느 명절에 많이 합니까(설, 추석, 초파일, 단오, 기타)
      명절이 아닌 때는 어느 때 산다이를 합니까(계, 초상, 기타)

    * 준비 과정에 대하여
      장소는 어디에서 하며 왜 그 장소에서 합니까

산다이를 하기 위해 미리 준비합니까

어떤 사람들이 모입니까

(참여할 수 있는 자격이 제한되어 있습니까.머슴의 경우)

몇명이나 모입니까

어떤 조건을 갖춘 집에서 많이 모입니까

몇일이나 합니까

산다이를 하기 위해 노래연습을 하는 경우도 있습니까

남자와 여자들이 함께 놉니까 따로 놉니까

과거에도 그랬습니까

술을 마십니까

음식은 어떻게 조달합니까

다른 마을에 원정가기도 합니까

* 향유계층과 구성원에 대하여

산다이에 참여하는 사람들과 안한 사람들을 구분할 만한 기준이

있습니까

마을 내에서 양반들도 산다이에 참여합니까

한 마을에 산다이하는 패가 몇 패나 됩니까

패는 같은 또래들끼리 모입니까

같은 나이 또래들 중에서도 다른 산다이패가 있습니까

패가 몇 개 있다면 무엇 때문에 나누어 집니까

남여가 함께 하는 산다이는 언제부터 하게 되었습니까

처녀와 총각들만 합니까

참여하는 사람들은 몇 살이나 됩니까

모이는 사람들은 어떤 관계에 있는 사람들입니까

어떤 노래들을 부릅니까

산다이판에서 눈이 맞아 연애하는 일도 있습니까

* 연행 양상에 대하여
  장단을 치는 사람은 정해져 있습니까
  누가 처음 노래를 부릅니까
  무슨 노래들을 부릅니까(노래 이름들은 무엇입니까)
  한 사람씩 돌아가면서 순서대로 부릅니까 순서없이 부릅니까
  노래만 부릅니까 춤도 춥니까
  노래하거나 춤출 때 악기로 장단을 칩니까
  놀이를 하는 경우도 있습니까
  놀이를 한다면 어떤 놀이를 합니까
  놀이에서 진 사람에게 가하는 벌도 있습니까

* 기능에 대하여
  산다이를 하면 기분이 어떻습니까
  모든 산다이패들이 모여 함께 노는 일도 있습니까
  함께 노래 부른 사람들과 그렇지 않은 사람들과는 어떤 차이가
  있습니까

* 놀이의 변화과정에 대하여
  옛날(일제 때나 60년대)에 비하여 지금 하는 산다이는 어떻게
  다릅니까
  그렇게 변화된 이유가 뭐라고 생각하십니까
  여성들이 산다이를 많이 하는 것이 최근의 경향입니까 옛날에도 그
  랬습니까

* 산에서 하는 산다이에 대하여
  산에서도 산다이를 합니까

어느 계절에 합니까

왜 산에서 산다이를 합니까

참여하는 사람은 누굽니까

산 산다이를 하는 놀이패가 있습니까

주동자는 어떤 사람입니까

인원은 몇이나 됩니까

산의 어느 곳에 모입니까

남자와 여자가 함께 모입니까

음식도 먹습니까

노래를 부릅니까

어떠 노래를 부릅니까

놀이도 합니까

어떤 놀이들을 합니까

각각 놀이의 방법을 설명해 주세요

놀이하는 순서가 정해져 있습니까

다른 마을의 산다이패들과 실력을 겨루는 사례도 있습니까

2) 산다이에 대한 현지 조사

현재 수집한 산다이 중에는 명절에 이루어지는 산다이, 즉흥적으로 이루어지는 산다이, 초상을 치른 날 밤에 이루어지는 산다이가 일반적이다. 그리고 특수한 사례로 산에 벌목가서 벌이는 산다이, 어린이들의 산놀이 산다이, 전투경찰들과 마을 처녀들이 벌이는 전경대 산다이 등이 있다.

이 글에서 제시하는 자료는 전남 지역에서 수집한 산다이의 여러 사례들 중 유형별로 대표될만한 것들이다. 각 유형별로 수집한 사례를 드는데, 명절에 이

루어지는 산다이의 사례로 완도군 노화읍 동고리 명절 산다이, 즉흥적으로 이루어지는 산다이의 사례로 전남 완도군 소안면 부상리 산다이[2], 초상치른 밤에 이루어지는 산다이의 사례로 전남 완도군 보길면 예송리의 장례 뒤 산다이, 특수한 사례로 전남 신안군 흑산면 가거도 대리의 산노래판 산다이를 들겠다.

사례 1 : 명절 산다이

명절 산다이는 산다이 중에서도 가장 전형적인 것이다. 글쓴이가 조사한 모든 지역에서 정월과 초파일, 추석에 또래들끼리 무리를 지어 노래판을 벌이는 명절 산다이를 했다.

1996년 6월 24일 완도군 노화읍 동고리에서 제보자 백남선(남, 61), 고상권(남,64), 박삼용(남,61)을 만나 명절 산다이의 자료를 수집했다.[3] 동고리에서는 명절이나 초상 때 또는 특정한 때 노래부르며 노는 것을 산다이라고 한다. 백남선은 유년 시절부터 마을에서 산다이 하는 것을 보았고 그 자신도 어렸을 때부터 지금까지 산다이를 하고 있다. 자신이 젊었던 20대 시절만 하더라도 남여 구분이 뚜렷하여 함께 어울리지 않았다고 한다. 산다이는 주로 남성들이 했고 여성들은 활발하지 못해 그 소리가 집밖으로 새 나가는 사례는 보지 못했다.

명절에 벌어지는 산다이는 매우 조직화되어 있다. 몇 개의 산다이판이 또래들을 중심으로 벌어졌다. 나이를 기준으로 해 청년, 중년, 노년 집단으로 구분된다. 지금부터 40년전 백남선의 20대 청년 시절 명절에 이루어진 산다이판에 대하여 알아보겠다. 당시는 마을이 이백 삼십호 정도 되었고 명절이면 산다이

---

2   부상리에서 즉흥적으로 이루어지는 산다이는 이미 발표된 바 있지만 이 글에서 다시 정리하여 싣는다. 다음의 논문을 참고하기 바란다.
     나승만, 「소안도 민요사회의 역사」, 『도서문화연구』 제11집, 목포대학교 도서문화연구소, 1993, 149~152쪽.
3   이 조사는 1996년 6월 24일부터 28일까지 목포대학교 도서문화연구소에서 실시한 전남 완도군 노화읍의 학술조사 과정에서 이루어졌다.

판이 7-8곳에서 벌어졌다. 당시 20세 전후의 산다이판은 세곳에서 벌어졌다. 같은 연령과 성향을 지닌 사람들끼리 모이는데 노래 쟝르에 대한 취향이 같아야 하고 또 친분관계에 있어야 한다.

당시에는 세 판이 벌어졌는데 유행가판, 청춘가판, 짜배기판[4]으로 나누어졌다. 유행가판과 청춘가판의 사람들은 서로 넘나들며 어울렸는데 짜배기판의 사람들은 매우 독자적이었다. 유행가판에 모인 수는 칠팔명 정도였다. 트롯트류의 유행가를 많이 부르며 노래에 따라 춤을 추고 논다. 장구와 손벽으로 장단을 쳤다. 청춘가판에 모인 사람들은 신민요인 청춘가와 산아지타령[5], 아리랑타령을 즐겨 불렀다. 백남선은 청춘가판에 어울려 놀았다. 이 판에 든 사람들은 소위 놀기 좋아하는 사람, 기분파들이었다. 그런데 유행가를 좋아하는 사람들은 청춘가를 좋아하고 청춘가를 좋아하는 사람들은 유행가를 좋아하여 서로 어울려 놀았다. 짜배기판에 모인 사람들은 전통민요를 좋아하는 사람들이다. 당시 짜배기판에 참여한 사람들은 육자배기, 단가, 판소리를 좋아하여 판에서 그 이외의 소리는 부르지 않았다. 그리고 북장구로 장단을 쳤다. 흥이 나면 한춤을 추었다. 여기에 참여한 사람들은 네명이었는데, 잘 하는 사람들이라기보다는 육자배기류의 노래를 좋아하여 배우려는 사람들이었다. 이들은 유행가판이나 청춘가판과는 교류하지 않았다.

산다이가 이루어지는 집은 어른들이 없어 행동하기에 편한 곳이거나 집안에 특별한 일이 있는 집이다. 명절이나 우연히 산다이를 하게되는 경우에도 산다이가 이루어지는 집은 바깥어른이 없는 집을 선택한다. 그 이유는 젊은 사람들

---

4 짜배기판은 육자배기판을 의미한다. 민요 창자들은 육자배기를 짜배기라고 종종 말한다.

5 산아지타령은 섬진강 유역에서는 논매기노래의 주요 레파토리로 부르고 전남의 도서 해안 지역 산다이판에서도 주요 레파토리로 부른다. 메기는 소리는 진도 아리랑타령과 같은 사설로 구성되며 가락도 같다. 받는소리는 "에야- 데야- 에헤헤-에야-/ 에-야 디여라 사나 이로-구나"로 받아 아리랑타령의 받는소리와 비교해서 사설은 전혀 다르고 가락은 약간 다르다.
나승만, 「전남지역의 들노래 연구」, 전남대학교 대학원 박사학위논문, 1991, 46쪽 참조

이 행동하기에 편하기 때문이다. 그리고 집안 제사나 상례, 잔치 등이 있어서 먹거리가 남아 있으면 친구들을 초청하여 산다이판을 벌인다. 먹거리는 필수적인데 그중에서도 술이 있어야 한다.

시간이 지나면서 산다이의 주인공이 남성들에서 여성으로 바뀌어졌고 또 노는 내용에도 변화가 왔다. 여성들이 남자들과 함께 산다이판을 벌이게 된 것은 중년부터다. 여성들의 산다이판은 제약이 많아서 산다이를 하더라도 그 소리가 담밖을 넘지 못했다고 한다. 남여가 함께 산다이를 하게 된 것은 중년부터라고 한다. 박정희 대통령 이후부터라고 봐야한다는 증언으로 보아 1970년대부터는 남여가 함께 산다이판을 벌였던 것으로 보인다. 지금은 구분없이 함께 어울리며 오히려 여성들이 더 적극적이라고 한다.

지금은 민요 대신 유행가를 많이 부르고 북장구 대신 녹음기를 사용하는 사례가 늘었다. 또 과거에는 연령별로 구분된 산다이판들이 7-8곳에서 벌어졌는데 지금은 초상이 날 경우를 제외하고 불규칙하게 산다이를 하며 잔치판에서는 전자악기로 연주하고 노래와 함께 춤을 즐겨하는 경향이 있다.

사례 2 : 노래판 산다이

완도군 소안면 부상리 산다이는 1992년 6월 24일 조사했다.[6] 이 마을에서는 같은 또래의 젊은 사람들이 모여 술마시고 북장구를 치고 노래부르며 노는 판을 산다이라고 한다. 명절에 노는 것이 일반적이지만 밭에서 일을 하다 무작정 앉아 술한잔 먹고 기분 좋으면 노래판 산다이를 벌인다. 동네 경사가 났을 때, 초상났을 때도 그 뒷끝에 산다이판을 벌인다. 이 마을에서도 예전에는 〈사례 1〉과 같은 산다이를 명절에 활발하게 했지만 지금은 젊은이들이 마을을 떠나버렸기 때문에 예전만 못하다. 당시의 산다이는 남성 중심이었으며 육자배기, 산

---

6   이 조사는 1992년 6월 22일부터 25일 사이에 실시된 목포대학교 도서문화연구소의 소안도 학술답사 과정에서 이루어졌다.

아지타령, 치나칭칭나네, 신고산타령, 유행가, 군가 등 아는 노래를 마음대로 불렀다.

현재는 여성들이 중심이 된 산다이를 한다. 그래도 남자들을 초대하여 함께 자리를 한다. 마을 사람들이 대부분 인척으로 맺어져 있어 잘 어울린다는 점도 이런 분위기를 만드는데 작용한 듯하다.

글쓴이가 이 마을을 방문해서 마을 부녀자들과 함께 즉흥적으로 벌인 산다이를 하게 되었다. 부녀회장인 양희자(여.34)를 만났는데 그의 친정이 글쓴이가 당시 살고 있던 곳(광주 광역시 임동)이었고 그의 오빠가 글쓴이와 절친한 사이였기 때문에 조사가 잘 이루어질 수 있었다. 양희자의 도움으로 박은복(남.50)의 집에 자리를 마련하고 박은복(남.50), 최동님(여.55), 최금님(여.62), 양희자(여.34), 글쓴이가 밤 8시부터 11시까지 산다이를 했다.

박은복의 집은 마을의 산다이 공연장 역할을 하는 곳이다. 그는 3남 2녀의 자녀를 두었는데 당시 중학교 2학년 막내 아들 외에 모두 서울에서 생활하고 있다. 그 자신이 산다이를 좋아하여 부인들이 마음 편하게 출입한다.

즐겨 부르는 노래는 트롯트류의 유행가지만 산다이에서는 옛날 노래를 부르는 것이 격에 맞는 일로 생각하고 있다. 그래서 옛날 노래를 배우려면 산다이판에 가야 한다고 말한다. 여기서 말하는 옛날 노래는 산아지타령, 아리랑타령, 창부타령, 청춘가 등이다.

조사 당시 양희자가 박은복의 집에 모인 사람들을 소개하면서 "여그가 우리 부인들 아지트요. 여그가 놀기 좋아요"라고 소개하고 이어서 "인자 여그 들어온 사람들은 노래 안부르면 못나가"하는 말을 하였다. 주현미의 노래가 녹음기에서 나오자 아주머니들이 흥이 나니까 손뼉을 치며 노래 부르기 시작했다. 노래는 벽돌림[7]으로 돌아갔는데 처음에는 창부타령을 불렀는데 이 마을에서는

7　벽돌림은 방에 앉은 사람들이 벽을 타고 돌아가는 순서대로 노래부르는 방식으로 윤창하는 것을 이르는 이 지역 말이다. 산다이에서의 전형적인 가창방식이며 참여한 모든 사람들이 돌아가면서 노래를 부르므로 모든 사람이 노래판에 참여하게 된다.

이 노래를 청춘가로 소개하였다. 그리고 이어서 '돌아와요 부산항에'를 비롯해서 트롯트류의 노래를 불렀다. 그리고 아리랑타령을 부른 다음 다시 유행가판으로 넘어갔다 청춘가판으로 이어졌다.

그러던 중 글쓴이가 예약해 둔 택시가 밤 10시쯤 도착하자 양희자가 나가 택시 운전사(30대 중반)를 데리고 판에 들어와 운전사와 함께 어울려 11시까지 산다이를 계속했다. 들어온 운전사는 마을 여성들과 매우 친했으며 글쓴이와 인사를 나누었다. 자리에 앉았을 때 여자들이 노래를 청하자 스스럼없이 일어나 유행가를 부르고 춤도 췄다. 현지 작업 과정에서 부른 노래 중 몇편을 들면 다음과 같다.

놀아- 놀아- 젊어서 놀아
늙고야 병들며는 못노나니
젊어서 놀아보자
얼씨구좋다 정말로좋다
이렇게나 존지를 내몰랐네

얼씨구얼씨구 얼얼씨구야
아니노지를 못하리라
기차전차 앞뒷이 있냐
중국놈 대가리 상투가있냐
처녀총각이 부부가있냐
이렇게 존일이 또있당가(좋다!)
얼씨구절씨구 지화자좋네
이렇게 존일은 잠도안올라

돈갖고 돈못쓴것은
멍텅고리 남자한량
어깨나갖고 춤못춘것은
멍텅고리 여자로다
얼씨구절씨구 지화자좋네
이렇게나 존지를 내몰랐소(좋다!)

씨구씨구 절실은소리
도굿대장단에 춤나온다
춤나온다 춤나온다
굿거리장단에 춤나온다
이런장단에 춤못추면은

저방안에 홀로든새
맘에든여자 있건마는
춤을추자니 아니받어주고
손을잡자니 놈들보고

이년저년 잡을년아	동지나섣달 긴긴밤에
회동칼로 목빌년아	놈의집살로 가는년아
빙든가장 둘러놓고	얼씨구절씨구 기화자자나 좋네
우는아기 잠재워놓고	어찌나 존지를 모르것소

최근에는 전파사에서 구입한 유행가 반주 테이프를 녹음기에 틀어 놓고 노래 부르고 논다. 부상리의 40-50대 여자들이 산다이에서 즐겨 부르는 유행가의 녹음 테이프 제목을 들면 다음과 같다.

앗싸 아가씨(가수 김미진)	앗싸 메들리(가수 김미진)
노래하는 짚시	노래하는 털보선장 복남이
사투리 디스코(가수 문희옥)	밤무대 명콤비
까치며느리	창밖의 여자
캬바레 앵콜가수(노래 김민성)	83 이용 최신곡
염수연 매들리	이미자
노래실은 관광버스(노래 강성희 김준규)	노래실은 물레방아 2
조용필 옛노래	

사례 3 : 장례 뒤의 산다이

전남의 도서 해안 지역에서는 사람이 죽으면 당일부터 출상을 마친 날 밤까지 마을 사람들이 모여 술판과 놀이판을 벌이고 북장구 장단에 맞춰 노래를 부르며 밤을 새우는 풍습이 있다. 이때 사람들은 노래 부르고 춤추며 놀아 주는 것을 의례적 절차로 생각한다. 그리고 장례를 마친 날 상례에 참여한 사람들과 상주들이 어울려 노래를 부르고 노는데 이를 특히 산다이라고 한다.

예송리에서는 장례를 마친 날 밤 마을의 부여자들이 상가의 이웃집에 모여 상가에서 마련해준 음식을 먹고 노래부르며 산다이를 하는 풍습이 있다. 글쓴 이가 조사한 사례는 1992년 1월 15일부터 19일까지 민요 창자 최권애기(여.

86세)에 대하여 자료를 수집하던 중 홀로 살던 박씨할머니(당시 94세)가 사망하여 그 장례식을 관찰하였으며 장례식을 끝낸 날 밤에 벌어진 산다이에 참여하게 되었다. 장례식이 끝난 날 밤에 부녀자들이 상가에서 마련해 준 음식을 먹으며 산다이를 벌이는 것이 보길도에서는 의례화되어 있다. 여기에 참여하는 사람들은 상가에서 음식 다루는 일을 맡았던 부녀자들인데 이들은 주로 마을 부녀회의 구성원들로 30대에서 50대의 부녀자들이다.

이 모임을 주도한 사람은 최영자(여.53.완도군 소안면 가학리에서 혼입)였다. 그는 부녀회장을 지내는 등 40~50대 여성들에게 영향력을 행사하는 인물이며 글쓴이가 조사했던 최권애기의 큰며느리다. 소안면 비자리에서 시집온 최권애기는 며느리를 비롯해 젊은 여자들이 산다이하는 것에 대해 부정적으로 생각하고 있었다. 이날 산다이는 상가에서 약 30M 떨어진 정매자(여.55.완도군 노화읍 포전리에서 혼입)의 집에서 벌어졌다. 상주들이 모두 객지에 나가 살기 때문에 당일 탈복을 하기 위한 굿을 하므로 산다이는 다른 집을 빌려 한다. 정매자의 집을 선택한 이유는 남편이 6년전 사망하여 부녀자들 놀기에 편했기 때문이다.

이날 밤의 산다이판에는 13명의 여자와 2명의 남자가 참여했다. 남자는 글쓴이를 안내한 김재길(남.58.최권애기의 장남이며 최영자의 남편) 그리고 글쓴이였는데 평소에는 남자들이 참여하지 않는다. 밤 8시쯤 정매자의 집에 모인 아낙들이 상가에서 마련해준 술과 음식을 먹은 다음 최영자가 장구를 치자 거기에 맞춰 청춘가, 아리랑타령, 유행가 등을 불렀다. 글쓴이의 조사 의도를 알고 있는 최영자가 민요를 부르도록 유도했다. 외지인인 조사자가 참여했기 때문인지 처음에는 주저하다 시간이 지나자 거리낌없이 돌아가면서 벽돌림으로 노래를 불렀다. 장구 장단이 시작되면서는 신민요인 청춘가를 벽돌림으로 불렀다. "서산에 지는해는 지고싶어 졌느냐/날두고 가는님은 좋다! 가고싶어 가느냐// 언제는 좋다고 오라고 하드니/언제는 싫어갖고 좋다! 날사랑없이 가느냐// 저건네라 새풀밭에 새풀베는 저처녀야/너풀내풀 꼴망에다담고 보름달뜨면 단둘이가자" 하고 진행되었다. 시간이 지나자 유행가를 부르기 시작했다. 참여한 사람들이 민요판보다 더 흥을 내며 노래판에 참여했다. 여기서 부르는 대중가요는 모두 트롯트 풍이다. 김순심(여,55.완도군 노화읍 구목리에서 혼입)이 손뼉 장단에 맞춰 "미련없단 당신이 진정인가요/ 미련없단 당신이 진정인가요/ 바닷가를 걸으며 수놓았던 그 추억/ 잊을수가 있을까요/ 돌아서서 눈물짓던 당신이지만/ 영원토록 영원토록 못잊을 겁니다"를 부르자 이정렬(여.58.완도군 노화읍 석중리에서 혼입)이 노래를 이어 받아 이미자의 여자의 일생 "참을수가 없도록/ 이가슴이 아파도/ 여자이기 때문에/ 말한마디 못하고/ ..."를 불렀다. 민요판보다 유행가판을 훨씬 좋아했다. 함께 노래를 부르거나 일어나 춤을 추는 등 적극적인 자세를 보였다.

판이 진행되다 이정렬이 글쓴이에게 "선생님, 노래 실을라고 여까지 오실 때는 빈골로 그냥 오시든 않했것지요이" 하고 말을 건 다음 "그러면 감사합니다. 한자리 해보쇼. 질서없는 공사가 없다고 우리가 한자리 했응께 선생님도 한자리 해야제라" 하면서 노래를 청했다. 이런 대화로 외부인을 판에 끌어들이는 것이 관용적으로 되풀이되어 온 것으로 생각되었다. 그 뒤에도 유행가를 부르다 12시쯤 끝났다.

사례 4 : 산 노래판 산다이

1988년 7월 17일부터 18일까지 이틀에 걸쳐 신안군 흑산면 가거 1리 대리마을의 산다이를 조사하게 되었다.[8] 가거도 사람들은 명절이나 초상 났을 때, 또 산에서 나무를 채취하거나 밭일 할 때 노래판을 벌이고 놀며 남자와 여자가 한자리에 모여 노래부르고 노는 산다이가 일상화되어 있다.

최복연(남.69)의 말에 의하면 전부터 남여가 어울려 노래부르고 노는 일이

---

8   가거도는 소흑산도라고도 하며 흑산면 소재지에서 서남쪽으로 62Km 떨어진 곳에 있다. 산다이에 관한 면담은 1988년 7월 14일부터 20일 사이에 전남민속학연구회에서 실시한 흑산도 일대의 학술조사 과정에서 이루어졌다. 면담자는 다음과 같다. 흑산면 가거도리 대리 마을 최복연(남 · 69), 조점심(여 · 70, 최복연의 처), 임복진(여 · 50), 최종심(여 · 54), 고귀녀(여 · 50), 최업덕(여 · 53), 정이단(여 · 52)

있었는데 여기에 산다이라는 용어를 사용하게 된 것은 일제 때부터라고 한다. 일제 때 술장수들이 뱃사람들을 상대로 장사하는 과정에서 산다이라는 용어가 가거도 사람들에게 소개되어 사용하게 되었다는 것이다. 그래서 그는 산다이라는 용어를 일본어인 것으로 이해하고 있다.

가거도의 경우 벌목하는 과정에서 산다이를 한다는 점이 특이하다. 성인 여성들이 약재로 후박나무를 벌목하거나 산나물을 채취하기 위해 산에 올라가 일하면서 노래판을 벌인다. 가령 한 사람이 나무에 올라가 후박나무의 가지를 치면서 "무안군 흑산면 너도면이 아니냐/아깝다 가거도라 툭떨어졌네라"라고 소리하면 저쪽에서 일하던 아낙이 "잠을자도 가거도 불을꺼도 가거도요/여그는 가거도 살수가 없네요"라고 노래로 받는다. 그러면 일에 참여한 사람들이 돌아가면서 노래를 부르는 노래판을 벌인다.

주로 부르는 노래가 산다이다. 가거도에서는 산다이라는 용어가 노래판을 지칭하는 동시에 노래의 이름으로도 사용된다. 이때 말하는 산다이는 산아지타령이다. 이 산다이에서는 산아지타령[9] 외에도 돌개꼭지[10]와 청춘가 등을 부른다. 노래가 어느 정도 진행되어 흥이 나면 나무에서 내려와 모여 노래를 부르며 춤판을 벌인다.

산다이는 가거도 사람들의 정체성을 입증하는 한 문화양식으로 인식되고 있

---

9 처음에는 받는소리를 부르다 노래가 어느 정도 진행되면 생략하고 메기는 소리만 한다.
   1988년 7월 17일. 글쓴이 현지조사
   (메기는 소리:임복진 · 여 · 50)
   푸른산 너메로 보이는 가거도
   나뭇짐만 아니어도 내가 살만 하겠네
   (받는 소리)
   에야하~ 디야 에헤헤 에야~
   에야라 디여라 산아지로구나
   (최종심 · 여 · 54)
   못하고 살겠네 못하고 살겠네
   이놈의 가거도 나는 못살겠네

다. 가거도 사람이라면 산다이를 할 줄 알아야 한다고 생각한다. 서울살이를 하고 있는 가거도 사람들이 모이는 향우회에서도 반드시 산다이판을 벌인다.

3) 자료의 분석과 정리

(1) 그간의 논의와 개념 정리

산다이는 연구자들에 의해 단편적으로 거론되어 왔다. 글쓴이의 제안으로 전남민속학연구회원들이 산다이의 어원에 대하여 자유토론을 벌인 바 있고 연구의 필요성도 제기한 바 있다. 전경수는 추자도에서 현지 조사한 산다이의 사례를 발표한 바 있는데, 장례에 참여한 마을 여성들과 조사자 사이에서 일어난 의

에야하~ 디야 에헤헤 에야~
에야라 디여라 산아지로구나
(고귀녀 · 여 · 50)
못살겠네 못살이겠네
이놈물통 이고서 나는 못살겠네
에야하~ 디야 에헤헤 에야~
에야라 디여라 산아지로구나
(최업덕 · 여 · 53)
가거도 앞단에 일중선 뜨고
정든님 술잔에 담벅곰 떴네
에야하~ 디야 에헤헤 에야~
에야라 디여라 산아지로구나
(정이단 · 여 · 52)
잠을 자도 가거도 꿈을 꿔도 가거도
영원한 가거도 살 수가 없네
에야하~ 디야 에헤헤 에야~
에야라 디여라 산아지로구나

례적 집단 윤간의 현지체험을 산다이로 이해하여 서술하였다.[11] 그는 산다이라는 전승문화태보다는 상례에서 관례적으로 이루어진 윤간을 통해 결손된 인적 손실을 보상하는 의례적 장치에 더 많은 관심을 두었지만 산다이를 그렇게 이해함으로써 논란거리가 되었다.[12] 지춘상·나경수는 산다이를 놀이판을 지칭하는 말로 이해하였다.[13]

글쓴이는 산다이를 전남 도서 해안지역 사람들이 노래부르고 노는 행위로 이해하였으며 전남 완도군 소안면 부상리, 영광군 법성면 송이도, 신안군 흑산면 가거도, 완도군 보길면 예송리의 산다이판도 그런 사례로서 제시한 바 있다.[14] 이 산다이들은 모두 노래판이다. 음식을 먹거나 춤을 추지만 산다이의 본질은 노래부르는데 있다. 놀이만 하고 노래를 부르지 않는다면 산다이로서 필요충분 조건을 갖췄다고 할 수 없다. 그렇지만 노래판이 아닌 산다이 자료도 있어 개념을 규정하기가 쉽지않다. 「朝鮮の鄕土娛樂」에서 어리이들의 놀이로 기록보고된 산대희는 어린이들이 산에서 노는 놀이로서 노래판 산다이와는 다르다. 여기서 생각해야 할 것은 연행의 주체와 자료의 출현빈도다. 연행의 주체가 아닌 주변적 존재이거나 연행의 빈도나 자료의 빈도가 지극히 제한된 것, 또는 문화 향유 집단이 부여하는 비중에서 차이가 나는 것을 고려하지 않고 등가로 취급한다면

---

10   1988년 7월 17일. 글쓴이 현지조사
      임복진(여·50)
      돌개 돌개~야 진돌개는
      밥잘먹~고 일잘한다
      돌아간다 돌아간다
      돌개 훅~지 돌아간다
11   전경수, 「死者를 위한 儀禮的 輪姦: 楸子島의 산다위」, 『한국문화인류학』 제24집, 한국문화인류학회, 1933.
12   이에 대한 토론에 글쓴이도 참여하였다. 다음의 글을 참고하기 바란다.
      임재해, 「민속놀이의 주술적 의도와 생산적 구실」, 『韓國民俗學』 27, 1995, 357쪽.
13   池春相·羅景洙, 「珍島아리랑 形成考」, 『湖南文化硏究』 제18호, 1988, p.61 각주 8)참조.
14   나승만, 「소안도 민요사회의 역사」, 149-152쪽.

개념의 규정이 본질을 벗어날 수 있다. 마을에서 일반적으로 즐기는 산다이는 청년이 되어야 참여할 수 있다. 〈사례 1〉의 경우 산다이를 청년기부터 시작하는 것으로 조사되었고 흑산면 가거도의 경우 산다이를 시작하는 나이가 15-6세 정도인데 그 이유는 이 나이가 되어야 이성간의 사랑에 눈뜨기 때문이라고 한다.[15] 그러므로 어린이들의 산다이는 산다이의 지류이지 본류가 아니다. 물론 이 경우를 포함해서 산다이를 놀이판을 일컫는 보편적인 명칭으로 이해할 수도 있지만 그렇게 되면 이 권역에서 이루어지는 산다이의 특성을 명쾌하게 드러낼 수 없다.

따라서 「산다이는 전남의 도서 해안 지역에서 사람들이 모여 노래부르며 즐기는 놀이다」고 규정하는 것이 올바르다. 이 경우 놀이는 류개념이지 산다이의 특성을 드러내는 종차가 아니다. 그러므로 산다이를 노래판으로 이해하는 것이 보다 적절할 것으로 생각된다.

(2) 산다이라는 용어의 이해

글쓴이가 조사한 바로는 전남의 도서 해안 지역에서 '산다이'라는 용어를 사용하고 있다. 실제 발음에서 '산'은 분명히 발음하고 '다이'는 붙여서 한음절을 약간 늘여 말하는 것으로 들릴 정도로 발음하는 경향이 있다.

그런데 이 말을 일본어로 이해하거나 한자어의 일본식 발음으로 이해하는 견해가 있다. 현지조사에서 흑산면 가거도의 최복연(남.69)은 이 말을 일본어라고 주장하였다. 그 근거로 일제 때 술집에서 각시를 데리고 노래부르며 노는 것을 산다이라고 한 데서 연유했기 때문이라고 주장하였다.[16] 또 용어에 대한 토

---

15 나승만 · 고혜경, 「노래를 지키는 사람들」, 문예공론사, 1995, 239-285쪽.
    나승만 · 고혜경, 「노래를 지키는 사람들」, 269쪽.
16 최복연(남.69)전남 신안군 흑산면 가거도 대리마을, 1988년 7월 17일, 글쓴이 현지조사

론 과정에서 산대놀이와의 관련성을 제시하거나 산타령 또는 山臺의 일본어식 발음일 것으로 추정하여 일본과의 관련성이 거론된 적이 있다. 그렇지만 글쓴이가 조사한 바로는 일본에는 산다이라는 노래판이나 놀이가 없기 때문에 일본식 놀이가 전파된 것이라는 의견은 배제해도 될 것이다. 다만 이 용어가 어떻게 성립되었는가가 문제다. 글쓴이가 면담한 대부분의 사람들은 산다이라는 용어가 언제부터 사용되었는지 모르는체 지금도 사용하고 있다고 말한다. 그러므로 용어 이해의 실타래를 민속의 전통 속에서 풀어가야 한다.

산다이라는 용어의 연원을 풀기 위해서는 산대희라는 말과의 관련성을 짚어봐야 한다. 「朝鮮の鄕土娛樂」에는 山臺戲가 경기도, 황해도, 충북, 전남에서 조사된 놀이로 기록되어 있다. 경기 황해지역의 산대희는 가면극이고 충북(제천)과 전남(곡성, 여수, 보성, 해남, 영암, 무안, 영광)의 산대희는 아이들이 산의 경사면에서 미끄럼을 타고 노는 놀이로 조사되었다.[17] 물론 이 글에서 거론하는 어른들의 노래판 산다이와는 놀이의 주체나 방식에서 차이가 있지만 산대희(山臺戲)로 기록된 용어를 산다이로 발음했다. 그러므로 산다이라는 말은 산대희의 지역어로 생각된다. 즉 고려시대 관제 행사로 산대희가 연행되었고[18] 그 용어가 민간에 확산되어 자기 지역의 특성을 지닌 연행물에 그 용어가 적용되었을 것으로 추정하는 것이다. 이러한 예는 민속의 현상에서 발견되는 사례다. 가령 관에서 지내던 성황제나 여제가 민간으로 확산되면서 지역의 특성을 반영하는 지역문화로 자리잡게 된다. 그러므로 산다이는 중앙어인 산대희에 대응하는 지역어로 생각하는 것이다.

---

17   지춘상 · 나경수의 앞의 글 각주 8)에 朝鮮の鄕土娛樂에 기록된 산대희 자료를 정리해 놓았
     다. 참고로 다시 제시하면 다음과 같다.
18   村山智順, 「朝鮮の鄕土娛樂」, 朝鮮總督府, 1941, p.20, 51, 73, 129, 133, 139, 149, 151,
     153, 158, 230, 233.
     민속학회, 「한국민속학의 이해」, 문학아카데미, 1994, 367쪽.

(3) 연행 주체와 변화

산다이를 하는 사람들을 계층별로 구분한다면 기층민들이다. 마을 일을 결정할 때 결정권을 행사하는 지배적 위치에 있는 사람들은 산다이에 참여하는 일이 드물다. 이들은 다른 사람들에 비해 보다 높은 단계의 교육을 받고 유교적 생활전통을 지니고 있으며 경제적으로도 상층에 속하는 사람들인데 산다이에 대하여 비판적인 태도를 취한다. 이와 달리 실제 노동을 하면서 마을의 생산노동에 종사하는 사람들이 산다이를 즐기는 사람들이다. 그래서 산다이는 기층민중의 문화행위라고 할 수 있다.

한편 오늘날에는 산다이의 주체가 남성에서 여성으로 변하고 있다. 남성 중심의 산다이 조직이 지금은 거의 해체되는 단계에 이르렀다. 〈사례 1〉에서처럼 공고하게 조직되어 있던 산다이판이 시간이 지남에 따라 지금은 어떤 제도적 장치나 의례적 특성을 잃은 채 즉흥적으로 이루어지는 〈사례 2〉의 경우로 바뀌고 있다. 이것은 남성들의 문화조직이 와해되고 그 문화적 공백을 여성들이 채우고 있다는 증거이기도 하다. 도서·해안 지역 여성들의 활동이 활발하다는 점에서 육지 양반 마을의 상황과는 사뭇 다르다. 양반 마을에서는 여성들이 남자들과 어울려 노래부르고 노는 행위가 금지되어 있다. 또 같은 남성들 내에서도 신분에 따라 노는 집단과 놀이의 쟝르, 일상적인 행동 양식이 구분된다. 양반들은 양반들끼리 한시를 짓거나 시조를 창하면서 놀고 기층민들은 그들끼리 노래를 부르거나 놀이를 하면서 살아간다. 섬, 또는 평민 마을의 경우 여성들은 남성들과 대등하게 생산활동에 참여할 뿐만 아니라 마을공동체의 운영에 참여하여 활동하며 그에 걸맞는 권위를 확보하고 있다. 그래서 여성들에게는 자기들의 의식을 자유롭게 표현할 수 있는 자유가 어느 정도 보장되어 있으며 자신들의 문화를 실천할 수 있는 조직을 갖고 있다. 전통사회에서 문화활동을 하는 조직의 대부분은 생산 노동조직이다. 전통사회에서는 생산노동조직이 바로 문화조직의 성격을 지닌다. 기층민들의 문화조직은 대부분 생산노동조직이다. 당시로서는 생산노동조직만이 존재할 당위성이 인정되었기 때문이다. 따라서 여성들의 생산활동이 활발한 도서 · 해안 지역에서는 여성들의 생산조직과 문화조직이 활성화되어 있다. 더구나 일제 강점기와 한국전쟁 과정에서 남성들이 줄어들어 남성들의 노동력과 문화생산 역량이 빈약해지자 그 공백을 여성들이 매꾸게 되었다.[19] 이러한 현상은 농악에서도 나타나며 한국 전통문화의 전반에 나타난 현상이기도 하다. 1970년대까지만 하더라도 어떤 마을에서는 남자와 여자가 따로 놀았고 어떤 마을에서는 함께 어울려 놀았다. 지금은 어떤 마을이건 남녀가 함께 어울려 놀지만 인력 동원, 음식 마련, 노래연행에서 〈사례 2나 3〉의 경우처럼 여성들이 노래판의 주도권을 쥐고 있다.

노래판의 내용도 변하고 있다. 산다이에서는 산아지타령을 비롯해서 아리랑타령, 육자배기, 청춘가 등의 노래를 많이 부르며 이런 노래들은 가창민요의 대표적인 것들로 사람들의 신명을 고양시키는데 효과적이다. 그리고 최근에는 트롯트풍의 유행가를 즐겨 부른다. 현지조사에서도 민요를 즐겨 부르는 마을이 있고 유행가를 즐겨 부르는 마을들이 있다. 후자의 경우 전에 불렀던 산아지타령이나 아리랑타령을 불러달라고 하면 구식노래라고 하면서 마지못해 부르는데 유행가를 부르라고 하면 신명나게 부른다. 또 〈사례 1〉의 경우처럼 민요와 유행가판이 동시에 이루어지는 마을들도 있지만 지금은 유행가판이 우세하다. 그래서 지금의 산다이는 민요의 시대에서 유행가 시대로 넘어가고 있는 중이거나 이미 넘어간 단계라고 생각된다. 반주악기에서도 같은 현상이 일어나고 있다. 북 장구로 장단을 치던 전통시대에서 벗어나 지금은 녹음테이프의 노래반주곡을 사용한 녹음기를 동원하여 반주를 한다.

19　나승만, 「민요사회의 사적 체계와 변천 − 전남지역의 민요사회를 중심으로−」, 「민요와 민중의 삶」, 한국역사민속학회, 1994, 116−7쪽.

20　조동일, 「한국문학통사 3」, 지식산업사, 1984, 초판. 565쪽.

(4) 기능에 대하여

산다이는 일의 공간과 짝하여 존재하는 휴식의 공간, 의례와 놀이의 공간에 자리잡고 있다. 일과 일 사이에 자리잡은 휴지의 시간에 산다이가 벌어진다. 그 휴지가 명절이거나 상례거나간에 일하는 공간이 일상의 공간이라면 산다이의 공간은 비일상의 공간이라고 할 수 있다. 비일상에 자리잡은 산다이는 일상을 더욱 일상답게 조장하는 기능을 한다. 일이 존재하지 않으면 산다이도 존재할 수 없다는 논리가 가능하다.

그래서 산다이는 노동을 배경으로 성립한 생산문화의 틀 속에서 이해해야 한다. 산다이는 일이나 일상의 삶 등 세속에서 벗어나 인간의 본연—놀고싶은 마음, 노래하고 싶은 마음, 이성과 어울리고 싶은 마음—의 입장에 서있는 장치다. 이 노래판이 사람들의 마음과 몸을 이어 주고 즐거움을 함께 나누게 하여 삶을 즐겁게 하는 에너지를 만들어 내는 구실을 한다.

산다이판에서는 일상으로부터 벗어나고 도덕의 굴레로부터 해방되어 본성에 충실한 정서를 노래한다. 노동민요가 일판을 관리하고 생산의 기능을 수행하는 기능을 갖는다면 산다이는 일의 생산적 기능에서 해방되어 그야말로 인간 본연의 감정, 가령 사랑하고 싶거나 자유스러워지고 싶은 내적 감정이 담긴 풀림의 세계, 해방의 세계를 드러내는 기능을 한다.

(5) 문화사적 위상

산다이의 문화적 위상을 파악하기 위해서는 서울 경기지역에서 연행된 山臺戲와의 관련 속에서 이해해야 그 위치가 보다 명확해진다. 조동일은 조선 후기 서울을 중심으로 활동했던 본산대놀이패들은 경제적 빈곤 때문에 민간에 재주를 팔아야 할 처지가 되었고, 상업도시가 발달함에 따라 순회공연을 하게 되었다[20]고 서술하였다. 이러한 서술은 산대놀이가 서울에서 서울 이외의 지역으로 전파되어 갔다는 현상을 전제로 깔고 있다. 그렇지만 산다이에서는 채붕 산대를 차리고 백희 가무를 즐긴 서울, 경기지역 고대 산대희의 잔영을 찾아볼 수 없고 민중의 노래가 중심이어서 관주도로 규모가 크게 놀았던 이들 지역의 산대놀이와는 판이하게 다르다. 때문에 서울 경기의 산대희가 전남지역에까지 전파었다고 보기는 어렵다. 이에 관련하여 김일출은 이미 1958년에,

산대놀이라고 부르는 것은 좁은 의미에서는 상술한 산대 잡극 중에서 백희와 분리된, 탈놀이의 전통만이 서울을 중심으로 한 하층 인민들에 의하여 전승된 것을 가르친다. 산대놀이란 명칭이 상술한 산대 잡극(잡희)에서 유래한 것임은 틀림 없는 일이다. 그러나 그렇다고 하여 궁중의 산대 잡극(나례)이 정지된 후에 그것이 민간에 남아서 곧 오늘의 산대놀이로 변하였다고 인정하는 견해는 력사적 사실을 왜곡하는 것이 아닐 수 없다. 왜냐하면 오늘에 남은 산대놀이는 궁중 나례의 정지를 기다려서 형성된 것이 아니고 이미 그 이전에 오랜 옛날로부터 민간에 전승된 탈놀이가 산대잡극과 결합되어서 형성되어 온 것이기 때문이다.[21]

고 주장하여 산대희의 기원을 고대 인민들의 문화전통 속에서 찾고자 했다. 그렇지만 이러한 설명도 전남지역의 산다이를 설명하기에는 충분치 못하다. 산대희가 고대사회로부터 전승되어 온 민족의 놀이였다는 것은 논자들마다 주장해온 바다. 그러나 놀이의 구체적인 내용이 각 지역마다 달랐던 것으로 이해해야 한다. 놀이 내용이 다른 것은 전통사회 문화예술의 당연한 생리다. 당시는 지금처럼 모든 것이 규격화되고 획일화되는 사회가 아니라 지역 특성이 모든 문화에 반영되는 시대였다. 지역 특성이 반영되어야 지역문화로 존재할 수 있

---

21   김일출, 『조선민속탈놀이연구』, 과학원출판사, 1958, 103쪽.

는 시대였다. 자연적 특성과 지역의 인문환경이 반영되지 못한 문화는 지역의 자연과 사회, 인문환경에 끊임없이 조화하며 살아야 하는 당시의 사람들에게는 존재의 원리를 깨뜨리는 반문화적 요인으로 인식되었다. 그래서 산다이는 산대희와는 달리 이 지역의 자연과 인문환경이 반영된 개성적인 문화 양식으로 파악해야 한다.

산다이는 궁중의 놀이와는 상관없이 전남지역 민중의 생활 속에 오랜 역사 동안 흘러 내려온 것으로 보아야 한다. 산다이는 1941년에 발행한 조선의 향토오락에서 처음으로 기록되었는데 여기에 기록된 산다이는 어린이들의 놀이다. 그런데 현지조사에서 수집된 자료들은 어른들 노래판으로서의 산다이다. 노래판 산다이가 당시에 연행되었다는 사실은 여러 면담 사례에서 드러난다. 완도군 소안면 월항리에서는 일제 당시에 징용에 끌려가는 사람들을 위해 송별 산다이를 했으며[22] 앞의 최복연 주장대로 가거도에서도 일제 당시 노래판 산다이가 연행되었다. 이로 미루어 보아 일제 이전부터 산다이는 전남의 향촌 사회에서는 일반화된 문화관행으로 이해해도 될 것이다. 그리고 〈사례 1〉의 경우처럼 가장 일반화된 산다이가 연령별로 조직화되어 있고 청년들의 판이 유행가판, 청춘가판, 짜배기판으로 구분된 것을 보면 산다이가 옛부터 공고히 자리잡았던 것으로 생각된다.

더구나 조선족의 고유한 풍습으로 명절에 음주가무하는 풍습은 이미 고대사회로부터 공인되어 온 문화관행이었다. 그런데 전남지역은 특히 기층민 문화가 발달한 곳이다. 기층민 문화의 대표적인 것이 민요인데, 전남지역은 오랫동안 중앙 권력으로부터 멀리 떨어져 있었을 뿐 아니라 고대에도 마한의 독자적 문화를 유지해왔기 때문에 문화적으로 개성이 있다. 그 개성중의 하나가 노래라고 생각된다. 노래문화가 발달한 전남에서 산다이를 노래판으로 벌였다는 것은 어쩌면 당연한 일일 것이다.

---

22   나승만, 「소안도 민요사회의 역사」, 151쪽.

4) 맺는말

산다이는 전남의 도서 해안 지역에서 사람들이 모여 노래부르며 즐기는 놀이다. 조사된 결과로 보면 산다이는 명절에, 초상을 치른 다음, 쉬는 때 사람들이 모여 노래부르고 노는 것을 의미하는 전남지역의 노래판에 대한 이름이다.

그런데 이 말을 일본어로 이해하거나 한자어의 일본식 발음으로 이해하는 견해가 있지만 산다이라는 말은 중앙어인 山臺戲에 대응하는 전남지역의 고유어로 생각된다.

산다이를 하는 사람들을 계층별로 구분한다면 기층의 민중이다. 마을의 엘리트들은 산다이에 참여하는 일이 드물다. 실제 노동을 하면서 마을의 생산노동에 종사하는 사람들이 산다이를 즐기는 사람들이다. 그래서 산다이는 기층 민중의 문화행위라고 할 수 있다.

오늘날에는 산다이의 주체가 남성에서 여성으로 변하고 있다. 노래판을 주도하는 것은 여성들이다. 남성중심의 산다이 조직이 지금에 와서는 거의 해체되고 그 문화적 공백을 여성들이 주도하여 대신하고 있다.

산다이는 노동을 배경으로 성립한 생산문화의 틀 속에서 이해해야 한다. 산다이는 일이나 일상의 삶 등 세속에서 벗어나 인간 본연의 입장을 드러내는 예능장치다. 산다이의 연행을 통해 사람들은 서로 마음과 몸이 일체가 되고 즐거움을 함께 나누며 삶을 즐기는 에너지를 공동으로 호흡한다. 이것이 오늘까지 산다이를 지속시켜 온 동력이라고 생각된다.

또 산다이는 전남의 향촌 사회에서는 고대부터 일반화된 문화관행으로 이해하는 것이 당연하다. 조선족의 고유한 풍습으로 명절에 음주가무하는 풍습은 이미 고대사회로부터 공인되어 온 문화관행이었다는 점을 생각한다면 노래문화가 발달한 전남에서 산다이로 노래판을 벌였다는 것은 어쩌면 당연한 일이다.

이제 산다이에 대한 접근을 시도하는 단계이기 때문에 앞으로 많은 자료 조사와 연구가 이루어져야 할 것이다.

(한국민요학 4권, 한국민요학회, 1996)

5.
목포 시민들의
강강술래 연행사 검토

1) 머리말

바람직한 문화사회는 다양한 문화들이 서로 교류하고 변동하는 가운데 형성된다. 이 말을 바꾼다면 다양한 문화양식을 지닌 사람들이 서로 상대방을 인정하고 교류하며 문화사회가 형성될 때 건강한 문화, 주민 모두에게 자유와 평등을 조장하는데 기여하는 문화, 즉 민중의 삶에 기여하는 문화가 된다는 뜻이다. 그런데 모든 문화가 질서없이 그냥 난무하는 것은 아니다. 그 속에는 집단의 구심점 역할을 하는 중심문화가 있어 중심축을 이루고, 다른 문화들이 중심축에 엉기면서 중심문화의 체질을 강화하거나 변동에 작용하면서 보다 건강한 문화를 만들어 간다. 같은 류의 동물들이라도 순수 혈통보다 교배종이 변화에 대한 적응력과 생존력이 강한 것처럼 문화도 순수주의 문화보다는 서로 교류하면서 변동을 능동적으로 수행하는 문화가 적응력과 생존력이 강한 문화로 문화집단의 존재 의미를 강화시키는 기능을 더 할 수 있다고 본다. 그런 의미에서 중심문화 주체들이 외부에서 유입되는 다양한 사람들의 문화를 수용하면서 문화적 변용을 꾀할 경우 그 집단의 문화는 변화속에서 유지되고 발전할 수 있을 것이다. 사실 문화의 순수주의는 대부분 관념의 영역이고 문화의 독제주의일뿐이다. 문화의 순수주의가 강조되는 경우는 정치적 독재가 이루어질 때 가능한 이야기이기도 한다.

일제 강점 이후 우리는 문화를 온전히 전승하고 재생산하기에 어려운 시간들을 보냈다. 오늘날에는 민속학자들마저도 민중들의 생활 속에 작동하고 있는 생활문화에는 크게 관심을 두지 않는다. 마을굿과 무속의례, 통과의례, 그리고 정월과 팔월, 그리고 농경과 일상 생활에서 연행되었던 다양한 민속들이 이제는 기억과 자료로만 남아 있고, 그중 일부는 박물관에 전시되거나 관청이 주도하는 시민의 날 행사나 지역축제의 이름으로 동원되고 있다. 목포의 강강술래가 바로 이런 경우에 해당된다.

사회현장에서 민중들의 삶을 견인하고 있는 민중들의 생활문화는 과거의 전통민속이 아니다. 목포시의 강강술래 연행 역사를 통해 우리는 우리들의 문화를, 또는 우리들의 문화생명을 지키기 위해 어떻게 해야 하는지의 문제를 생각해 보고자 한다.

2) 日帝에 대한 시민들의 생각

목포를 흔히 예향이라고 말한다. 목포를 예향이라고 주장하는 근거는 남농을 비롯해 많은 서화가들이 활동했거나 활동하고 있으며, 이난영의 노래 「목포의 눈물」 배경이 된 도시라는 점 등에서 찾아볼 수 있다고 생각된다. 그리고 여기에 하나 더하여 1960년대까지만 하더라도 8월 보름이면 목포 각종 학교 운동장에 시민들이 모여 강강술래를 연행하면서 하루를 즐겼다는 점을 빼놓을 수 없을 것이다. 그런데 오늘날에 와서는 형편이 많이 바뀌었다. 일제의 탄압과 한국전쟁의 과정에서도 굴하지 않고 연행했던 강강술래판이 70년대에 들어 사라져 버린 대신 남농의 書畵世界와 김우진, 이난영 등에 대한 가치 평가는 날로 확대되어 가고 있다. 그간의 목포지역 사회 변동을 말해주는 현상의 하나로 생각할 만하다.

일을 해서 벌어먹고 사는 노동자들이나 장사를 해서 성공하려는 꿈을 갖고 목포에 온 기층민들은 목포를 신세계로 생각했다. 목포는 전통사회의 바탕이 없는 곳에 세워진 도시였기 때문에 기존의 권위나 질서가 작용하지 않는 곳으로 인식하였다. 밤낮 일해도 지주의 종노릇 할 수밖에 없었던 전통사회 속의 기층민들은 이미 오랜 세월 동안 지주의 종노릇을 해왔고 이런 상황 속에서는 삶의 기대를 가질 수 없다고 확고하게 인식하였다. 그러던 차에 목포의 개항이 결정되자 많은 노동자들과 상인들이 꿈을 안고 목포에 찾아들게 된다. 그렇지만 1905년 을사조약이 체결되어 일제의 식민지 수탈이 정체를 드러내자 새로운 세계에 대한 기대가 좌절되어 갔다.

이미 예견된 것이었지만 일제는 또다른 벽으로 기층민들의 삶을 가로 막았으며 기층민 또한 일제의 실체를 정확히 인식하였다. 이러한 의식은 일제에 대한 주민들의 담론에서도 드러난다. 당시의 상황을 전해들어 알고 있는 한일권씨의 구술을 들어보자(한일권. 남, 82세. 대성 1동 4통 2반. 1995년 4월 7일 현지조사)[1]

그런디 글때 일본놈 정치를 어찌코 했냐그러면 우리 한국에서는 멋을 썼냐먼 엽전을 썼어요. 엽전을 썼는디, 가사 백량이라먼 한짐이 백량이고, 엽전은, 또 일본놈들은 대정돈이라고 쓰고 명치돈이라고 썼어. 쓸때에 일전을 가지고 우리 한국돈 엽전을 다섯잎을 바꿔가지고 그 유화철, 놋쇠같은 것을 맨드는 것을 다 바꿔갖고 갔습니다. 그놈 안쓰면 안된다고 그렇께 그렇게 되얏고. 또 쌀한되에 어쨌냐 그러면 그땍에 한 삼십전이나 일전 이전 쓸땍에 삼십전이나 받던 것을...

---

1   이글에 수록된 구술자료들은 허경회 · 나승만이 공동집필한 「木浦의 說話 · 民謠 · 地名 資料」, 「木浦市의 文化 遺蹟」, 國立木浦大學校博物館 · 全羅南道 · 木浦市, 1995년에 수록되어 있으며 참고하기 바람.

낭중에는 인자 우리 한국에 대해서 척숙회사다, 뭐 국무농장이다, 뭐 저런 금융기관이 들어와가지고 이 시부측량을 해라, 느그 땅 가졌으면 느그 땅대로 우리가 인정을 과세를 해줄 테니. 그렇께 우리 한국사람들이 일본놈한테 세금물리는 것을 생각했어. 그걸 다 갖다가 내버리는 것이, 임야같은 것, 높은 산, 그전에는 요리요리 해가지고 모도 한계만 처가지고 이것이 우리집 선산이다 우리 산이다 요렇게 해가지고 허니께, 그전에는 인자 이녁것 해가지고 과히 세금이 없이 그랬는디, 일본놈이 들오니께 그런 세금을 많이 낼 줄 알고 다 내버렸던 것이 일본놈들이 들어와가지고 그런 산을 다 점유를 했지요이.

그런디 아까침에 말허다시피 돈도 역시나 즈그 것 일전 갖다 쓰면 우리 엽전무끄로 한닙이여. 이래가지고 바까가서 전부 그 철, 쒸가 어디로 들어 갔는고니 일본으로 다 건너 갔습니다. 글때만 해도 엽전세상인디, 엽전 다섯닙 고놈허고 바까가지고 다 들어가불고, 그렇께 손해를 많이 봤제, 그래가지고 이것이 광무, 우리 한국에서도 인자 이렇게 돈을 인자 조선은행이락 해가지고 돈을 또 일본돈같이로 있어, 새가 그려져 있어. 광무황제돈이 있고 융희황제돈이 있어. 그놈도 인자 일전으로 쓰인께 즈그가 별 수입, 거시기가 없응께 이돈도 안쓴다, 광무황제돈도 안쓴다, 융희황제돈도 안쓴다 이래가지고 전부다 끄집고 들어가지고 낭중에는 느그가 돈, 가사 두닙을 갖고 오머는 한닢에 바까준다 요렇게 탁란짓거리를 많이 했어요.

한편 기층민들은 향촌사회의 문화 중 자신들이 일군 공동체 문화를 목포에서 실현하였다. 대표적인 것이 강강술래인데, 목포의 기층민들은 강강술래 연행을 통해 자신들의 문화적 정체성을 체험하는 동시에 일제에 저항하는 기제로 활용하기도 했다.

현대 사회 속에서 민속문화의 위상은 매우 희미한 상태다. 민요는 노래라는 특수한 갈래이기 때문에 그 도가 더욱 심하다. 그러나 민요를 비롯한 민속문화가 민족이 어려운 시기에 민족문화의 중심역할을 해왔다는 사실을 알아야 한다. 동학혁명과 일제의 강점, 한국전쟁, 그리고 60년대 이후 진행된 개발독제의 사회적 정황 속에서도 민족의 심지를 굳게 지켜온 것이 민속문화다. 이제는 목포문화를 정확히 진찰하고 회생의 처방을 내려야 할 때라고 본다. 이제 목포시의 도시 성립 과정과 그곳에서 연행된 강강술래를 사례로 들어 이 문제에 접근해 보고자 한다.

3) 목포시의 도시 성립 과정

먼저 목포의 도시발달 과정을 간략히 서술하겠다. 한국의 도시는 전통시대부터 성장해 온 도시와 일제 이후 성장한 도시, 그리고 1970년대 산업화 과정에서 위성도시나 신도시로 성장한 도시들로 나누어 볼 수 있다. 목포는 일제 이후 성장한 도시로 성장 주체가 일본인들 또는 한국의 자본가들이었기 때문에 생산기능의 차원에 개발이 집중되어 문화적 개발이 배려되지 않았다. 또 배려되었다 하더라도 일본인들 중심이었다. 주거지역의 배분에 있어서도 살기에 편하고 물류 교환이 용이한 지역을 일본인이 차지하고 그 주변부에 조선이들이 거주하였다. 유달산도 일본인들이 차지하였다. 그들은 유달산을 자신들의 종교 성지로 만들었다. 거기에 弘法大師상과 不動明王상을 새기고 곳곳에 일본인들이 섬기는 신과 불상, 그리고 신사를 세웠다. 조선인들의 경우는 주변 향촌사회 주민들을 이주시켜 노동 자원화하기 위한 것이었으므로 목포로의 주민이주에 따라 일어나는 문화적 적응, 전승, 재창조 등 문화변동에 대응하는 방안은 고려되지 않았다.

목포시로의 조선인 집중은 주민의 생존 차원에서 이루어진 것이었다. 향촌사회의 농업기반이 붕괴되고 상업자본이 확대되자 주민들은 생존의 문제를 해결하고 보다 나은 경제적 지위와 신분을 획득하기 위해 도시로 이주하게 된다. 또 도시로 먼저 이주한 사람들이 새로운 정보를 입수하고 새로운 경제 체제에 편입되어 사회적 입지를 다져 나가자 이에 자극되어 모두 도시로 진출하려는 꿈을 갖게 되었고, 구체적으로 실천하게 되었다. 목포가 개항되기 직전부터 현재에 이르기까지 목포시의 인구 변동 추세를 보면 다음과 같다. [2]

1897년 10월 1일 개항이전:약간의 한국인+일본인 8명+영국인 1명+중국인 1명

1897년말: 2,806명(조선인 2,600+일본인 206명)

1902년: 4,755명(조선인 3,655명+일본인 1,045명+외국인)

1910년: 10,655명(조선인 7,076명+일본인 3,494명+외국인)

1920년: 16,701명(조선인 11,270명+일본인 5,273명+외국인, 인구규모 전국 8위)

1925년: 25,762명(조선인 18,815명+일본인 6,709명+외국인, 전국 8위)

1935년: 59,094명(조선인 49,967명+일본인 8,836명+외국인, 전국 규모 6위)

1938년: 65,572명(조선인 56,923명+일보인 8,551명+외국인)

1941년: 69,965명(전국 규모 12위)

1943년: 72,981명(전국 규모 15위)

1946년: 103,000명(남한 5위)

1955년: 133,000명(남한 9위)

1965년: 157,832명

1970년: 177,801명

1980년: 221,856명

1990년: 253,423명

1996년: 245,471명

---

2   木浦市(人文編), 「木浦市史」 제3장 人口 참조, 木浦市, 1987년.

조계지를 중심으로 시내의 좋은 주거 조건에 해당되는 지역에는 일본인들이 자리잡았다. 그들은 이주 당시부터 목포의 지배세력으로 등장하여 상류층을 형성하면서 조선인들을 지배하게 된다. 이들은 자신들의 주거지역을 조선인들과 구분하고 나아가 한국인들의 정신적 기도처인 유달산을 자신들의 종교적 신앙지로 개발하였다. 그래서 이곳에 88불을 세우고 홍법대사상과 부동명왕상을 새겨 유달산의 신성성을 조선인들로부터 빼앗는 일을 한다.

목포에 이주한 한국사람들은 주로 유달산 주변에서 살았다. 시간이 지나면서 한국인들의 유입이 늘어나자 1930년대 후반에는 유달산 중턱까지 주거지가 확대되었다. 유달산과 대성동을 중심으로 한 고지대에는 한국인 노동자들이 자리를 잡고 소위 빈민촌을 형성한다. 이들은 지게꾼, 석수장이, 목도꾼, 부두노동자, 일용노동자, 어부 등 노동에 종사하는 사람들이었다.

이들은 연고에 따라 이주해 왔는데, 온금동과 서산동은 진도 조도 출신들이 집단으로 이주해 왔으며 선업에 종사하였다. 또 대성동과 죽교동에 자리잡은 사람들은 목포 인근의 도서인 신안군 일대의 도서와 인근 내륙지역인 무안, 함평, 영암, 해남, 강진 등지에서 이주해 온 사람들이다. 같은 지역 출신들이 같은 지역에 거주하게 되자 향촌사회의 마을공동체적 체제를 그대로 유지할 수 있었다.

다시 말하자면 크게는 일본인과 한국인이라는 민족집단에 따라 주거지가 구분되었는데, 유달산 남쪽 부두에 인접하고 교통이 편리한 지역에 조계지를 만들고 일본인들이 중심을 이루는 주거지역을 형성하였다. 그리고 한국인들도 유달산 주변의 산비탈에 집단으로 주거지를 마련하고 자신들의 고향 문화를 실현한다. 또 출신지에 따라 주거지가 일정하게 구분되는 양상도 보인다.

유달산을 중심으로 한 문화적 갈등도 일어났다. 일본인들은 한국인의 신앙터인 유달산을 자신들의 종교적 성지로 삼기 위해 88불을 세웠다. 이에 격분한 한국인들은 일본인이 세운 불상을 깨뜨리는 일이 자주 있었고 이에 대한 담론이 형성될 정도였다.

4) 목포시의 강강술래 연행과 해체 과정

목포의 강강술래 연행담은 주민들이 자신들의 고향 문화를 도시공간으로 옮겨와 연행하다 사회적 변화에 따라 어쩔 수 없이 중단하게 된 과정에 대한 이야기이다. 목포에서는 일제 때부터 팔월 추석이면 시내 각급 학교에 주변 주민들이 모여 강강술래를 하는 풍습이 있었다. 이 풍습은 목포에 모여든 시민들의 고향인 신안군의 여러 섬들과 인접 내륙지역인 무안, 함평, 영광, 나주, 영암, 해남, 강진, 장흥, 진도, 완도 일대에서 옛날부터 전승되어 오고 있는 전통의 민속이다.

강강술래가 언제부터 목포시에서 연행되었는지는 정확히 모르지만 1930년대 후반에는 목포시에서 매우 일반화되어 연행되었다. 연행 장소는 유달국민학교, 북교국민학교, 산정국민학교, 목포상업학교 등지였다. 온금동과 서산동 주민들은 유달국민학교에서, 죽교동 일대의 주민들은 북교국민학교에서, 대성동 주민들은 상업학교에서, 목포여고에서 강강술래를 연행했다. 그리고 해방 후에는 인근 지역의 각급 학교에서 1970년대까지 연행이 지속되었으며 온금동 일대의 주민들은 1993년까지 수도거리에서 강강술래를 연행하였다. 연행 시기는 팔월 추석 때인데, 낮에는 남자들은 학교 운동장 마당에서 씨름판을 벌이고 밤에 강강술래판을 벌였다. 온금동에서는 1993년까지 마을에서 강강술래를 연행했다. 온금동 주민들의 강강술래 연행 상황에 대한 주민들의 구술을 들어 보면 다음과 같다.

손청단(여,71세, 온금동 주민), 강귀녜(여,67세, 온금동 주민), 곽유금(여,60세 온금동 주민)
1995년 4월 11일 목포시 온금동

손청단 : 강강술래는 추석명절에 하제라. 한번 모이면 여러이 해야 멋

있응께 많이 모여서 놀제. 술은 인자 구경헌 사람이 받어 주제라. 이녁 흥에 자기가 놀제만은 굿보는 동네 사람들이 잘헌다고 좋다고 받어다 주제. 남자들 여자들도 받어 주제. 여자들이 강강술래 하고 있다가 수가 작으면 남자들을 끄집어 들이제, 그라면 흥이 난 남자들이 새당구에(사이에) 한나씩 끼어 들어와 가지고 같이 놀제라. 처음에는 안들오고 한참 재밋게 뛰면 그라제.

강귀녜 : 선주나 그런 어른들은 술래판에 안오제. 팽야 우리들 노는 쓰래(패거리)들이 있어요. 그런 사람들이 내고, 굿보는 구경허는 사람들이 내고. 추석 팔월 보름에 하고 다른 철에는 잘 안하제. 강가술래는 재작년까장도 했지요. 여그 수둣거리란데서.

손청단 : 강강술래를 이년 전까지 했제, 작년에는 못했어요. 강강술래 하러 나오라고 모테(모여) 앉아서 이야기하면 사람들이 꼭 나와요. 백명 넘게나 모인디요. 백오십명도 모여요. 우리들 젊어서는 참말로 심하게 놀았어요. 여그서 노래 부른 사람들은 다 강강술래 설소리를 매겼든 사람들이라우. 지금은 돈주고 하라면 할까 안하제이. 모으면 디스코판 틀어놓고 논디요.

강귀녜 : 옛날에 월암이라고 박종렬씨라고 있었는데 그 양반이 오늘 저녁에 강강술래하게 수도거리로 나오라고 하면 다 나가서 놀았어요. 그 사람이 강강술래 앞잽이여요. 장구 잘치고 유행가를 잘 부르제.

온금동에서 강강술래가 지속될 수 있었던 것은 주민들의 화합 때문이었다. 온금동 주민들은 진도에서 이주해 온 사람들이 많았기 때문에 주민들의 결집력이 강했다. 뿐만 아니라 남자의 60% 정도가 선업에 종사하고 여성들도 어망을 수리하는 일을 하여 어촌의 어로공동체적 성격을 유지할 수 있었다. 남자들은 배를 타고 여자들은 그물을 손질해 생업으로 삼고 있다. 더구나 이곳에 있는 좆바위(일명 자지바위)와 보지바위는 온금동 주민들을 공동체로 묶어주는 중요한 구실을 한다. 온금동 사람들은 외지로 결혼하기 어렵다고 전한다. 특히 여성들은 외지로 시집가면 살기 힘들다고 한다. 그 이유는 두 바위 때문인데, 이들 바위 때문에 외지로 시집가면 잘 적응하지 못하고 반드시 돌아오게 된다고 한다. 그래서 온금동 여자들은 마을 내에서 혼인하는 것을 원칙으로 삼고 있다. 흔히 온금동에는 연애하는 사람들이 많은데 그 이유는 바위 때문이라고 한다. 보지바위와 자지바위가 맞서 있어서 그렇다고 한다. 이런 점들이 온금동 주민들을 한 공동체로 묶는데 중요한 기제로 작용했다.

그리고 마을 내에 노는 패들이 조직화되어 있다. 대개 7-10여명으로 구성된 사람들이 가게나 모이기 좋은 집에 모여 노래를 부르거나 이야기하면서 노는 소규모 단위의 조직들이 많았다. 이들은 소모적인 모임인 것처럼 보이지만 실제로는 온금동의 정체성을 지켜 나가는 중요한 조직들이다. 주로 모이는 집이 일정하게 정해져 있으며, 먼저 모이거나 주도적인 입장에 있는 사람이 불러 모은다. 나이의 구분보다는 취미에 따라 모였다. 모이면 웃는 이야기를 하고 노래한다. 이들이 부르는 노래는 유행가가 많고 청춘가, 아리랑타령, 보지타령 같은 것들을 부른다. 술을 받아다 먹는 경우도 많고 특히 구성원 중에 제사를 지낸 집이 있으면 다음날 제사음식을 가져와 먹으면서 논다.

그리고 상례 시 의례적으로 연행된 밤다례는 민속 연행을 유지시킨 중요한 문화적 장치가 되었다. 향촌사회의 전통조직인 상두계가 조직화되어 있으며 초상이 나면 밤에 마을 사람들이 모여 밤을 새우면서 북장구를 치며 노래 부르고 춤추며 노는 밤다례를 한다. 다례는 호상이건 악상이건 어느 때든 한다. 목적은 상주를 위로하는 한편 모인 사람들이 흥에 겨워 흩어지지 않고 밤을 지새우도록 하는데 있다. 가장 중요한 목적은 상주를 위로하여 밤을 외롭게 보내지 않게 하기 위해서다. 이렇게 노는 흥겨운 놀이가 있음으로써 사람들이 갈리지 않고 상주도 외롭지 않다. 그리고 더불어 민속이 유지되는 기제가 되었다. 놀이의 내용은 북장구를 치고 노래 부르고 화투치고 윷놀이를 하며 밤을 새우는 것이다. 외로운 노래도 부르고 즐거운 노래도 부르는데, 유행가와 민요를 많이 부르지만 민요를 더 많이 부른다. 아리랑타령 등 흥겨운 타령을 많이 부르고 슬픈 노래는 별로 부르지 않는다. 참여자들 중 여자들이 더 많이 논다. 북장구는 여자나 남자가 하지만 여자들의 흥이 더 많아 신명나게 논다. 초상을 치르기 위한 주민들의 조직이 잘 갖춰져 있다. 한 상포계의 계원 수는 8-12명이며 초상이 나면 각 역할에 따라 일할 사람들이 정해져 음식을 장만하는 사람, 심부름하는 사람들이 결정된다.

또 강강술래가 가능한 것은 이 마을의 문화운동가인 박종렬씨 때문이다. 그는 온금동 사람들을 강강술래판으로 끌어 들였을 뿐만 아니라 93년도까지 지속시켰다. 그는 강강술래의 앞잡이 역할을 하였는데, 장구를 잘치고 노래를 잘 불렀으며 지도력이 뛰어나 마을 부녀자들이 그의 말을 잘 따랐다. 그가 강강술래하러 나오라고 하면 대부분의 사람들은 술래판에 모였다. 모이는 수는 백여 명이 넘었으며 특히 젊은이들이 많이 모였다. 그리고 주민들도 진도 출신들이 많아서 노래를 좋아했고 모두 강강술래 설소리를 매길 수 있었다.

일제 때의 강강술래 연행상황에 대한 대성동 주민들의 구술을 들어보면 다음과 같다.

한일권(남,82세, 목포시 대성 1동 4통 2반 거주, 1995년 4월 7일)
정정님(여,76세, 한일권씨 부인)

일제 당시 대성동에서는 추석 때 강강술래를 많이 했다던데요?
한일권 : 예 그건 그랬어요. 강강술래 헐 때는 우리가 생각헐 때 해방된 뒤로도 좀 했지만 그전에는 아조 전적으로 상업학교라고, 옛적에는 여가 상업학교였는데.
정정님 : 강강술래 잘했어. 나 시집와서도 강강술래 억시게 했어라. 놀로 가서 같이 뛰고 놀고 그랬어라.

한일권 : 진도부인네들이 와가지고 강강술래 허면 참 잘해라.

정정님 : 진도서 온 아주머니들이 설소리를 잘 매기드만.

한일권 : 사람이 무지허게 모도 허고, 인제 남자들은 모도 강강술래, 남자들도 강강술래를 했지요.

정정님 : 강강술래 역시게 했어라우, 그때만 해도, 운동장이 여그고 저그고 모도 따뿍 차불지요. 여그허고 북교학교 허고 제일 역시게 했어라.

한일권 : 대개 섬에서나, 목포라는 데는 여러 모도 여러 군에서 여러… 참말로 이 설관이라고 해가지고 경상도 와서 살고 어디서 와서 살고 그란디, 그때는 그렇게 허고 나름대로 살고 자기 나름대로 부른 노래도 있고. 쩌그 칠산 사람들은 여그와서 여자들이 헌께 '청청청어나 엮자' 뭐 허고 '꼬사리 끈어서 **이나 허자'고 그러고, 한 이십살 미만 허면 즐검이 있어가지고 강강술래 허면 청청청어영자하고 그렇게 했지요. 강강술래도 하고 씨름판도 붙였어. 추석 때 했는디 씨름판은 낮에 하고 강강술래는 밤에 해.

정정님 : 열아홉에 시집와서 스물 세살 때까지 강강술래 역시게 했소. 그때만 해도 잔댕이락 해도 목녀고까지 댕기면서 얼마나 역시게 댕엣는디라. 그때 같이 다닌 그 사람들 다 죽어불고 없어.

한일권 : 남녀가 함부로 손잡고 논 것은 아니고 남자는 남자들끼리 했제. 남자들이 손잡고 다니면 개중에는 여자들도 와서 구경했어요. 또 여자들이 하면 남자들이 가서 구경하고. 둥그런 원이 여러 개였어요. 애기들도 뛰어다닐만하면 끼리끼리 했지요.

일제 때는 통금이 없는 때여. 긍께 저녁 내는 할 수 없어도 달이 쩌그 동천에서 떠서 중천에 오도록까장 인자 그렇게 했제. 먹는 음식같은 것은 이녁 집에서 장만한 것만 먹고 공동음식차례는 없었어.

일제시대에도 차마 즈그들이 말리고 못하게 했어도 강강술래만이는 했제, 걸궁같은 것도 어찌다가 아조 사정사정 허면은, 걸궁이라는 것은 요새 꿩과리치고 쟁치고 돌아다니는 것이 걸궁이고, 그걸 일본놈들이 많이 저지를 했지요.

대성동의 강강술래는 1930년대에는 이미 시작되었다. 목포 인근의 도서와 주변 지역에서 새터를 찾아 이주해 온 사람들은 팔월 추석을 맞아 고향에서 했던 강강술래를 시내 학교 운동장에서 했다. 향촌사회의 기층민들이었던 주민들은 목포를 자신들의 고향으로 생각했기 때문에 이곳에서 강강술래를 연행하며 놀았다. 기층민들의 팔월 축제는 일제의 탄압을 극복할 정도로 적극적인 것이었다. 그들이 왜 강강술래 축제를 중요하게 생각했는지는 그들의 구술을 미루어 짐작할 수 있다. 결국 자기들이 만들고 즐긴 문화였기 때문이었다. 그리고 목포는 성장하는 도시였다. 지역 주민들의 삶이 함께 성장하기 때문에 자신들의 문화에 자신감이 있고 그것을 지키려 했다.

그러나 해방 후 목포 주민들의 삶은 점차 활기를 잃어간다. 수출입항으로서의 기능이 점차 쇠약해져 가고 어항과 구호물자 하역항으로서의 기능만을 하게 되었다. 도시의 생산기반이 점차 영세해져 젊은 사람들이 큰 도시를 찾아 떠나자 활기를 잃어간다. 따라서 강강술래의 연행도 점차 위축되다 1970년대에 이르러 소멸되기에 이른다.

일제 당시에는 주민들의 이주과정에서 드러난 것처럼 일정 지역의 주민들이 연고를 타고 이주해 집단을 이루고 살았기 때문에 향촌사회의 민속문화를 그대로 이식할 수 있었다. 향촌사회의 문화운동가라고 할 수 있는 놀이의 주도층과 설소리꾼을 비롯한 연행의 중심 인물들이 이주하였기 때문에 쉽게 가능하게 된 것이다. 그런데 당제와 같이 각 마을마다 다양하게 분화되고, 종교적 성격이 강한 민속은 퇴화되는 반면 오락적 기능이 강하고 각 마을들끼리의 연행차가 비교적 적었을 뿐만 아니라 마을끼리 상호 방문하여 연행되던 강강술래는 당시 목포 기층민들의 지지를 받으며 대중적 민속연행으로 자리잡게 된다.

강강술래 연행을 저지하는 요소들도 있었다. 가장 강력한 것은 일제의 방해였다. 일본 순사들이 강강술래를 하지 못하도록 요구했지만 주민들의 욕구가 강력했기 때문에 풍물연행을 하지 않는다는 조건으로 강강술래는 지속할 수 있었다.

강강술래를 통해 주민들은 남자와 여자들이 서로 어울리고 또 같은 문화권에 속하지만 출신 지역이 다른 사람들까지도 술래판에 참여함으로써 일본인들과는 구별되는 민족공동체 의식을 불러 일으키는 역할을 했다. 탄압 속에서도 수행한 강강술래 연행은 일제의 식민지 지배라는 당시의 어려운 현실을 주민들 각자의 마음 속에 확인시키면서 일제에 대항하는 대항문화적 성격을 내포하고 있었다.

해방 후에는 강강술래의 연행에 문제들이 생겨나기 시작했다. 가장 중요한 요인으로 작용한 것은 인구이동이었다. 일제라는 공동의 적이 사라지고 또 해방과 함께 많은 외지인들이 유입되었다. 이 시기에 이주한 주민들 중에는 일제 때 만주로 떠났던 사람들도 있고 한국전쟁 후 피난민으로 내려와 정착한 사람들도 있다. 그래서 구성원들의 동질적 연대에 문제가 생기기 시작한 것이다. 강강술래 연행을 지속시키기 위해서는 새로운 이주민들에 대한 문화적 적응기제가 필요했고, 또 그들의 문화적 욕구를 수용할 만한 장치들이 필요했다. 또 일본인들이 돌아가고 목포항의 항구기능이 쇠퇴하자 경제적 생산인구들이 외지로 빠져 나가 인구의 교체현상이 나타났다. 목포항이 대외 수출입항으로서의 역할보다는 미국의 구호물자 하역항과 어항으로서의 기능만으로 국한되자 지역경제가 침체되어 목포에서 문화운동을 선도할 세대들이 외지로 이주하는 경향이 두드러지게 되었다. 이러한 변화는 단지 인구변동에 국한되지 않고 여러 가지 문화변동을 동반하게 되었는데, 강강술래 연행에도 영향을 미쳐 연행현장을 이루는데 영향을 미치게 되었다.

그리고 한국전쟁도 연행의 유지에 심각한 문제를 가져왔다. 전쟁을 겪고난 후에도 지역적 동질성을 그대로 유지해온 온금동, 서산동 일대의 주민들은 강강술래 연행을 계속했지만 주민간의 갈등을 심하게 겪은 지역에서는 강강술래의 연행을 지속하기 힘들게 되었다.

강강술래의 연행이 이루어지고 지속되다 해체되어 가는 과정에는 여러 요인들이 작용하고 있다. 목포의 경우 강강술래는 일제의 문화침략에 대한 대항문화로써의 기능을 하면서 일제 기간 동안 지속되었다. 그러나 해방 후 인구이동이 심하게 이루어 지면서 목포의 인구가 일정 지역 출신들의 집단거주 형태에서 여러 지역 출신들이 섞여서 사는 혼재의 양상을 띠게 되자 문화의 동질성에 문제가 생겼다. 강강술래는 1960년대 후반까지도 계속되었다. 그러나 점차 내적으로 연행 주체들의 구성이 약화되고 다양한 문화욕구가 일어나게 되었지만 이에 대응할만한 대안을 마련하지 못했기 때문에 강강술래 연행은 소멸되고 말았다.

5) 맺는말

목포의 강강술래 연행은 그 발단에서부터 해체의 과정까지 순수하게 목포에 거주하는 기층민들의 자발적인 형태로 진행되었다. 그 발단은 목포에 이주한 향촌사회의 주민들이 중심이 되어 일어났다. 처음에는 고향을 떠나 신도시에 정착한 사람들이 향촌사회의 관습대로 추석의 명절 풍습으로 시작하였다. 그러던 것이 시간이 지나면서 한국인들의 문화와 생활 전반에 대한 탄압이 심해지고 술래 연행에 대한 탄압이 심해지자 대항문화적 성격을 띠고 진행되었는데, 이 기간 동안의 강강술래 연행은 매우 적극적으로 이루어졌다. 그러나 해방 후 일제라는 공동의 적이 사라지고 외지에서 이주한 주민들이 늘어나고 또 문화를 지속하고 생산할 만한 인력들이 외지로 빠져 나가고 경제력 약화로 주민들의 생활이 피폐해지자 점차 쇠퇴하였다.

그러나 온금동 일대에서는 최근까지 강강술래가 연행되었다. 그 이유는 온금동 일대가 지금도 향촌사회의 마을공동체적 사회체제를 유지하고 있기 때문이라고 본다. 선업을 중심으로 한 직업 분포, 그리고 상포계와 소그룹 단위의 놀이 조직, 향촌사회의 문상 풍습을 그대로 유지하고 있어서 공동체 활동이 가능하다. 그리고 자지바위와 보지바위를 중심으로 형성된 신화적 담론이 주민들의 뇌리에 깊이 새겨져 있어서 마을내의 혼인이 자연스럽게 이루어지기 때문에 공동체적 유대를 유지하는데 큰 힘이 된다. 특히 박종렬이라는 문화운동가가 있어 필요한 인력을 동원하고 앞장서서 예능을 실현하여 주민들을 강강술래판으로 끌어들였다.

목포의 강강술래는 향촌사회의 민속이 도시에 정착했다 사회적 변화에 따라 해체된 한 사례다. 연행이 가능했던 것은 동일지역 출신들의 집단적 이주라는 특성 때문이었다. 그렇지만 점차 변화되는 환경에 대응하지 못함으로써 결국 해체되거나 쇠약하게 된다. 나이가 든 목포 시민들 대부분은 당시의 강강술래판을 회상하면서 추억거리로 이야기하고 있지만 시간이 지나면 기억 속에서 소멸할 것이다. 지금까지 강강술래는 돌보고 가꾸는 사람 없이 그냥 방치된 상태에서 흘러 가다 해체되어 버렸다고 말해도 지나치지 않다.

문제의 중심에는 우리의 민속문화를 체계적으로 이해하고 변화되는 사회 상황에 맞게 재창조할 문화인력이 부족하다는 점이 자리잡고 있다. 문화를 지속시키고 재생산시키는 일은 그 문화의 담당층이 해야 할 일이다. 한국민의 다수가 분류상 민속문화의 담당층에 해당되는데 그 문화를 온전히 연구하고 담당해 나갈 문화인력을 양성하지 못했다는 것은 그 문화 담당층이 비판받아야 할 일이다.

학문의 세계에서도 민요의 일반화나 연구는 소외되어 있는 실정이다. 중고등학교 교재에 단편적으로 민속이라는 용어가 등장할 뿐이고 대학에서도 민속학개론이라는 교과목이 개설되어 있지만 이 또한 민속을 체계적으로 다루기보다는 과거 이런 민속이 있었다는 소개에 그치고 있는 실정이다. 오늘날의 실정으로 보아 학문적 차원에서 지지받지 못하는 문화는 점차 쇠미해져서 결국은 힘을 잃고 사라지게 될 것이다. 우리가 우리 문화를 얼마나 소홀히 취급하는지는 대학의 학과 편성에서도 여실히 드러난다. 각 대학에 문화인류학과는 번창하고 날로 늘어나고 있는 추세지만 민속학과나 지역문화연구 관련학과가 창설되었다거나 늘어났다는 이야기는 듣지 못했다. 이는 자기는 알지 못하면서 다른 사람을 알겠다고 덤비는 자가당착이다. 마치 우리말은 잘 알지 못하면서 외국어를 잘 익히겠다고 덤비는 오늘날의 왜곡된 추세와 동일한 꼴이다.

따라서 각 지역에 그 지역의 문화와 민속을 소개하고 연구하고 재생산할 수 있는 연구체제를 갖추어야 하고 이를 통해 민속을 담당할 문화인력을 양성하여 그들로 하여금 민속과 지역문화를 연구하게 하여 문화의 균형된 발전을 꾀해야 한다.

(남도민속학의 진전, 태학사, 1998)

6.
소안도 민요사회의 역사

1) 머리말

민요를 공부하기 시작한 이래 글쓴이가 수행한 작업의 대부분은 현지 조사에 쏟아졌고 그런 과정에서 몇 편의 논문을 쓰기도 했다. 그런데, 소안도 사람들이 불렀던 노래[1]의 역사를 공부하면서 지금까지의 민요공부에서 얻었던 것과는 다른 울림을 받았다. 처음 그들의 웅얼거리는 듯한 노래들을 들었을 때는 이 지역 민요사회가 별로 보잘 것 없다고 생각했다. 그런데 한편 한편 노래의 뜻을 확인해 가면서, 노래불렀던 사람들과 당시의 학습조직에 대해 배워가면서 그들의 삶과 노래를 알게 되었고, 그 노래가 어떤 역사적 의미를 지녔는가를 알게 되었다. 상징적으로만 설정해왔던, 현실적으로는 확인하지 못했지만 반드시 있어야 할 것으로 생각해 온 민요의 순수생명을 그들의 노래 생활 속에서 확인할 수 있었다. 민중이 자기 힘으로 평등한 삶과 자유를 확보하고, 압제의 세력에 대항하여 해방을 성취하기 위해 땀흘리고 목숨바쳤고, 그런 다음 이제는 쇠

---

1   글쓴이가 문맥 속에서 사용하고 있는 노래라는 용어는 소안도 사람들이 부른 노래를 의미하며, 민요와 같은 의미로 사용했다. 갈래를 나누자면 민요는 노래의 하위 갈래에 해당되지만 이 글에서는 이 둘을 하나로 보아도 무방하며, 구체적인 쓰임에 따라 달리 표현했을 뿐이다.

잔하여 겨우 흔적만 남아 있는 민중의 역사가 그들이 부른 노래 속에 새겨져 있었다. 아래로부터 일어났던 노래운동의 역사를 읽을 수 있었다.

어떤 사람은, 그렇다면 그런 노래는 과연 얼마나 아름다울까, 얼마나 의미가 깊을까, 그런 노래들은 듣기만 해도 저절로 역사의 의미를 되살아 오르게 해줄 것이다 라고 생각할 지 모른다. 그러나 소안도 사람들과 그들이 부른 노래는 그렇게 화려한 것이 아니다. 젊은이들이 떠나버린 섬에서 그 섬을 지키며 살고 있는, 몸을 제대로 가누지 못하는 꾀죄죄한 늙은이들이며, 아름답고 매끄러운 소리로만 중독되어 온 우리들의 귀에 그들이 부르는 노래는 다만 응얼거림이거나 한숨소리에 불과할 뿐이다. 언뜻 들으면 노래도 뭣도 아닌, 늙은 노인들의 알아들을 수 없는 응얼거림일 뿐이다. 그 응얼거림을 들을 수 있고, 그 속에 배어 있는 의미의 실끝을 잡을 마음이 있는 사람들은 그 노래를 들을 수 있을 것이다.

소안도 사람들의 노래가 처음으로 지면에 소개된 것은 소안도 사람들이 주체가 되어 편찬한 「所安抗日運動史料集」[2]에서였다. 이 책의 편찬위원들은 일제 강점기 중 1910년부터 1930년대에 민족의식과 독립정신을 고취하기 위해 중화학원, 소안사립학교, 각 마을 야학에서 불렀던 노래들을 1989년 당시 전승되고 있는 상태대로 수집하여 25편의 가사와 9편의 악보를 수록하였다.[3] 그리고 1992년에 허경회 교수와 글쓴이가 공동으로 집필한 「완도지역의 설화와 민요」[4]에서 현지조사를 통해 수집한 소안도의 민요와 민요주체들에 대해 소개한 적이 있다. 앞의 책에서 글쓴이는 완도지역 전체를 대상으로 하여 완도 사람들이

---

2   所安抗日運動史料集編纂委員會, 「所安抗日運動史料集」, 1990.

3   이 책에 당시 야학에서 사용했던 唱歌集(소안면 이남리 백종화 소장)의 일부를 영인하여 싣고 25편 노래가사와 그중 9편의 곡을 소안고등학교 음악교사였던 김경배가 채보하여 수록했다. 「所安抗日運動史料集」의 화보와 수록창가 참조. 창가집에 대해서는 각주 9)를 참고할 것.

4   허경회, 나승만, 「완도지역의 설화와 민요」, 목포대학교 도서문화연구소, 1992. 필자는 이 글을 약간 수정하여 民謠學會編 玄旨 金榮墩 博士 華甲紀念 「民謠論集」 第2號, 民俗苑, 1993.에 「완도지역 민요연행의 실상과 변천」이라는 글로 게재한 바 있다.

일구어 왔던 민요사회의 과정과 거기에 내재된 역사적 의미를 찾아보려 했다. 그러나 이러한 작업들은 그 목적과 방법, 대상의 범위가 완도 지역 전체였기 때문에 소안도 사람들만의 노래생활 역사와 이에 담긴 내재적 의미를 밝히는 데 한계를 지닐 수밖에 없었다.

글쓴이는 아래로부터 일어났던 민요의 수용과 주체화과정을 민요사회[5]의 형성과 변동에 촛점을 맞추어 쓰려 한다. 한 지역 사람들이 노래를 수용하여 자기들의 노래로 만드는 과정에 대한 이야기이고 또한 어떻게 하여 자기들의 노래를 지켜가는가에 대한 이야기이기도 하다. 논의의 대상은 노래를 부르며 살아온 소안도 사람들과 그들이 불러 온 노래들이고 관심거리는 어떤 노래를 불렀는가, 어떻게 수용하고 자기들의 노래로 만들었을까, 변동은 왜 왔으며, 변동의 주체는 누군가, 어떤 방향으로 변동시키려 했는가, 결과는 어떻게 드러났는가를 밝히는 일이다.

소안도 민요사회의 전개과정을 체계화하기 위해 현지조사와 문헌조사를 실

---

5 글쓴이는 민요사회의 개념을 정리한 바 있다. 요약하자면 민요사회란 생활공동체에서 민요 연행과 관련된 조직들의 체계이며, 기본 인자는 연행하는 개인이라고 규정할 수 있다. 민요 사회에서 가장 관심이 되는 것은 민요를 연행하는 민요공동체와 연행주체, 그리고 연행되는 민요의 관계라고 할 수 있다.

나승만, 「민요사회의 층위와 변천」, 『민요와 민중의 삶』, 역사민속학회 1992, 발표문 참조.

소안도 민요사회에 대한 현지작업은 현지 거주자와 島外 이주자의 두 방향에서 수행했다.

6 소안도에서의 현지작업은 〈1992년 6월 22일-25일, 1993년 3월 23-24일, 1993년 10월 7일〉 세차례에 걸쳐 실시했다.

島外 거주 소안도 출신의 창자들에 대한 작업은 〈최권애기(여, 87): 소안면 비자리 출생, 보길면 예송리로 출가, 현재 거주, 1992년 1월 15일-18일까지 보길도 예송리에서〉, 〈주채심(여, 78): 소안면 월항리 출생, 소안면 진산리로 출가, 1992년 4월 21일 광주시 지산2동 278-4번지 광주 큰아들 집에서, 1993년 3월 25일 소안면 비자리 손녀딸 집에서〉, 〈김고막(여, 88), 소안면 월항리 출생, 완도군 노화읍 석중리로 출가, 현재 광주시 용봉동 아들 집에서〉, 〈김진택(남, 71), 소안면 월항리 출생, 목포시 용해 2단지 아파트에 거주, 1992년 소안도 현지작업 이후 용해 2단지 아파트 관리사무소에서 4회〉 각각 면담했다.

시했다.[6] 현지조사에서 자료 확보의 주요 방법은 면담법이었다. 면담을 통해 확보한 구술자료를 본 논의의 주요 자료로 사용했고 기회가 주어지는 대로 현장의 노래판에 참여하여 이 지역 민요연행의 실상을 이해하려 했다. 면담자들[7]은 모두 24명이었다.

현지조사의 항목은 연행과 전승 현장인 마을, 민요 주체인 창자와 민요공동체, 민요 각편, 연행과 전승과정으로 나누어 수행했다. 마을에 대한 작업으로 성촌과정과 주도세력의 파악, 자연환경과 생업경제, 주민구성을 파악하는 일이었고, 이러한 요소들이 마을의 민요사회 형성과 어떤 연관을 맺고 있느냐에 관심을 두었다. 민요 주체에 대한 작업은 창자 개인과 민요공동체의 실상을 이해하려는데 있었고, 민요 각편들은 기능에 따라 분류한 민요의 각편들을 마을, 민요 주체, 변동 과정과 관련지으면서 수집하였다. 이에 대한 개괄적인 방법은 『완도지역의 설화와 민요』에서 소개한 바 있으며[8], 구체적인 방법론에 대해 별도의 지면에서 보다 자세히 서술할 예정이다.

문헌조사는 이 지역 민요주체와 연행 실상을 전해주는 신문자료와 각종 기록을 기초 자료로 조사했으며, 일제 강점기 야학에서 사용했던 창가집[9]을 백종화로부터 얻어 구술자료의 대조본으로 활용했다.

---

7   이 글에서 면담자들이란 민요를 듣고 녹음한 작업 이외에 창자의 생애사와 민요생활사 작업을 수행한 대상자들만을 의미한다.

8   허경회, 나승만, 『완도지역의 설화와 민요』, 68-74쪽 참조.

9   이 창가집은 1930년대 白聖安(成安)(남, 102, 사망)이 야학교사 시절에 사용한 것으로 그의 아들인 백종화가 소장하고 있다 1993년 10월 7일 글쓴이에게 제공했다. 백종화는 부친의 유품이기 때문에 지금까지 보관하고 있었는데, 일제 때도 이 책을 보관하다 일경에게 발각되면 고통을 당했다는데, 특히 해방 후 이 책을 소지하다 경찰에 발각되면 좌익으로 몰려 고통을 당하기 때문에 산속에 묻어서 보관하다 자기집 마루 밑을 파고 숨겨두거나 나뭇단 속에 묻어두기도 하면서 목숨을 걸고 보관해 왔다. 이 책을 필자에게 준 이유는 이제 이러한 책을 세상에 소개하는 것이 마땅하다고 생각했기 때문이라고 밝혔다. 원본을 영인해서 자료편에 싣는다. 이하에서는 白成安 筆寫本 唱歌集이라 칭한다.

2) 전통민요사회의 전개

전통민요란 근대 이전부터 불러 온 민요를 의미하며, 향촌사회를 배경으로 일상적으로 농어민들의 생산활동과 생활 속에서 불러 온 민요들을 가르킨다.[10] 소안도에서의 전통민요 연행은 생산노동과 의례의 수행, 그리고 노래굿판에서 이루어졌다. 전통민요는 가락의 전통성, 기능의 생산성, 전승의 지속성을 지닌 것으로서 한국민요의 토대가 되었으며, 노래 연행을 수행한 민요공동체들은 생산노동을 기반으로 형성되었기 때문에 한국 민요사의 전개과정에서 가장 굳은 전통성을 지닌다. 흔히 전통민요라고 했을 때는 이러한 민요를 가리킨다.[11]

연행조직은 크게는 마을공동체 전체가 되고, 노동조직으로서 품앗이, 뱃일조직, 상례조직으로서 상두계, 그리고 놀이조직으로 또래집단을 들 수 있다. 지배세력의 예능은 연행자와 향수자가 구분되고, 전문 연행자들의 연행을 듣는 편인데 비해 민요사회의 주체는 자신들이 직접 연행하고 연행현장에서 즐기는 현장성의 예능이다.

전통민요사회에서 부른 노래들은 사회변동을 거치는 동안 일정한 변화를 겪었지만 기본적으로 마을공동체의 생활풍습을 배경으로 형성되었고 또 민요주체의 의식을 반영하고 있다. 필자가 현지조사에서 수집한 이 지역의 전통민요와 연행조직을 정리하면 다음과 같다.

노 동 요	의 례 요	유 희 요	창 민 요
밭매기노래	상여소리	강강술래	청춘가
모찌기노래	상두계	산아지타령	육자배기
모심기노래		양산도	아이랑타령
품앗이 조직		방아타령	달거리
노젓는 노래		둥덩기타령	양산도
그물당기는 노래		또래집단	총각타령
고기퍼올리는 노래			백발가
뱃일조직			오징어타령
			기타 타령
			또래집단

전통민요 중 현지조사에서 가장 많이 수집한 것이 밭매기의 품앗이에서 부른 노동요들이었다. 현지조사에서 특별히 여성들에게 조사가 집중된 것은 아니지만 민요 창자의 상당수가 여성들이었으며 대부분 밭매기에서 불렀던 노래를 한두자리 부를 수 있었다. 전통적인 노동기능이 변화하거나 소멸해버린 현재까지 밭매기만은 지금도 시행되고 있다는 점과 소안도에서의 농업노동은 여성들이 전담하다시피 하는 현지 여건과 관계된 듯하다. 그리고 다른 대부분의 노래들은 연행이 중단된 채 소안도 사람들의 기억 속에 잔존해 있다. 여타의 노래도 실정은 노동요와 비슷하다. 상여소리, 산아지타령, 청춘가만 현재까지도 간간히 연행하고 있다.

(1) 전통민요사회의 성립 과정

현재 살고있는 소안도 사람들의 조상은 양란 이후 입도하여, 온갖 풍상을 겪어온 사람들이다. 소안도에서 사람이 처음 살았던 것은 패총과 고인돌 등 선사유물이 발견된 것으로 보아 청동기시대 이후 부터로 추정하고 있다.[12] 문헌기록에 소안도가 처음 나타난 것은 1648년의 조선왕조실록에서였다. 1500년 경 월항리에 입도한 김해김씨, 동복오씨가 처음이었지만 이 일대가 옛날부터 끊임없이 왜구의 침범으로 시달렸으며, 임란 직전 달량진사변으로 空島 상태가 되었고, 양란 중에도 실제로는 공도상태였기 때문에 현재 조상의 대부분은 양란 직후부터 17-18세기 사이에 입도한 사람들이다. 직전 거주지는 강진, 장흥, 해남, 영광, 나주, 노화 등지였다. 이해준이 분석한 1876년의 청산진호적대장에 의하면 총 337호 중 홀아비, 과부가 236호로 전체의 70%에 이르렀고 170

---

10   허경희, 나승만, 『완도지역의 설화와 민요』, 67쪽 참조.

11   나승만, 「민요사회의 층위와 변천」, 28쪽, 『민요와 민중의 삶』, 한국역사민속학회, 학술대회 발표, 1993. 이 발표는 1994년 「민요사회의 사적체계와 변천」으로 수록되었다.

12   최성락, 「소안군도의 선사유적」, 『완도소안도지역의 문화성격』, 제7회 도서문화심포니움, 1993, 목포대학교 도서문화연구소.

명의 노비를 소유했다고 기록되어 있다. 그리고 이들의 성향을 파악하는데 참고되는 기록으로 숙종 30년(1704년) 전라감사의 장계 중 소안도가 良丁. 公私賤의 도피소굴이라는 기록을 참고할만하다. 입도 이유가 표면적으로는 피란, 은거, 제주 항해 중 기항, 고기잡이 중 피항 등으로 나타나는데, 당시의 기록을 어느만큼 믿을 수 있을 지는 의심스럽다. 왜냐면 70% 정도가 홀아비나 괴부었다면 사람 사는 곳이라고 말할 수 없기 때문이다. 그러나 이 기록 내용은 소안도가 사람 살기에 썩 좋은 곳은 아니었다는 증거가 될 만하다. 전반적으로는 양란 후부터 17세기 동안에 고향을 떠나 새로운 삶터를 찾아 온 사람들이 입도자들의 대부분이었다고 단정해도 무리가 없을 것이다.

성씨별로는 김해김씨, 전주이씨, 밀양박씨, 평산신씨, 진주강씨 등이 소안도 개척을 주도했던 성씨들이다. 337호중 장흥과 강진에서 입도하여 월항, 북암 비동 등 소안도 동부지역에 자리잡은 김해김씨가 93호로 가장 많았고, 다음으로는 전주이씨로 52호가 강진 등지에서 입도하여 소진, 미라, 이목, 부상 등 주로 서부지역에 자리잡았으며, 밀양박씨, 평산신씨 등이 해남과 인근 각지에서 모여들었다. 김해김씨는 1500년 경 장흥에서 입도하는 것을 시작으로 1650년에 강진에서, 1740-50년에 강진과 해남에서 세 차례에 걸쳐 입도하였으며, 전주이씨는 1600년, 1630년, 1660년 세 차례에 걸쳐 입도하였으며, 밀양박씨과 평산신씨가 1660-70년 경에 입도하여 이들 성씨들이 소안도의 주력 성씨를 이룬다. 현재의 소안도 주력 성씨들은 양란 직후부터 1670년 사이에 입도하였으며, 1700년 이후에는 그외의 성씨들이 해남, 강진, 영광, 나주에서 입도하였다.[13]

소안도에서 생산활동의 진행은 고지대에서 저지대로, 그리고 바다로 나아가는 과정이었으며, 저지대와 바다로 내려 갈수록 삶의 질이 향상되었다고 할 수

---

13 소안도의 입도조와 시기, 19세기의 상황에 대해서는 이해준의 글을 참고하였다. 이해
    준, 「소안도의 역사문화적 배경」, 『완도소안도지역의 문화성격』, 제7회 도서문화심포니움,
    1993, 목포대학교 도서문화연구소.

있다. 생산 터전의 변화로 보면 〈산.밭-논-바다〉로의 변동 과정이었다고 말할 수 있다. 일제 이후 새롭게 개간된 농토를 제외한다면 현실적으로 입도 당시부터 농사가 가능한 지역은 이목, 비자, 진산, 맹선, 미라 일대이며, 특히 진산리 동진, 서중 일대에 집중되었고 그 대부분은 밭이었다. 그 때문에 소안도 사람들은 생산활동의 대부분을 밭에서 수행했다. 생산활동이 저지대로 확대된 것은 새로운 보가 구축되거나 간척이 진행된 다음이었으며, 바다에서의 생산활동은 입도 당시부터 이루어졌다.

민요 연행은 품앗이라는 여성들의 노동공동체에서 주로 이루어졌다. 이는 이곳의 자연 조건과 관련되어 있다. 토지의 조건이 대량의 노동력을 집약적으로 투여하는 것보다 소단위의 노동력을 분산적으로 투여하는 것이 효율적이었기 때문에 마을단위의 공동노동보다는 품앗이가 성행했으며, 문중단위로 이루어졌다. 따라서 노래도 품앗이의 형태 속에서 전승되었고 구성원도 문중을 축으로 일가끼리 이루어졌다. 동족마을의 경우 동족 내에서도 다시 세분하여 분화된 형태의 노동조직이 이루어졌고, 비동족 세력들끼리 품앗이의 한 집단을 형성했다. 노동요는 이런 분위기 속에서 연행되었다.

소안도 전통민요사회는 품앗이와 또래집단을 바탕으로 형성되었다. 입도조들이 지닌 기존의 민요사회 형성 방식에다 소안도에 적응하면서 이룩한 공동체 결성 방식에 따라 형성되었다고 봐야 한다. 김해김씨, 전주이씨의 직전 주거지인 장흥, 강진의 민요사회에 기초하고, 1650년대 이후 새로 강진에서 입도한 김해김씨 2차 입도 세력, 전주이씨 3차 입도 세력, 밀양박씨, 해남의 평산신씨 입도자들, 1700년대 이후에 입도한 나주, 영광 등지에서 입도한 기타 성씨들이 지닌 민요사회의 전통에 기초하였으며, 소안도의 자연과 사회에 적응하면서 소안도 사람들이 구축한 공동체 구성 방식이 소안도의 전통민요사회로 성립되었다. 이러한 인식은 비록 정확히 대응되는 현상은 아니라 할지라도 민요 주체의 삶과 역사과정에 근거하여 민요의 의미를 해석하자는 뜻이다.

글쓴이가 수집한 전통민요 자료에 근거하여 파악해 보건대, 소안도 사람들이 이루어낸 전통민요사회는 완도의 다른 지역 상황과 비슷해서, 품앗이와 또래조직이라는 공동체에 기초하고 있다.

한편 전통민요의 대부분이 여성들의 노래였다는 사실은 새로운 것은 아니지만 새롭게 주목해야 할 사실이 숨어 있다. 누가 민요를 부르는가를 따져 보면 그 의미가 잡히는데, 민요를 노래하는 사람은 일하는 사람, 드러내고자 하는 뜻이 있는 사람, 신명이 있는 사람이다. 여성들의 노래가 많다는 것은 여성들의 삶이 그만큼 노동에 묻혀 지냈고, 말하고 싶은 사연이 많았고, 그러면서도 신명이 있었던 것으로 이해해야 한다.

현재 수집된 노래들 중 밭매기노래, 나무하는노래, 길쌈노래 등 여성들의 노래와 상여소리 등의 의례요, 강강술래와 산다이, 타령 등을 입도 당시부터 불렀다. 김남천(남, 69세, 1992년 6월 22일)의 구술에 의하면 자기가 알기로는 그의 할머니 세대들의 노래는 생활에 한이 맺혀서 부른 노래들이 많았고, 어머니대의 노래를 들어 보면 개구리타령, 매화타령 등 가락이 있고 체계가 잡힌 노래들을 불렀는데, 아마도 남사당패들이 드나든 영향을 받아서 그랬을 것으로 추정하였다.

(2) 전통민요사회의 삶과 노래

① 농업노동과 여성노래의 세계

ㄱ) 밭매기와 여성민요의 실상

소안도 사람들에게는 밭이 가장 큰 생산터전이었으며, 밭농사에서 대부분의 에너지 자원을 얻었다. 그리고 밭농사의 과정에서 형성된 문화적 요소들이 생활의 기초에 깔려 있어 그들이 살아가는데 무의식적으로 작용한다. 노동력 동원 형태에서도 그러한 현상이 나타나는데, 동족 내에서 품앗이 형태로 공동노동이 이루어졌다.

최근에는 여성들도 바다로 진출, 작업 공간이 확대되고 있는 추세고 그에따라 가계에의 기여도가 높아져 여성의 사회적 지위가 향상되고 있다. 전통민요사회에서의 여성들의 노동 공간은 산과 농경지, 그리고 갯벌이었다. 산에서의 연료 채취와 갯벌에서의 해산물 채취는 개별 노동으로 이루어졌으나 밭농사와 논농사에서는 품앗이 방식에 의해 노동력이 동원되었다. 19세기 육지의 대부분에서 두레 공동노동이 이루어졌지만 소안도에서는 경작 여건이 대량의 노동력을 투여할만한 조건을 갖추고 있지 않았기 때문에 품앗이의 규모를 조절하는 방식으로 상황에 대처했다. 그리고 노동력의 질에 따라 차등을 두지 않았다. 이런 형상은 동족 내에서 일가들끼리 노동력을 교환했던 관행 때문이었다.

밭농사는 고대사회부터 지속해 온 생산 방식으로 논농사와는 달리 수리가 불안전한 상황에서 경작이 가능하다. 척박한 상황에서도 생산을 가능케 하는 한국 여성들의 끈질긴 생명력과 관련된 듯하다. 1987년도 소안도 경지면적 중 밭이 4.2km²이었고 논이 2.1km²[14]이었던 것을 비교해 보면 그 중요성을 짐작할 수 있다. 밭작물은 보리가 중심이었고 고추와 깨를 많이 경작했다. 그러나 자급자족을 경작의 목표로 했기 때문에 다양한 품종을 경작했고, 주어진 여건을 최대한으로 활용하려고 노력하였다.

밭농사에서 품앗이는 제초작업인 밭매기에서 이루어진다. 동족마을에서는 일가 사이의 품앗이가 성행했다. 부상리와 같은 집성촌에서는 같은 또래나 비슷한 또래들끼리 어울려 품앗이 모임을 구성했고 월항리와 같은 동성촌에서는 동성의 일가끼리 품앗이를 구성했는데, 여기서도 또래가 품앗이 모임을 구성하는 내재적 기준이 된다.

밭매기의 노동력 동원은 인적 교류, 정보 교류의 중요한 현장이었다. 밭매기에서 정보가 생산, 유통되고 기존의 예능 갈래들, 설화, 민요의 연행과 전승이 실천되고 새로운 이야기와 노래가 수용, 확산되었다. 민요연행의 차원에서 볼 때 밭매기에서의 품앗이 노동은 소안도에서 가장 오랫동안 이어져 온 연행공동체이자 현장이다.

---

14   완도군마을유래지편찬위원회, 『마을유래지』, 1987, 438쪽.

밭매기는 소안도 민요의 가장 큰 연행현장이다. 밭매기는 항상 외로운 작업이었다. 물론 품앗이로 모여 일할 때는 맘에 맞는 동무끼리 어울려 일하니까 오히려 흥겹게 일할 수 있지만 혼자서, 또는 시어머니와 함께 고단하게 뙤약볕 밑에서 일해야 하는 경우가 더 많았다. 그럴 경우 음영형식의 서사민요와 신세타령 류의 노래를 불렀다. 그리고 품앗이로 모여서 일할 경우 상황이 노래판으로 어울려지면 소안도에서 부른 대부분의 노래를 불렀다. 전통민요가 발달한 지역에서는 밭매기노래로 일정한 가락과 사설을 지닌 노래가 정해져 있는데 비해 이곳에서는 서사민요와 타령, 창민요 등 다양한 노래들을 상황에 따라 불렀다는 점에서 구별된다. 다시 말하자면 앞의 경우 민요가 다양하게 발달해서 노동 기능에 대응하여 각각의 노래들이 갈래별로 발달했다면 소안도의 경우에는 몇 가지의 노래들을 노동 현장에서 상황에 맞게 적절하게 대응하여 불렀던 것으로 이해할 수 있다.[15] 가령 음영 형식으로 서사민요나 신세타령을 부르다 흥이 고조되면 청춘가나 아리랑타령으로 넘어가고 여기서 한걸음 더 가면 일손을 걷고 옴박지의 바가지로 장단을 치는 본격적인 산다이판으로 바뀌면서 그들이 아는 모든 노래들을 쏟아낸다.

상황이야 그렇더라도 밭매기노래의 대표격은 서사민요와 시집살이노래다. 이런 노래들은 속마음을 표현하는데 주력해 있어 소안도 여자들의 마음속에 품고 있는 진실된 생각을 엿볼 수 있다. 단조로운 가락의 음영 형식으로 노래하는데, 서사적 구성력이 강한 창자들이 부르는 노래는 끝날줄 모르고 계속된다. 부르는 사람도 듣는 사람도 노래의 줄거리에 취해서 듣다 보면 노래를 듣는 사이에, 노래를 부르는 사이에 어느덧 일은 끝나 있는 것이다. 각 마을에 이런 사람들이 몇명씩 있었다고 한다.

서사민요에는 소안도 사람들의 서사적 구조의 틀이 담겨 있어 소안도 사람들

---

15   나승만, 「소포리 노래방 활동에 대한 현지 연구」, 『역사민속학』 제3호, 한국역사민속학회,
       1993, 47쪽 소포리 노동민요 분류표 참조.

의 인식체계를 짐작하는 자료가 된다. 무가에서 불렀던 바리데기(자료편 소안 도민요18,19), 숭금씨타령(자료편 소안도민요 7), 이생원네 맏딸(자료편 소안 도민요 8), 시집살이노래(자료편 소안도민요 14) 등 다양한 서사민요들을 불렀 는데, 서사민요의 유형과 구조를 검토해 보면 소안도 민요주체의 서사민요 생 산의 기본구조를 이해할 수 있을 것이다. 그러나 수집된 노래의 대부분은 중단 편이다. 서사민요가 연행되었던 당시의 연행 상황을 참조하고, 또 50여년 전에 연행이 중단되었던 점을 감안한다면 가창되었던 당시에는 원래의 갖춰진 각편 들을 구연했을 것으로 생각된다. 이러한 서사민요의 연행과 전승 속에서 서사 구조의 틀을 익혀 기존의 서사물을 익히거나 새로운 서사연행물을 수용하는 내 재적 장치로 작용했으며, 새로운 서사물을 생산하는 장치로 작용했을 것이다. 특히 당골의 무가인 바리데기신화를 생활 현장에서 가창했던 것은 무가의 서사 구조가 민중생활의 일상에 깔려 있다는 증거이자 민요의 형성에 미치는 영향을 측정할 수 있는 자료다.

시집살이노래에 소안도 사람들의 불패의 신념이 들어 있다. 봉건적 사회전통 속에서 여성으로 태어나 고난을 당한다는 내용을 음영형식으로 노래한 것들이 많다.

엄매엄매 우리엄매   서럽더라 서럽더라
무하리들러 나를끊고   놈의가문 가여본께
밤으로는 품에품고   진짜로 서럽더라
낮으로는 등에얹고   무정하다 여자인생
열달베서 나를나서   부모일생 태어나서
놈의가문에 날줘갖고   놈의가문 가서본께
                            시집살이도 서럽더라[16]

---

16   나승만, 『도서문화연구』제11집, 1993, 자료편 소안도 민요 9.

작품 내에서 대상을 어머니로 설정하고 나를 태어나게 한 어머니를 원망한다. 그러나 실제로는 여성으로 태어나 당하는 여성 수난의 역사를 어머니와 함께 공유하면서 자신의 삶에서 어머니의 고난사를 읽어내고 고난의 실체를 드러낸다. 사설의 내용에서 고난 극복을 통해 현실을 변혁의 의도가 표면화되지 않는다는 데 한계가 있다. 그러나 사설의 분석 한계를 넘어 연행현장에 참여한 사람들을 한 공동체로 묶어 준다는데서 이 노래의 또 하나의 힘이 있다. 한 창자가 이런 노래를 부르면서 자신의 삶에서 대면하고 있는 고난을 솔직하게 고백한다. 물론 그 고난이야 공동체로 살아가는 생활 속에서는 이웃간에 쉽게 알아차릴 수 있는 것들이지만 당사자의 노래로 표출될 때 그 고통은 개인의 차원을 떠나 공동체의 고통으로 확산된다. 또 다른 창자가 자기 삶의 체험과 고난을 노래하게 된다. 그러기를 계속하다 보면 서로의 삶에서 느끼는 고통의 양과 질이 비등함을 확인하고 쉽게 한 공동체로 묶어진다. 서로의 애잔한 삶에 눈물바다를 이룬다. 고통의 분담이 이루어 지는 셈이다. 피차 고통의 실체를 확인한 다음에는 서로 위로하는 삶으로 관계가 전환된다. 시어머니와 며느리 사이에서도 흔히 일어나는 현상이다. 노래를 통해 고부간의 갈등이 해소되는 경우다. 이런 유의 노래가 지닌 힘은 여기서 끝나지 않는다. 소안도의 경우, 밭매기노래에서 다져진 연행관습과 공동체의 결속력은 민족해방운동 과정에서 드러나는데, 가장 어려웠던 1930-40년대 사이에 소안도 민족운동의 정신적 전통을 지킨 마당이 되었고, 그 고난 속에서도 민족운동가요를 이어 준 전승현장 구실을 했다.

이외에도 공식적 표현으로 굳어진 노래들을 불러왔다. 부모 죽은 편지(소안도민요 6), 부모 원망 노래(소안도민요 9), 시집살이노래(소안도민요 12, 13) 등은 봉건사회에서 여성들이 대면했던 사회의 구조적 모순과 갈등을 표현하거나 이에 대응한 여성들의 의식을 표현한 노래들인데, 표현 형식이 어느 정도 굳어져 있어서 전승에 용이한 면을 지니고 있고, 부르기도 쉬워 지금까지 전승되고 있다.

임아임아 정드난님아
정들었다고서 속내말마라
이별수되며는 못할말이 없단다[17]

이 노래는 당시의 봉건적 사회전통 속에서 남성들의 여성 인식에 대한 대응 태도를 은근히 담고 있다. 한편 님에 대한 사랑과 이별의 한을 표현하면서 여성 고난의 실체를 숨기지 않고 드러낸 노래들이 있다.

무정한 신대판 멋할라 생겨
정들라 말란님 다실어 내냐[18]

이러한 노래들은 일제의 식민지 상황을 배경으로 형성되었으며, 1930년 전후 수많은 소안도의 청년들이 노동운동과 민족해방운동을 위해, 그리고 생존을 위해 일본 대판으로 떠났던 당시의 시대적 상황을 배경으로 하고 있다. 이 노래를 부른 주채심의 남편은 1938년에 일본에 들어가 대판 공장에서 노동자 생활을 했으며, 소안도에 남은 주채심은 혼자 밭을 매면서 남편이 생각나면 이 노래를 불렀으며, 남편이 돌아올 기미가 없자 3년 뒤에 남편을 찾아 일본으로 들어가 4년만에 해방이 되어 남편과 함께 귀환했다.

ㄴ) 논의 확보와 들노래 연행
저지대에서 논농사가 형성되었다. 봉건사회에서 논은 그 가치 이상으로 상징적 힘을 지녔다. 아무리 섬이라도 농사를 지어야 사람다운 삶을 사는 것으로 평가받았던 것 같다. 소안도 사람들은 논을 갖고싶어 했다. 논농사는 저지대의 간

---

17 주채심 (여, 79세, 소안면 비자리), 1993년 3월 23일. 현지조사.
18 주채심, 1993년 3월 23일. 현지조사.

척과 원이 구축되면서 가능하게 되었다. 뻘에 둑을 쌓아 물을 차단하고 뻘밭을 논으로 만들었다. 둑쌓기는 바닥의 뻘을 걷어 올려서 했다. 소안면 이남리의 사례를 들면, 두 개의 원이 있는데 마을 앞 원은 넓이가 약 삼정보로 1960년대에 백귀일이 주동이 되어 논을 확대하겠다는 일념으로 정부의 지원 없이 순수하게 자력으로 막았다. 남자들은 지게로, 여자들은 머리에 이어서 뻘을 파 올려 원을 쌓았다. 노동력 있는 사람에 한해서만 이 일을 했고, 노동 일수와 관계없이 균일하게 분배했다. 대개 비슷하게 일을 했기 때문에 불만이 없었다. 이 원이 구축되자 새 농토가 생기고, 마을 분위기도 달라졌다. 전과 같지 않게 훈기가 돌았다. 내친 김에 큰 뻘을 막기로 하고 1970년대에 마을 앞에 큰 뻘을 막기 시작했다. 앞의 방법으로 막았는데 터져버려서 중단했다. 백종화는 당시의 상황에 대해

'순 등덜미로 막았어, 배고픈 놈들이 허가고 멋이고 찾것냐, 막어놓고 보자 그라고 했는디, 막을 때는 전력을 다해서 막았어. 그러다 물이 많이 들어 오니까 끊어져부렀어. 그래갖고 이거 물심이 이렇게 무서운 것이냐 그라고는 아이고 이것 하다가는 큰일 나것다고 그라고는 …이것 막을 때는 니야까 한나로 했어. 이놈을 다 막었더라면 농토도 좋고…' [19]

라고 구술하고 있다.

원막기는 과거 전통사회에서 농민들이 농토를 확대해 나가는 보편적인 방식이었으며, 농민들의 문화형성력으로 직결된다. 18-9세기에 이르러 이 지역 일대에서 이루어진 농경지 확대는 산으로의 개간과 함께 원을 구축하는 아래로의 확대가 병행되었을 것으로 추측된다. 농경지 확대는 단순히 농토의 확대에 그치지 않고 주민의식과 문화형성에 영향을 미쳐서 새로운 의식과 문화를 형성한다. 소안도의 경우 진산리 일대의 사람들이 농경지를 만들었으며, 전통민요도

---

19   백종화(남, 70세, 소안면 이남리) 구술, 1993년 10월 7일.

많이 불렀다.

벼농사 작업도 밭매기와 마찬가지로 여자들이 주체가 되었다. 노동력 동원은 품앗이 형태를 유지했으나 밭매기보다 규모가 컸다. 그래서 세대가 다른 층들도 함께 모였다. 남자들이 작업을 도왔지만 일에 상관하지 않는 선비들이 많아 여성들의 고생이 심했다. 모심기와 논매기는 여자들이 했으며 논매기에서 남여가 공동으로 하는 경우도 있다. 모심기에서 남자들이 하는 일이란 모판에서 뽑은 모를 지게로 져다 모심을 곳에 부려주고 모심을 논을 써래질 해주며, 쟁기질하고 거름주고 농약하는 일이다.

논농사를 지으면 당연히 들노래도 불러야 하는 것이 전통사회의 문화적 관습이었다. 더구나 소안도 사람들은 조상이 강진, 장흥, 해남 등지에 뿌리를 둔 농사꾼들이었으니 그러한 생각은 간절했을 것이다. 그러나 논이 보잘 것 없었기 때문에 그에 관련된 노래가 흥성하기란 기대할 수 없었다.

모찌고 심을 때는 소리를 했는데 육지에서처럼 길게 하지는 않았다. 소리를 하면서 일해야 일을 쉽게 할 수 있다고 해서 소리를 주고 받으면서 했지만 지금은 모찌기와 모심는 소리만 남아 있고 논매는 소리는 수집하지 못했다. 같은 소안도라도 마을에 따라 소리가 다른 경우가 있다. 그 대표적인 곳이 진산리 모찌기소리와 부상리의 모찌기소리다. 두 지역은 가깝지만 소리가 달라서 그 차이를 금방 알 수 있는데, 그 이유가 무엇인지는 밝히지 못했다. 진산리에서 모찌면서 부른 노래는 다음과 같다.

어기야   모를찌자
 어기야   어기야

어기야소리로 저건제 저길에
 어기야   어기야

모를찌자   새참이 온다
 어기야   어기야

한손으로찌며는　　　　새참도 묵고
　　어기야　　　　　　　어기야

일이더둔디　　　　　　어린 애기
　　어기야　　　　　　　어기야

두손으로나　　　　　　젖을 주자
　　어기야　　　　　　　어기야 20)

부상리에서의 모찌기노래는 다음과 같다.

에헤야- 에헤이야- 세우자
　에헤야- 에헤이야- 세우자

세우자소리를 들려를주세
　에헤야- 에헤이야- 세우자 21)

부상리의 모찌기노래는 고흥군 금산면 일대의 모찌기노래인 세우자소리와 같은 계열의 노래라고 할 수 있다.22) 이 노래가 어떻게 해서 이곳에 수용되어 모찌기노래가 되었는지 궁금하다.

모심을 때는 북을 치면서 상사소리를 했다. 일반적으로 어느 때나 그런 것은 아니지만 부잣집 일에서는 흔히 있는 일이었다. 육지의 경우 논매면서 이루어지는 맘물23)의 풍장굿이 이곳에서는 모심는 과정에서 이루어진 것이다. 제의적인 풍농기원보다 고된 일을 흥겹게 넘기기 위한 기능이 강했다. 이곳에서도 상

20　주채심, 1993년 3월 23일. 이 노래는 주채심이 진산리로 시집가서 모일하면서 배운 것이다.
21　김영안(남, 95세, 소안면 부상리), 1992년 6월 24일 현지조사.
22　나승만, 「전남지역의 들노래 연구」, 전남대학교 대학원 박사학위논문, 1990, 46-7쪽.

사소리는 긴소리와 잦은소리로 나누어 지는데, 긴소리는

> 에-헤- 허-어로 상사-뒤-요
> 아나농부 말들어 아나농부야 말들어
> 충청도충북사는 주지거지가 열렷구나
> 강원두강대추는 아구대바그대 열렸구나
> 　　에-헤-어루 상사-뒤-요
>
> 아나농부 말들어 아아농부야 말들어
> 서마지기 논뱀이를 반달같이 남었구나
> 니가무슨 반달이냐 초승달이 반달이로다
> 　　에-헤-어루 상사-뒤-요[24]

의 형식으로 불렀다. 그리고 창자에 따라

> 어-여-여루 상-사-뒤-요
> 　어-여-여루 상-사-뒤-요
>
> 이배미저배미 심어놓고
> 　어-야어허여루 상-사-뒤-요
>
> 장구배미로 들어만가자
> 　어-야어허여루 상-사-뒤-요

23　마지막 논매기를 이르는 말로 만드리라고도 하며, 논미기가 끝나면 풍농을 기원하는 풍장
　　굿을 하고 장원질소리를 하면서 상머슴을 소에 태우고 들어와 한바탕 먹고 논다.
24　김영안, 1992년 6월 24일, 현지조사.

우리군사들 잘도나합니다
　　어—야어허여루 상—사—뒤—요

두손에다가 모를갈러쥐고
　　어—야어허여루 상—사—뒤—요

여기다심고 저기도심세
　　어—야어허여루 상—사—뒤—요

의 형식으로 불렀다. 위의 소리는 부상리의 김영안이 부른 것인데 판소리에 익숙한 경우로 판소리 농부가의 영향을 반영하고 있다.

모심기가 끝날 무렵 노래판이 이루어지고 이어서 난장이 벌어진다. 일이 끝날 때가 되면 여자들끼리 못논에다 서로 넘어뜨리고 서로 물속에 잡아 넣으면서 난장을 벌였다. 한 사람이 옷을 망치면 서로 모타래를 던져서 같이 옷을 망치고, 얼굴에 흙이 묻어서 눈알만 보이게 된다. 장난이 시작되면 온 논바닥 사람들이 서로 엉켜 붙들고 물속에 잡아 넣어 난장이 되어버린다. 모타래를 등에다 붙이고, 재미있게 놀면서 서로 건네다 보고 웃고, 남자들한테도 던지는데, 남자들은 이때쯤 미리 알고 도망가버린다. 남자들은 여자들이 노는 것을 구경만 했다.

논매기에서는 별도로 노래를 부르지 않았다. 그런 현상은 도서지역과 산간 농경지역의 창자들 사이에서 일반적으로 나타나는 현상인데, 이는 모심기와 노동력 동원 형태가 다르기 때문으로 생각된다. 모심기에서는 일시에 많은 노동력을 투여해야 하기 때문에 품앗이의 규모도 커서 공동노동이 이루어지나 논매기는 품앗이의 규모도 작고 각기 형편에 따라 산발적으로 이루어지기 때문에 공동노동에 의한 연행현장이 형성되지 못한 데서 기인한 것이다.

글쓴이는 현지 조사에서 들노래를 수집하기가 어려웠다. 면담자들은 육이오 이후에는 거의 부르지 않았기 때문이라고 하나 같은 상황에 처했던 민족해방운동가요는 힘을 다 짜내면서 기억하려고 노력하고 재생산하려고 애쓰는 것에 비교할 때 크게 차이가 났다. 노래의 연행과 전승에서도 연행주체가 자신들의 삶의 현장을 담아 생산한, 즉 그 시대의 삶의 문제를 담는 노래는 오래 기억하고 일상적인 노래는 시간이 지남에 따라 잊어버리는 현상을 발견할 수 있었다.

② 어업노동과 남성들의 노래

묻이 여성들의 작업 공간이라면 바다는 남성들의 작업 공간이다. 뱃일에서 노동력 동원은 여성의 경우와는 달랐다. 선주가 선원을 고용하여 기능과 능력에 따라 작업의 소득을 분배하는 방식이었다. 분배의 범주가 선주와 선원에 국한되어 있기 때문에 상업적이다. 풍어가 들어도 흉어가 들어도 선주와 선원들의 문제였다. 가령 가거도에서는 멸치 잡은 소득이 멸치를 푸는 과정에 참여한 마을 사람들과 무연고자들에게 일장한 비율로 분배되는 공동체적 양상[25]과는 뚜렷이 구분된다.

바다에서 부르는 뱃노래는 온전히 남성들의 노래다. 소안도 남자들은 바다 작업에서 노래를 불렀다. 주 어종이 멸치였기 때문에 멸치잡이에서 노래를 불렀다. 이런 현상은 전남 남해안 지역의 공통적인 현상이다. 거문도 뱃노래, 가거도 뱃노래 등 전남 남해안 지역 뱃노래의 대부분은 멸치잡이에서 부른 것이다.[26] 소안도에서도 처음에는 횃불을 켜고 멸치를 잡는 기본적인 방식으로 어로에 종사했다. 그러나 일본과의 접촉이 빈번해지면서 빠른 속도로 어로기술을 수용하여 멸치잡이 방식도 현대화되었다. 멸치잡이 노래도 이러한 상황을 반영하고 있다.

---

25 김명후 구술(남, 63, 신안군 흑산면 가거도), 1988년 7월 16일 현지조사.
26 글쓴이가 조사한 바에 의하면 전남의 남해안 지역에서는 멸치잡이노래를 불렀고, 서해안 지역으로 가면 조기잡이노래를 불렀다. 일부 지역에서는 그 지역에서 특별히 잘 잡히는 어종을 잡으며 뱃노래를 불렀다.

1930년대 이전까지만 하더라도 횃불을 켜고 멸치를 잡았다. 밤에 배를 저어 나가 횃불을 켜 멸치를 달고 해변으로 들어와 채로 잡았다. 이쉬! 하고 발로 배를 구르면 멸치가 수면으로 떠오르고, 그때 채를 넣어서 멸치를 잡는 방식이었다. 채로 멸치를 뜨면 가래로 퍼올렸다. 이 때의 멸치잡이 노래는 노젓는 소리, 멸치모는 소리를 주로 불렀다. 그러나 그물로 멸치를 잡는 건착망 방식으로 바뀌자 그물당그는 노래가 주요 항목이 되었다.

비자리에 사는 공유생은 서른 두살에 멸치어장을 시작해서 23년간 종사했는데, 건착망으로 멸치를 잡았던 시대의 어부다. 당시의 멸치어장 상황을 다음과 같이 설명한다.

'건착망으로 멸치를 잡는데, 건착망의 구성은 그물을 싣고 다니는 그물배 두척, 그물 잡아주는 망배 한척, 2키로짜리 발전기 돌리는 배 한척으로 구성했다. 한 작업단을 18-20명으로 구성하여 어장을 경영했다. 불배에는 1-2명, 그물배는 각각 5명으로 그물을 뽑아 올린다. 노는 두가락으로 그물에 안걸리게 한쪽에만 단다. 그물 잡아주는 배를 장등배라고 하는데, 그물배가 멸치를 끌어 올리면 운반배에 옮겨 싣는다. 운반배에는 2명이 탄다. 그리고 삶는 기술자가 한명 있다. 고기가 안들 때는 잠만 자다가 고기가 들면 전기로 바다를 비추며, 그물배 두척이 그물을 싣고 있다가 불배에서 '멸치가 많다, 그물노라' 하면 멸치 떼를 둘러 싸고 양쪽으로 돌아 나가면서 그물을 펴서 멸치를 둘러 싼다. 망배가 그물을 고정시켜 잡고 있으면 불배가 천천히 멸치를 유인하여 그물 안으로 들어 온다. 멸치가 불을 따라 들어 오면 그물작업을 한다. 잡은 멸치를 운반선으로 갯가 짝지[27]로 실어 나른다. 짝지에 부녀자들이 나와서 대기하고 있다 퍼 내려서 솥에 붓고 삶는다.'[28]

---

27   바닷가의 갯돌밭
28   공유생(남, 66세, 소안면 비자리) 1992년 6월 25일 현지조사.

멸치잡이에서도 바다작업이 남성들의 몫이라면 갯가에서의 작업은 여성들의 몫이다. 밤에 멸치를 잡아 오면 받아서 퍼내리고, 삶는 기술자가 삶아내면 말리는 작업을 여성들이 맡아 한다. 남자들이 멸치를 잡아 나르도록 준비하고 뒷일을 처리한다. 일주일 동안 잠을 못자고 밤낮으로 일한 경우가 많다. 날씨가 좋으면 한달 두달 계속 밤에 작업하는 뱃꾼들의 밥과 술을 준비해야 하고, 낮에는 건조하니까 잠잘 시간이 거의 없다. 공유생 처의 구술에 의하면, 잠을 못자고 시달리다 동네 어귀를 넘어 오면 '나는 뭣으로 생겼으면 놈은 다 가정 찌고 저렇게 잠을 잔디 나는 야밤중에 이러고 혼자 외롭게 오르내린다냐' 하는 슬픈 마음이 들었다고 한다.

챗배에서 건착망으로 어로 방식이 바뀌자 놋소리, 고기모는 소리에서 그물당그는소리로 노래 중심이 바뀌었다. 그렇다 하더라도 전승되고 있는 뱃노래에서 기본적인 것은 놋소리다. 노를 저으면서 부르는 놋소리는 여럿이서 고기를 잡으려 가면서 서로 어울려 하는 경우도 있고 혼자서 하는 경우도 있다. 혼자서 노를 저을 때는 메기는 앞소리 없이 혼자서 〈으이샤! 으이샤!〉 하며 노를 젓는다. 여러 명이 작업단을 이루어 작업하려 가면서 부를 때는 메기고 받는 형식의 놋소리를 한다. 소안도에서 가장 흔히 불렸던 놋소리는 다음과 같다.

여-차!　　　　　홍기를 꽂아라
　여-여!　　　　허-허-

어허디여　　　　우리가허리떼 고작에온다
　허-허-　　　　　허-허-
　어-여 어-차!　홍기를 꽂아라

어-어　　　　　　어-어
　어여디여　　　만경창파로
어기여디여차-　　어-저
　어-차　　　　돈실로 가자

아어―　　　　　　어허―
　어―디여　　　아허―
어여―　　　　　　어―어[29]
　어―어

　의 형식으로 불렀다. 놋꾼 중 한 사람이 앞소리를 메기면 옆 사람이 맞아서 소리를 받는다. 그런데 받는 소리가 반드시 일정하게 정해진 것이 아니라 〈어―저, 어이차, 어―어 〉등 받는 사람들의 흥에 따라, 또는 배의 진행 상태나 현장의 조건에 따라 억양을 달리하여 배의 진로나 속도를 조절한다. 사설도 멸치를 잡으러 나가면서 〈홍기를 꽂아라, 돈실로 가자〉 등 풍어를 기원하는 내용으로 하여 뱃사람들의 성취욕을 한껏 드높인다.

저어라 저어라　　　어다래개창이
　으이샤! 으이샤!　　　으이샤! 으이샤!

어서 저어라　　　다와간다
　으이샤! 으이샤!　　　으이샤! 으이샤! [30]

　하는 소리도 있다. 이 놋소리는 부서를 잡으러 가면서 부른 것이다. 앞의 놋소리는 소안도의 전형적인 것으로 유연하게 노를 저으면서 작업현장으로 가는 놋소리고, 뒤의 것은 노를 빨리 저으면서 작업 현장으로 가는 소리다.
　멸치잡이는 밤에 하기 때문에 노래도 밤에 불렀다. 멸치모는 소리는 횃불로 멸치를 끌어 들이면서 하는데, 노래라기보다는 배를 발로 구르고, 작대기로 뱃

29　김영안, 1992년 6월 24일 현지조사.
30　공유생(남, 66세, 소안면 비자리), 김송학(남, 64세, 소안면 비자리) 1992년 6월 25일 현지조사.

전을 쳐서 멸치가 횃불을 따라 한 곳으로 몰리도록 하는 소리다. 그러므로 사설이 없이 〈이쉬! 이쉬!〉 하고 소리치면서 발로 구르고 뱃전을 작대기로 쳐 멸치가 몰리도록 한다.

멸치가 많이 들면 쇠를 치고 노래 부르고 춤추고 뛰면서 멸치모는 소리를 한다. 챗배에서는 이 경우 횃불을 켜 멸치를 유인한 후 채로 떠서 잡고, 건착망에서는 그물을 당겨 잡는다. 불로 멸치를 유도해 들여 그물에 들어가면 그물 당길 때 소리를 한다. 그물 길이는 육십 미터, 양쪽 삼십 미터씩 나가며, 고기가 많이 들어 어느 한 사람이 소리를 시작하면 다 따라서 한다. 그물을 잡어 당길 때 〈으싸! 으싸!〉 하고 당겨서 그물 올릴 때 〈세노야 세노야〉 하고 세노야소리를 한다. 어느 한 사람이 앞소리를 하면 남은 사람이 받는소리를 한다. 세노야소리는 그물 올리면서 하는 소리이자 고기가 많이 들었다고 부르는 노래다. 그물배에 쇠 두가락, 쟁 하나를 가지고 다니면서 풍물을 치면서 작업했다. 당시 부른 세노야소리는 늦은 소리와 잦은소리가 있는데, 처음에는 다음과 같이 부른다.

서-서야   아깐청춘이 다늙는다
　서-서야   서-서야

세-월 네-월   맹사십리 해당화야
　서-서야   서-서야

가고오질 마소   꽃진다고 서러를마소
　서-서야   서-서야 [31]

멸치가 많이 들고 여럿이 부르면 흥이 나서 소리가 저절로 이루어 진다. 멸치

31　공유생(남, 66세, 소안면 비자리), 김송학(남, 64세, 소안면 비자리) 1992년 6월 25일 현지조사.

가 많이 들면 '멸치냐 갈치냐 꽁치냐 !' 하고 샛소리를 넣으면서 흥을 낸다. '배부른강아지 실가리다루듯 / 서–서야' 하면서 사설을 끌어 가다 자주 당글 때는 잦은소리인 세노야소리로 바꾼다. 사설은 다음과 같다.

> 세–노야
>> 세–노야

> 세노야차
>> 세–노야

> 서–서이
>> 세–노야 [32]

멸치가 많이 들면 재미가 있어서 소리를 지르고 세노야소리를 하고 나중에는 받어라소리로 넘어간다. 받어라소리는 그물을 마지막으로 올리는 대목에서 나오는 소리다.

받–어라	듣기 좋기로
받–어라	받–어라
연해연광	가깐디서 보는사람은
받–어라	받–어라
한손에 둘씩	보기 좋게끔
받–어라	받–어라

---

32 공유생(남, 66세, 소안면 비자리), 김송학(남, 64세, 소안면 비자리) 1992년 6월 25일 현지
    조사.

    잘받은 사람은   달뜨는 동네에
    받—어라   받—어라

    상을 주고   달뜨면 좋고요
    받—어라   받—어라

    못받는 사람은   우리네 그물에
    받—어라   받—어라

    벌을 주고   멸많이들먼 좋고요
    받—어라   받—어라 [33]

    먼디보는 사람은
    받—어라

이렇게 소리를 주고 맞으면 온 바다가 쩡쩡 울렸다. 실제로 멸치가 많이 들면 그물에 멸치 많이 들었다는 소리가 나오고 어부들이 그물을 쥐고 여기저기서 흥이 나 움직이면서 재미있게 하면 온 바다에 소리가 진동하고 불빛으로 가득 차 그 광경이 대단했다. 천하에 멸치가 막 둥굴어 다녔다고 말한다.

소안도에서의 멸치어장에 대한 인식은 서해안에서의 조기어장에 대한 인식과 흡사하다. 칠산 어장을 무대로 조기잡이를 했던 사람들이 지금도 30–40년 전 조기 파시가 들면 그물이 찢어질 정도로 조기를 잡아 올렸던 과거의 꿈을 먹으며 살아가고 있듯이 지금 소안도 사람들은 천하에 멸치가 막 둥굴어 다녔고 온 바다가 횃불로 꽉 찼던 시절을 꿈꾸듯 그리고 있다. 당시의 상황에 대해,

---

33   공유생(남, 66세, 소안면 비자리), 김송학(남, 64세, 소안면 비자리) 1992년 6월 25일 현지 조사.

'하루밤에 오백포 잡을 때도 있었어. 우리가 나흘 밤에 이천포를 잡았으니까. 못삶아가지고 막 젖히고 그랬응게. 멸치만 아니라 갈치고 머이고 저 짝지가 아주 머 난리가 났제. 그란디 얼로 다 가버렸으까이…글씨라이, 그 좋은 고기들….멸치가 물때에 다라서 막 일어나면 바닥을 손으로 짚어도 안까라앉을 정도로 멸치가 소나기 비오댓기 막 튀어. 예를 들어서 멸치 불배에 막 묻을 정도로 멸치가 따르지요. 이 바닥이 고기가 흔해요. 옛날에는 구경한다고 배를 타고 가서 들여다 보고 손으로 멸을 떠보고 그랬는디 언제 그런 날이 또 오까..? 인자 그런 세월은 다 지나가버리고….. 호랑이 담배핀 애기제. 지금은 미역줄을 막어갖고 그것을 철거를 못하니 고기가 못온디 전복도 많고 고기가 흔했던 바닥이요. 저번에 순옥이 어장에 따라가 봤더니 바닥에 정어리떼가 몰려갖고 있드랑께.'

라는 공유생의 구술에 그때의 꿈이 그대로 담겨 있다.

어장이 발전해서 김 양식업으로 바뀌면서 가정끼리 하게 되고 생태계의 변화에 따라 멸치와 고기들이 사라지게 되었고, 작업 형태도 내외에 하는 가족노동으로 바뀌면서 노래가 자연히 없어졌다.

③ 장례와 노래

장례를 치르는 방식은 마을의 규모에 따라 다르다. 30 – 40호 정도 되는 마을에서는 마을 사람들이 모두 모여 마을 공동체 단위로 치르는데, 큰 마을에서는 상두계가 중심이 되어 치른다.

죽은자를 노래로 보낸다면 다소 어패가 있을 듯하지만 전남의 서남해 지역에서는 죽은자를 그렇게 배송한다. 죽음의 마당에서 마을 사람들이 모두 모여 노래부르고 춤추며 흥겹게 놀아야 죽은자를 잘 대접하는 것이 되는 것이다. 소안도 사람들은 서남해안 도서지역 사람들의 일반적인 장례풍습처럼 출상 전날 밤에 철야하면서 노래 부르고 놀았고, 출상에서는 당골이 상여소리를 하고, 북으로 장단을 치며, 출상이 끝나면 출상에 참여했던 여자들이 모여 산다이판을 벌이고 놀았다. 이러한 풍습이 옛날처럼 확고하게 유지되고 있지는 않지만 철야와 산다이는 지금도 지켜지고 있다. 전통적인 장례에서는 출상 전날 철야를 한다. 철야란 출상 전날 저녁에 마을 사람들이 모여 노래부르고 노는 놀이이다. 마을에 따라 발음에 약간의 차이가 있어서 철야, 또는 처리라고도 한다. 여자들도 같이 나와서 논다. 밤새도록 잠을 자지 않고 날을 새며 모닥불 피워 놓고 노는데, 저녁 내내 노래부르고 굿하고 논다. 김영안의 구술에 의하면 부상리에서는 철야할 때 마당에 모닥불을 피워놓고 마당놀이를 하면서 노래 부르고 놀았다. 처음에는 육자배기를 부르다 자진육자배기로 넘어가고 다음에는 성주풀이, 방아타령으로 넘어 가면서 흥겹게 놀았다. 막걸리를 걸러 내놓고 모닥불을 피우고 남여노소가 모여 북을 치고 마당놀이를 흥겹게 했다. 겨울철에 북이 얼면 숯불에 녹여서 치며 놀았다. 그 중에서도 방아타령을 부르면서 마을 사람들이 서로 어울려 신명나게 노는 장면이 제일 흥겨웠다. 남자 여자 같이 어울려 앞소리를 주고 뒷소리를 받으면서 놀았다고 한다.[34]

출상에서의 상여소리는 당골이 메겼다. 옛날에는 살기가 어려웠기 때문에 당골이 많았다고 말한다. 이곳에서 당골은 사람들의 출생에서부터 관여하여 병에 걸리거나 삶의 과정에서 부정한 일이 있을 때 그것을 풀어주는 역할을 했으며, 인간이 평생 거치는 의례 과정에도 일일이 관여하고 죽음 과정도 당골이 주관하여 극락으로 왕생하도록 천도했다. 소안도 사람들은 당골이 하는 굿이 진짜로 좋았다고 구술한다. 당골이 하는 굿은 가락이 있고, 굿의 머릿수가 있으며, 노래 가사를 완전히 알고 부르기 때문에 듣기 좋았고, 또한 듣는 사람들도 굿을 보면 굿머리를 알고 있어서 쉽게 이해했다고 한다. 밭매거나 한가한 때 당골의 무가를 부르는 것은 흔한 일이다. 소안도에서 당골이 떠난 것은 30여년 전이

---

34   김영안(남, 95세, 소안면 부상리) 1992년 6월 24일.

다.[35]

지금은 상여소리를 고수가 메긴다. 현재는 고수할 사람도 구하기 어려운 형편이다. 김남천은 어렸을 때 들었던 상여소리에 대해 다음과 같이 구술한다.

'옛날 어르신네들 생애 나갈 때 소리를 들어보면 들을만 해요. 말이 고수가 상주를 울리고 웃기고 그런단디 요새 사람들은 그런 것이 없어요. 집이서 관을 들고 나갈 때 〈관암보살〉 그라고. 마당에서 상여 나가기 전에 미고 놀 때는 그집 사우나 명인하고 관계된 사람을 생에에 올레갖고 돈도 뜯고 놉니다. 뚜드려 패고 꼬집고 그럽니다. 한번 올라 가면 욕봅니다. 사우된 사람들이 특히 욕봐요. 뒷소리는 〈어-널 어-널   어너리- 넘자 너-화요〉 그렇게 받고, 쪼금 빨리 갈 때는 〈나무아미타불〉 그라고. 산에 올라 갈 때는 진짜 무겁거든요. 그러니까 〈어구차 어구차〉그라고 올라 가지요.'[36]

소안도에서의 장례는 사망 직후의 시신을 수습하는 의례가 끝나면 출상 전날부터 마친 뒤까지 노래판으로 이루어진다. 이는 서남해안 다른 지역의 경우도 마찬가지다. 유교적인 의례와 마을 사람들의 노래판, 놀이판, 굿판이 교차되면서 장례를 치룬다. 죽음 앞에서 흥겹게 노래부르고 춤추며 굿하여 유교의례와 굿판이 뒤섞이면서 죽음을 배송하는 행위는 깊이 연구해야 할 과제라고 생각한다. 또 상주들도 마을 사람들이 흥겹게 놀아주는 것을 좋은 부조로 생각한다. 이러한 태도에서 죽음에 대한 이 지역 사람들의 인식을 도출할 수 있을 것이다.

---

35 소안도에서 당골판은 세 곳으로 구분되어 있었다. 소진리, 부상리, 미라리를 한 구역으로 하고, 진산리, 맹선리를 또 한 구역으로 하고, 비자리와 이월리, 북암리를 한 구역으로 묶어서 세 구역으로 분할되었다. 김영안 구술

36 김남천(남, 69세, 소안면 맹선리) 1992년 6월 24일.

④ 산다이와 노래문화

이 곳에서는 같은 또래의 젊은 사람들이 모여 술마시고 북장고치고 노래부르고 노는 판을 산다이라고 한다. 산다이는 전형적인 또래집단의 노래판이다. 이 판에서 전통적으로 불렀던 노래는 산아지타령이다. 산아지타령은 섬진강 유역에서는 논매기노래로 부르는데,[37] 전남의 도서 해안지역에서는 산다이판에서 불렀다. 메기는 소리는 진도 아리랑타령과 같은 가락과 사설 구조로 부르며, 받는소리를 〈에야- 데야- 에헤헤-에야-/ 에-야 디여라 사나이로-구나〉로 받는다. 다른 지역의 노래와 다른 부분이 받는소리의 끝구절인데, 대개 〈에야- 데야- 에헤헤-에야-/ 에-야 디여라 산하지로- 구나〉로 받는데 비해 이곳에서는 〈에야- 데야- 에헤헤-에야-/ 에-야 디여라 사나이로- 구나〉로 받는다.

노는 시기는 명절 때와 추석 때였지만 시기가 일정하게 정해진 것은 아니다. 명절에 노는 것이 일반적이지만 밭에서 일을 하다 무작정 앉아 술한잔 먹고 기분 좋으면 노래판을 벌리고 노는 경우가 흔히 있는데, 이것도 산다이라고 한다. 동네 경사가 났을 때, 초상났을 때도 그 뒷끝에 산다이판을 벌인다. 그리고 어울리는 또래는 나이 차이가 비슷한 동무들끼리며, 산다이는 여성들의 노래판이라고 할 수 있지만 남자들도 여자들과 함께 판을 벌이기도 한다. 남녀가 따로 놀았지만 섞여서 노는 때도 있다. 놀이 형태는 술먹고 노래 부르고 노는 것이다. 초상나면 북장구 치고 노래 부르고 술먹고 놀면서 산다이를 한다.

글쓴이가 현지 작업과정에서 부상리 여자들과 산다이를 했는데, 이 판에서 부른 노래 중 몇편을 들면 다음과 같다.

---

37   나승만, 「전남지역의 들노래 연구」, 46쪽.

놀아— 놀아— 젊어서 놀아　　　씨구씨구 절실은소리
늙고야 병들며는 못노나니　　도굿대장단에 춤나온다
젊어서 놀아보자　　　　　　춤나온다 춤나온다
얼씨구좋다 정말로좋다　　　굿거리장단에 춤나온다
이렇게나 존지를 내몰랐네　　이런장단에 춤못추면은
　　　　　　　　　　　　어느야장단에 춤출거나

얼씨구얼씨구 얼얼씨구야
아니노지를 못하리라　　　　저방안에 홀로든새
기차전차 앞뒷이 있냐　　　맘에든여자 있건마는
중국놈 대가리 상투가있냐　춤을추자니 아니받어주고
처녀총각이 부부가있냐　　　손을잡자니 놈들보고
이렇게 존일이 또있당가(좋다!)
얼씨구절씨구 지화자좋네　이년저년 잡을년아
이렇게 존일은 잠도안올라　회동칼로 목빌년아
　　　　　　　　　　　　빙든가장 둘러놓고
돈갗고 돈못쓴것은　　　　우는아기 잠재워놓고
멍텅고리 남자한량　　　　동지나섣달 긴긴밤에
어깨나갗고 춤못춘것은　　놈의집살로 가는년아
멍텅고리 여자로다　　　　얼씨구절씨구 기화자자나좋네
얼씨구절씨구 지화자좋네　어찌나존지를 모르것소
이렇게나 존지를 내몰랐소(좋다!)

일제 말엽에는 마을 사람들이 강제로 징용에 끌려 가면 출전을 송별하기 위해 마을에서 공동으로 술을 하고 돼지를 잡아 먹고 놀면서 산다이를 했는데, 이를 송별산다이라고 했다. 육이오 때 마을 청년들이 군대에 갈 때도 산다이를 했다. 그 때는 한번 가면 살아 돌아오기 어려웠기 때문에 사지로 가는 마을 청년들을 환송하기 위해 당산제도 겸해서 드렸다. 당시의 산다이는 남성들 중심이었으며, 마당에서 육자배기, 산아지타령, 치나칭칭나네, 신고산타령, 유행가, 군가 등 아는 노래를 마음대로 불렀다.

　　실제로 소안도 사람들의 노래와 신명은 산다이에 담겨 있다. 소안도의 모든 노래는 산다이를 통해 발현되고 있고 소안도 사람들의 신명도 여기서 드러난다. 요새의 산다이는 젊은 사람들보다는 40-50대 부인들이 북장고를 치고 놀며, 최근에는 전파사에서 구입한 녹음된 유행가 반주 테이프를 녹음기에 틀어놓고 그에 맞춰 노래 부르거나 전축에 맞춰 노래부르고, 춤추고 노는 것이다. 부상리의 40-50대 여자들이 산다이에서 즐겨 부르는 유행가의 녹음 테이프제목을 들면 다음과 같다.

　　*앗싸 아가씨(가수 김미진)　　　*앗싸 메들리(가수 김미진)
　　*노래하는 짚시　　　　　　　　*노래하는 털보선장 복남이
　　*사투리 디스코(가수 문희옥)　　*밤무대 명콤비
　　*까치며느리　　　　　　　　　*창밖의 여자
　　*캬바레 앵콜가수(노래 김민성)　*83 이용 최신곡
　　*염수연 매들리　　　　　　　　*이미자
　　*노래실은 관광버스(노래 강성희 김준규)　*노래실은 물레방아 2

　　지금 소안도의 젊은 사람들은 자신들의 삶을 주제로 하여 만든 노래를 부르는 대신 그들의 실질적인 삶과는 거리가 먼 유행가들을 부른다. 유행가의 가사에는 환상적인 사랑과 도시풍의 관념적 세계가 담겨져서 소안도 사람들이 현재의 생활여건에서 부딪치는 삶의 문제와 사랑의 문제, 지향하려는 세계와는 거리가 먼 노래들이다. 그리고 대부분의 노래들은 일본 전통음악의 악곡인 뽕짝 리듬의 곡들이고 이 곡에 맞춰 노래부르면서 춤추는 판을 즐기고 있다. 자신들의 삶을 표현하는 노래 대신 그 자리를 뽕짝 리듬의 유행가와 춤곡들이 차지하

게 되었다. 자신들의 삶을 담고 있는 흥겨운 노래는 노인잔치에서나 간간히 들을 수 있게 되었다. 자기의 문화를 자기 스스로 만들고 또 그것이 아주 좋은 것으로서 유행가와 같은 노래와는 비교할 수도 없을 정도로 좋은 것이라는 자기의 노래에 자부심을 갖는 세대들, 뽕짝 악곡의 노래는 노래로 평가하지도 않는 세대들은 이제 60-80대의 사람들 정도이다.

3) 근대민요사회의 전개

(1) 일제 강점기 근대민요사회의 성립과 민족운동노래 학습

한말 왕권에 의한 중앙 통제력이 허물어져 가면서 수령들의 향촌사회, 기층민들에 대한 착취가 심화되어 살길이 막막해지자 각처에서 농민항쟁이 일어났다. 그런 배경에는 임란 이후 꾸준히 성장한 민중의 힘이 작용했는데, 민중세력은 두레공동체 활동을 통해 지배세력에 대응할 수 있는 독자적인 민중의 힘을 축적했고, 그에 따른 문화도 생산했다.

두레공동체 활동을 통해 힘을 축적하고, 한말 민중항쟁을 통해 민족과 민중의 역사적 위상을 자각한 기층민들은 역사의 격변을 치루면서 민족해방의 변혁운동을 수행하는 주체로 성장하게 된다. 민중세력은 봉건적 지배질서에 대항하는 한편 외세를 배격하면서 새로운 세상을 건설하려 했다. 새로운 사회의 이념을 실천하려는 대표적인 민중운동이 바로 갑오농민전쟁이었다. 이 전쟁에서 당시의 기득권을 장악하고 있던 지배층들은 외세를 끌여들여 자신들의 권익에 대항해 오는 민중을 제압함으로써 그들의 한계를 여실히 보여주었고, 그 전개과정을 지켜본 민중들은 민중의 해방, 민족의 해방을 실천할 주체는 오직 자신들뿐이라는 사실을 철저히 자각했다. 갑오농민전쟁을 통해 변혁의 선봉에 섰던 다수의 민중이 살상당하면서 변혁의 주체세력이 거의 거세되었다. 그러나 민중의 세계는 숫자의 단순한 통계로는 드러나지 않는 또 다른 측면이 있다. 전쟁에 참여하지 않았던 더 많은 민중들이 참여한 사람들의 의식을 마음에 새기고 실천하기 위해 애쓰게 되었다는 점이다. 전쟁에 참여하여 전사한 사람들과 살아 있는 사람들이 서로 인척관계에 있거나 친분관계를 맺고 있었기 때문에 의식의 계승이 용이하게 이루어진 것이다. 의식이 단절된 듯하면서도 내면으로는 새로운 세대로 이어지는 혈연을 통한 연결이 새로운 사회를 건설하려는 기운을 형성하는데 동력이 되었다. 그런 상황 속에서 우리 향촌사회의 존재는 과거 봉건사회에서와는 달라진 모습이었고, 이런 분위기 속에서 민중들은 근대민요사회를 출산하게 되었다.

소안도 사람들이 자기가 사는 시대의 문제를 이 시기에 충분히 알고 있었다. 이를 입증할만한 역사적 자료가 명료하게 드러나는 것은 아니지만 갑오농민군이 소안도에서 훈련을 했고, 전쟁에 소안도 사람들이 참여했다든지, 그로 인해 몇 사람이 처형당했다는 구술에서 읽어 낼 수 있다. 소안도 사람들은 서로 같은 처지에서 평등하고 독립된 삶을 누리기 위해 끊임없이 노력했다. 19세기 말-20세기의 상황 속에서도 공동체로서 굳은 결속을 다질 수 있었다. 국가로부터 良丁, 公私賤의 도피소굴이라는 인식을 받을 정도로 독립의식이 강했고, 변혁적인 사고를 소유했다고 할 수 있다. 이런 흔적은 다음의 구술에서도 확인된다.

'우리 섬에서는 자기 농사로 자급자족했지요. 자급자족한 놈이 떨어지면 자기 농사지은 시간을 내서 남의 일 해주고 그 품을 내다 먹었죠. 해산물 내다 팔아먹고, 그것도 부족하면 할 수 없이 초근목피로 연명하고, 우리 소안면은 경제형태가 다른 면하고 다릅니다. 산판도 자급할 만한 정도는 다 갖고 있고, 양식도 그렇게 했제, 해방 후 식량이 곤란했을 때 정부에서 대여양곡 그것이나 먹었으면 먹었지 개개인이 반가마니 갖다 먹고 한가마니나 두가마니 갖다 주는 그런 일이 전혀 없었어요. 절대 놈한테

빚안지고 살았다 그말이죠.'[38]

  게다가 민중 교육기관 – 야학, 개량서당, 사립학교 등–에서의 학습을 통해 자신들이 처한 사회적 상황과 역사적 위치를 알게 되었고 스스로 이 시점에서 무엇을 해야 할 것인가를 자각한 세대들이 되었다. 당시 그들이 선택한 길은 민족해방운동[39]을 전개하는 것이었다.

  이 운동 과정에서 노래 학습이 이루어졌다. 소안도 사람들은 민족운동노래를 듣자마자 마른 모래가 물을 쓰듯 노래를 받아들였다. 왜냐면 당시에 부른 노래들은 바로 자신들의 삶과 처지를 노래한 것들이었기 때문이다. 노래를 단순히 받아들여서 부를 뿐만 아니라 스스로 자신들이 살아가면서 깨달은 모순과 그에 대한 자신들의 뜻을 노래로 만들어 불렀다. 글쓴이는 이를 근대민요의 형성으로 인식하고 이러한 민요연행 활동과 조직을 근대민요사회라고 한 바 있다.[40] 근대민요들은 민족운동에서 조직을 통해 보급되었고 민중들은 일상생활에서 불렀다. 당시의 민족운동노래는 애국가, 항일운동가, 계몽운동가, 계급해방운동가, 노동운동가, 민중항쟁가 들이었으며, 민중들은 이 노래를 수용하여 불렀다. 민족해방운동노래를 수용, 주체화하고 자기들의 노래를 생산하는 창조적 영역에까지 이르렀다. 이 시기 소안도 사람들은 자기의 힘으로 압제에 대항해 자유와 평등, 민족의 독립을 쟁취하려 했고 역사의 주체가 되어 있었다. 그들이 처해있던 시기를 어떻게 인식하고 있었는가는 당시 유행했던 感動歌를 통해 엿볼 수 있다.

---

38   김남천 구술. 1992년 6월 22일.
39   당시에 전개된 운동의 성격을 갈래짓자면 대외적으로는 민중해방운동(반봉건운동)과 민족해방운동(항일운동, 반제국주의운동)으로, 그리고 대내적으로는 계몽운동과 자각운동으로 나눌 수 있다. 이 글에서는 민족해방운동에 촛점을 두고 기술한다.
40   나승만, 「민요사회의 층위와 변천」, 29쪽.

感動歌 [41]

슬프도다우리民族야　子子孫孫奉樂하더니
四千餘年歷史國으로　오날날이지겡웟일인가
　后 斂
鐵絲鑄絲로結縛한줄을　獨立萬歲우리소리에
우리손으로끈어버리고　바다이끌코山이動켓내

一間草屋도내것아니요　무래한羞辱을대답못하고
半묘田地도내것못되니　空然한毆打도그져밧도다
　后 斂

한치벌내도마일발브면　조고만벌도내가다치면
죽기전한번은곰자가리고　내몸을반다시쏘코죽난다
　后

눈을두루살펴보시요　우리父母의한숨뿐이요
三千里우에사모친것은　우리學徒의눈물뿐일새
　后

山川草木도눈이잇시며　東海魚鱉도마암이시면
悲慘한눈물이가득하것고　우리오갓치시러하리라
　后

41　이 노래는 1913년에 설립된 중화학원 시기부터 1930년대 후반 야학운동 시절까지 소안도
　　사람들이 즐겨 부른 노래였다. 이 글에서는 백성안이 야학 교재로 사용했던 창가집에 수록
　　된 가사를 그대로 옮겼다. 이하 白成安 筆寫本 唱歌集으로 칭한다.

錦繡江山이빗흘이럿고   이것시뉘죄야생각하여라
光明한日月이가득하도다   내죄와네죄의까닥이로다

사랑하난우리靑年아   懶惰한惡習依賴思想을
쥭든지사든지우리마암에   모도다한칼로끈어버리새
    后

사랑하난우리同胞야   와신상담을잇지말어셔
쥭든지사든지우리마암에   우리國權을回復해보새
    后

愛國精神과團體心으로   원수난비녹山과갓트나
肉彈血淚을무렵쓰면   우리압흘막지못하내
    后

글쓴이가 만났던 소안도 사람들은 이 노래를 온전하지는 못했지만 사설이라
도 옹알거렸다. 이월송은 이 노래를 다음과 같이 불렀다.

슬프도다 우리민족은   이것이 뉘죄냐 생각하여라
 사천여년 역사위에   내죄가내죄 까닭이로다
자자손손 복락하더니   철사조사로 결박한죄을
오늘날 이지경이 왠일이냐   우리손으로 끊어
일간초옥도 내것아니요   독립만세 우뢰소리
수옥전토도 내것못되네   산천초목도 진동을 하네

내가 몸담고 살아가고 있는 집도 알고 보면 내 것이 아니요, 살고 있는 터도
내터가 아니라는 식민지 종살이의 현실을 그대로 표현하고 있다. 그러나 이런

종살이의 역사가 그 시대 뿐이었겠는가마는 소안도 사람들은 이 시기를 종살이의 시기로 인식했다. 그들의 투쟁의 목표가 뚜렷해진 것이다. 종살이의 모순된 사회를 변혁시켜야 한다는 의식이 결집되면서 이러한 사설로 구성된 노래를 만들고 수용한 것이다. 결박당한 줄을 끊어버리고 애국정신과 단결로 육탄혈루를 무릅쓰면 원수가 비록 산과 같으나 우리의 앞을 막지 못할 것이라고 노래한다. 그러니 감동가는 누가 만들었든 소안도 사람들의 노래가 되었고 그들의 의식을 형상화한 노래가 되었다. 교육을 통해 민족, 민중 주체적 의식을 갖게 되어 그들의 심성을 노래로 표현하고, 다시 역으로 소안도 사람들에게 작용하여 민족해방운동에 대한 의지가 더욱 상승하게 하였다.

전통민요사회에서 몸에 밴 노래의 기능, 즉 고달프고 힘들 때 노래를 부르며 고난을 극복하던 방식대로 소안도 사람들은 이 시기에도 노래를 부르며 고난을 극복해 갔다. 집안 식구 중 감옥에 가 있는 사람이 있으면 옥중가를 부르면서 그리움을 달랬고, 또 흔들리는 마음을 곧추 세웠다. 주채심은 '친오빠가 감옥에 가 있을 때 어머니가 〈평안북도...〉노래를 부르라고 하면 불렀다. 그 노래라도 들으면 위안이 된다고 했다. 어머니는 명잦고 나는 옆에 앉아서 불렀다. 어머니가 울면 같이 울었다. 그 노래를 부르면 지금도 눈물이 나온다.'고 구술한다. 그가 필사해놓은 옥중가의 가사[42]는 다음과 같다.

> 평안북도 마지막끗 신으주가목가
> 세상에 테여난지 몃해되연나
> 이제붓터 너와나 둘사이에
> 잇지못할 관게가 셍기엿구나

---

[42] 주채심이 사립학교 3학년 때 학교가 폐교당했다. 해방 후 사립학교에서 배운 노래를 부를 기회가 없었는데, 1989년에 소안항일운동사료집을 편찬하는 과정에서 당시의 노래를 부르게 되었고, 잊지 않기 위해 사립학교에서 배운 노래를 한글로 필사해 두었다. 이하에서는 이를 주채심 필사본으로 칭한다.

압되(뒤)를 살페보니 철갑문이요
곳곳이 보이난것 불근옷이라
아침에 세수와 저역운동은
허리에 베지고 조선에수갑은
사린강도 메소와 다름업스니
구먹(구멍)으로 주난밥을 먹고안전네
떼떼로 주난밥은 수수밥이요
밤마다 자는잠은 고셍잠이라
수수밥이 맛이잇다 누가먹으며
고셍잠이 자고십다 누가자리요
슬프도다 가목에인난 우리형제들
이런고셍 저런고셍 악행당할떼
두눈에 눈물이 비오듯하나
장녠(장래의)일을 셍각하니 질거웁도다
여보시오 갓치나간 우리압길에
추호라도 낙심말고 나아갑시다

　사립학교에 1년 다녔던 김한호(남, 82세, 소안면 월항리, 1993년 3월 24일)는 옥중가 평생 동안 가장 좋아하는 노래였다고 한다. 그러나 완전하게 부르지 못했다. 그가 부른 중단편의 가사는 다음과 같다.

평안북도 마지막끝 신의주감옥아
세상에 생겨난지 몇해되었나
이제부터 너와나와 둘사이에
잊지못할 관계가 생기었구나
수수밥이 맛이있다 누가먹으며
고생잠이 자고싶다 누가자리요

이월송이 소안도 사람들의 투옥 기간을 합산해서 통계를 낸 것이 있는데, 총 36명이 66회에 걸쳐 투옥되었고 기간은 117년 7개월이었다.[43] 주채심의 경우도 그의 친오빠 주채도가 배달청년회와 일심단에서 비밀결사원으로 활약하다 배달청년회 사건으로 1927년에 투옥되어 징역 2년을 선고받고 복역했다. 주채심의 어머니가 딸과 함께 길쌈하다 아들 생각이 나면 이 노래를 부르도록 하고 모녀가 함께 울었다고 한다. 이런 사람들이 한둘이 아니어서 소안도에서는 마을에 투옥된 사람이 있으면 겨울에도 그를 생각하여 이불을 덮지 않고 잤다고 한다. 그러니 옥중가는 소안도 사람들의 삶의 기록일 수밖에 없다.

소안도 사람들이 일제 때 민족해방운동을 시작한 것은 김사홍(1883-1945), 김경천(1888-1935), 송내호(1895-1928), 정남국(1897-1955)으로 이어지는 이 지역 지도세력들의 영향 때문이었다. 특히 김사홍은 1883년에 태어나서 해방을 앞두고 1945년 1월에 사망하기까지 소안도의 민족운동을 지도했던 인물이었다. 김사홍의 뒤를 이어 김경천이 교육운동을 이끌었고 송내호와 정남국은 외부로 나가 민족운동을 지도한 영웅들이다. 송내호는 소안도에서는 신화화된 인물이다. 그의 고향인 이남리에서는 지금도 송내호에 대해 다음과 같은 이야기를 흔히 들을 수 있다.

'그분이 아마도 지금같으면 대중이선생 그런 분이었던것 같어. 19살 때 국민학교 교정에서 영어로 연설을 했다고 그래요. 20살 때 영국 함대가 삼도(거문도)라고 있어, 영국 병사들 죽은 묘도 있고, 영국 함대가 들어오다 풍파에 갇혀서 오도가도 못하고 비자리에 머물 때 학교에 와서 테니스를 쳤는데, 송내호 선생이 같이 말을 통하면서 뽈을 쳤다고 그래요. 그러니까 지방 청년들이 왜 영국놈들하고 같이 휩쓸려서 뽈을 쳐야 그러니까 운동이란 것은 국경이 없다. 누구든지 취미가 있으면 같이 하고 그런 것

---

43   이월송(남, 84세, 소안면 소진리, 1992년 6월 23일)의 구술.

이제 전적으로 적대시하면 안된다고 그랬다는 이야기를 들었어요. 그렇게 훌륭한 분이었고.....연령으로는 우리 할아버지나 같은 나인데, 책같은 것도 매일 들고 다니면서 보는데 집에 가면 책이 한권도 없어, 우리 할아버지 얘기가, 책을 다 태워버렸어. 그 이윤즉 책을 보고 꽂아 놓으면 미련이 있다 그거여, 이 책을 태워 버린다면 머리에 들어간다는 거요. 그라고 남자는 음성이 커야 한다고 해서 조석으로 산으로 올라갔다 바다로 갔다 하면서 대성을 지르고 그것을 봤다고 들었어요. 남자는 목이 커야 한다고. 하여튼 인간사회에서 월등한 사람이여. 송내호 선생이라면 대중이 선생 위하대끼 그런 정도로 했어. 이론적으로 따지는디는 머리를 안숙일 수가 없다 그거여. 민족운동 하면 일본놈들한테 잽혀가니까 형제간에 못할일 한다 그래갖고 타지로 나간것 같어 우리 추측에는.

송내호 선생이 서른 네살에 서울 세브란스병원에서 돌아가셨다는 사실들만 사람들이 알고 있는디, 송내호선생은 형무소에서 돌아 가셨어. 우리 알기로는 세브란스 병원에서 돌아가셨단디 어머니 말에 의하면 형무소에서 돌아가셨다고 해. 그래갖고 해골을 담어다 자기집 선반 우게다가 오랫동안 보관했죠 장례를 안치르고. 훌륭한 분이었어.[44]

소안도에서는 1910년대에 학원, 야학을 통해 이러한 노래를 학습하는 한편 소안도 사람들 스스로 노래를 만들어 부르면서 민족운동의 기운을 다지고 실천했다. 마을의 지도세력들이 선도해서 서당을 세우고, 야학과 학원을 세웠으며, 사립학교를 설립하는데 주도적인 역할을 수행했다. 그 결과로 민족운동의 이념이 섬주민 전체에 확산되었고 소안도 주민들 사이에서 일종의 당위성을 지니게 되었다. 그리고 민족운동가요를 부르는 행위도 같은 차원에서 이해되었다.

당시의 민족운동 지도세력들이 교육운동을 통해 앞장서 이끌었기 때문에 그

---

44   백종화 구술. 1993년 10월 7일.

영향을 받아 소안도 사람들 모두가 민족운동에 투신했고, 그것이 바로 근대민요사회를 형성하는 바탕이 되었다.

(2) 마을학원과 야학을 통한 민족운동노래 열창

소안도 사람들은 그들이 꿈꾸는 아름다운 세계, 일제의 압제로부터 해방되어 평등하고 자유로운 세계를 건설하려면 주민 각자가 깨우쳐야 한다고 생각했고, 그 구체적 방법으로 교육운동을 선택했다. 소안도에는 전통시대부터 각 마을에 서당이 있었는데, 이를 근대교육 기관으로 개량했다. 1913년 처음으로 중화학원을 설립했고, 그 뒤를 이어 각 마을에서 학원을 세웠다. 그리고 이 학원 내에 야학을 개설하여 주간에는 학원에서 마을 청소년들을 교육하고 야간에는 야학으로 부녀자들을 교육했는데, 학원의 교육 목표는 민족 계몽을 위한 신교육과 민족의식의 고취에 두었고, 야학에서는 문맹퇴치를 기본 목표로 삼았다. 그러다 소안도 토지계쟁사건이 해결되면서 김사홍을 중심으로 사립학교를 건설했는데, 이 학교가 소안도의 구심점이 되었다. 소안도의 역사에서 가장 활기찼던 기간이었고, 민족운동가요를 가장 힘차게 불렀던 시기다.

1927년 사립학교가 폐쇄당하고, 배달청년회 사건으로 민족운동을 주도했던 세력들이 대량 검거되자 각 마을의 주민이 주체가 된 밑으로부터의 교육운동이 일어났다. 사립학교의 폐교와 배달청년회 사건으로 교육운동은 일단 한 풀 꺾였고 각 마을의 학원도 기능이 약화되었다. 교육운동을 주도했던 운동세력들이 대량 투옥되어 버리자 각 마을에서는 기존에 있던 야학의 학습조직을 활용한 마을 단위 교육운동이 일어났다. 야학 교사노릇을 할 만한 사람을 동원하여 4-5명 단위의 소단위 학습운동이 일어났다. 밑으로부터의 교육운동이 그 성과를 드러낼 만큼 화려한 것은 아니었지만 꾸준히 소안도 사람들의 의식을 깨어 있게 하여 해방정국까지 민족해방운동을 이끌어 간 중심 축이 되었고 민족운동노래를 전승한 한 축이 되었다.

최초의 본격적인 민족운동노래의 학습은 중화학원에서 실시되었다.[45] 1913년 비자리 당 밑에 설립된 사립 중화학원에서는 정식 교과 과정으로 창가 시간을 편성하여 창가를 학습했다. 중화학원 출신인 이월송(남, 84, 1992. 6. 23, 소안면 소진리)은 당시의 창가 학습과 창가책에 얽힌 일화를 다음과 같이 구술했다.

'내가 졸업반 때 서너살 밑의 이학년 후배가 창가를 베껴 달라고 했다. 당시에는 일본 순사에게 들키지 않도록 백지로 두껍게 만들어 바늘로 꿰메 조그마하게 만들고 철필이나 연필로 애국가를 써서 한복 바지 가랭이에 넣고 다녔다. 그런데 그가 베껴 준 창가책을 학교옆 주재소 앞을 지나다 빠뜨렸다. 주재소 순사가 보니까 애국가가 많이 써졌는데, 한쪽에 김만득이라고 써져서 그놈을 잡아 어디서 배웠느냐고 물으니까 나한테 배왔다고 해버렸다. 주재소 소장이 그 창가 니가 베껴 준거냐, 창가 선생한테 배웠냐고 물었으나 그 분은 이런 창가 모른다고 답했다. 계속 모른다고 말하니까 따귀를 어떻게 때리는지 자빠져 버렸다. 따귀를 칠팔번 맞고....나가서 유치장에 있는데, ...한참 있으니 창가소리가 나고 그래. 토요일날 다섯째 시간 마지막 시간에 창가가 들었는데.... 지장을 찍고 학교에 들어가니깐 창가시간이여. 교장실로 들어가서 대략 얘기를 하니까 교장선생님이 손을 꽉 잡고 눈물이 그냥 뚝뚝 떨어져. 참 잘했다고, 그러면 다른 사람은 잡아가지 못하게 생겼다고...교실로 들어가니까 창가선생이야 학생이야 그냥 공부하다가 막 소리를 치고 나와서 붙잡고 야단이여.'

이월송의 구술에 의하면 소안도 사람들은 1913년 중화학원 시절부터 민족운동가요를 학습했다. 그런데 일제의 감시가 심했기 때문에 민족해방운동노래는

---

45   교육운동에 대한 자세한 자료는 박찬승의 「일제하 소안도의 항일 민족운동」을 참고하기 바람.

정식으로 교과 시간에 배우지 못했다. 당시의 창가 선생이었던 강정태 선생과 빈광국, 강경환 선생이 민족운동가요를 보급했던 것으로 생각된다. 이월송의 구술에 의하면 주재소에서 순사가 취조할 때 위의 선생들에게 창가를 배우지 않았느냐고 추궁당했고, 이월송도 아니라고 극구 부인했던 것으로 보아 민족운동노래의 학습은 창가시간에 주재소의 감시를 피해 비밀리에 학습되었을 것으로 보인다.

중화학원 설립 이후 각 마을에서 학원과 야학을 설립했으며, 이 곳을 통해 민족운동가요를 학습했다. 학원은 각 마을에 하나씩 설립되는 추세였고, 맹선학원, 미라학원과 같이 그 마을의 이름을 붙여 불렀다. 학원이 설립되던 초기에는 학원에서 야학의 기능을 겸해 낮에는 어린 학생들을 가르치고 밤에는 부녀자들과 문맹자들을 가르쳤다. 각 마을에서 학원의 기능이 정지된 상태에서도 야학이 운영되었다. 이 경우 마을의 청년들이 주위의 어린이들을 4-5명 모아 놓고 교육했는데, 주로 중화학원 출신이거나 사립학교 출신이 참여했다. 당시 한 동네에서 사립학교에 다니는 청년들이 14-5명 밖에 되지 않았기 때문에 나머지는 학원의 야학에서 학습했다. 또 시집와서 사는 30-40대 여자들이 글을 모르기 때문에 문맹퇴치를 위해 글을 가르쳤다. 야학에서는 밤에 부녀자들을 상대로 학습했고, 교사는 마을 청년들 중 학원이나 학교에 다닌 사람들이 했으며, 학원과 학교의 기능이 중지된 30년대 후반부터 소안도 사람들은 야학 학습에서 창가를 배웠는데, 마을에 따라 다르겠지만 토요일, 일요일에는 야학 교사의 집에 모여 창가를 배웠다. 실제로 민족운동민요가 소안도사람들에게 보급된 것은 중화학원, 사립학교, 그리고 각 마을의 학원과 야학을 통해서다. 학원과 야학에서는 일경의 감시를 피할 수 있기 때문에 노래학습을 실행할 수 있었으며, 노래학습은 민족해방운동의 기운을 소안도 사람들의 마음에 살아 움직이도록 했다. 팔월에 해방되었을 때 같이 야학에 다닌 사람들끼리 모여 노래를 불렀는데, 당시 배운 창가 중 그들의 마음에 가장 깊이 새겨진 노래를 불렀다. 지금도 잊지 않고 생각나면 부른다고 한다. 노래는 다음의 노래다.

지공무사 하나님이 우리인류 내실때

남녀노소 귀천없이 각각자유 주셨네

그진리를 배반하고 약육강식 일삼어

귀중하신 남의지유 빼앗기가 상사라

실푸도다 애처럽다 자유없는 민족아

노예적인 그생활은 죽기만도 못하다

포악하고 무독한것 악행당했 으므로

골속까지 맺힌병은 천명만기 다된다

피골이 상접하여 뼈만남은 손으로

위문하러 오신친구 손목잡고 하는말

내의육신 내영혼은 이세상을 떠나도

남아계신 여러분은 복스러운 생활로

하던말도 다못하여 푸르러진 얼굴에

뜨거운 피눈물이 두줄기로 흐른다

넓고넓은 바다가에 오두막살이 집한채

고기잡는 아버지와 철모르는 딸있다

내사랑아 내사랑아 나의사랑 한민아

내가비록 죽드라도 너를잊지 않노라

한살두살 점점자라 열서너살 넘으니

일본놈께 구박함은 더욱서러 하노라 46)

한 애국지사가 고문으로 얻은 병으로 죽어 가면서 소안도 사람들에게 민족의 해방과 자유, 평등한 삶의 추구를, 민족의 건강한 삶을 회복할 것을 당부하면서 죽어도 조국을 잊지 않겠다는 결단을 소안도 사람들에게 전하고 있다. 이 노

---

46   김고막(여, 89세), 1993년 3월 25일.

래의 인물이 송내호라고 생각되며, 소안도의 야학의 출신 아녀자들이 가장 마음속에 담고 있던 노래였다는 점에서 소안도 사람들에 있어서 송내호의 위상이 어떠했는지를 짐작할 수 있다.

1923년 중화학원의 뒤를 이어 사립 소안학교를 개교했다. 소안학교는 중화학원의 교육 내용을 그대로 계승했으며, 창가를 중시하는 경향도 그대로였다. 그러나 민족운동노래를 드러내고 기르칠 수 없었기 때문에 중화학원에서와 마찬가지로 비밀리에 창가책을 만들어 학습했다. 당시의 사립학교 학생 중 소안도 내에서 일경에게 피검되어 고문을 당한 사례 중 창가책이 매개된 사건이 제일 많았던 점으로 보아도 소안학교 학생들이 얼마나 민족운동노래를 열창했는지 알 수 있다. 일경 또한 민족운동을 탄압하는 방법으로 창가책을 수색하여 압수하고 十지소에 수감하는 능 체벌했다. 김계홍(남 85, 1992. 6. 23, 소안면 미라리)은 사립학교에 다닐 때 애국가 부른다고 지서에 끌려 다녔다고 한다. 사립학교 출신인 유성호는 당시 민족운동노래의 연행 실상을 다음과 같이 구술한다.

'창가하고 애국가를 항시 즐겨 불렀는디 애국가를 또 불러집니까. 함부로 못부르죠. 그런 책자같은 것을 즈그들 못찾을 데다 감춰놓고 이따가는 떠들어 보고 그런 세상을 우리가 살았습니다. 그때 창가책같은 것은 마람 벽 속에다 감춰 놓고, 풀속에다 감춰놓고 이렇게 하다가 소멸되버렸죠. 그놈들 있는 데서는 입벌리고 그런 노래 못합니다. 학교에서 사사로이 배웠습니다. 그때 여러 가지를 배웠습니다.'[47]

사립학교에서는 지역간, 마을간, 세대간의 연대를 강화하기 위해 운동회를 열었다. 신지도 학생들을 초청하여 운동회를 열었고, 각 마을의 야학 학생들을 초청하여 사립학교 학생들과 함께 운동회를 열었는데, 한번 운동회를 열면 소

---

47   유성호(남, 88세, 소안면 가학리, 소안사립학교 1회 졸업생) 구술, 1992년 6월 22.

안도의 전 주민들이 모여서 함께 운동하고 응원하면서 하루를 즐겼다. 실제로 소안도 사람들이 한 곳에 모여 공동체를 이룰 유일한 기회가 운동회였다. 운동회는 민족운동을 공고히 하고 마을과 마을간, 지역과 지역간의 연대를 강화하여 민족운동을 튼튼하게 기초하는데 중요한 목적이 있었고, 운동회에서 체력단련을 하여 민족운동에 헌신하자는 의미가 강했다.[48] 참가한 사람들은 응원가, 소안학교 교가, 애국가, 행진곡, 학도가 여권신장가 등을 부르고 응원했다. 운동회는 소안도 사람들이 얼마나 씩씩하게 살아가고 있는가를 확인하는 마당이었고 민족운동노래를 총화를 이루어 부르는 기회이기도 했다. 당시 불렀던 운동가의 가사는 다음과 같다.

運動歌 [49]
活潑시언 우리 靑年學徒야
오날이 우리에 깁은날일새
깁히든잠 얼는깨고 精神차러서
闊發發 나난다시 나아갑시다
　後　斂
압서간者 부러말고 빨니나가셔
一等賞을 엇도록 活動해보세

나아가세 나아가세 압만보고 나아가세
나아가세 나아가세 일등상을 엇도록
堂堂한 이내몸 떨치난곳에

---

48 소안도에서는 운동회 종목 중 릴레이가 가장 인기있는 종목이었다. 글쓴이가 조사한 바에 의하면 각 지역마다 그 고장을 대표할 만한 운동경기가 잇었던 듯하다. 가령 진도에서는 축구가 가장 인기있는 종목이었다. 민족운동세력들이 모여서 공동체로 결속할 필요가 있을 때 축구경기를 벌여서 한 곳에 모여 공동체의 결속을 다졌다.
49 白成安 筆寫本 唱歌集

萬人의 拍掌소래 搖亂하도다
　後　歛

이기기 좃코 지기 실키난
네와내게 잇는마음 一般이로다
우리압해 휘날니는 優勝빈난旗
남보다 먼저나아가 삐여쥐고야
　後　歛

(3) 노래의 주체화와 변천

① 기숙사운동과 민족운동노래 연행

각 마을에서는 사립학교에 다니는 학생들끼리 공동체를 조직하여 기숙활동을 했다. 이들이 거처한 곳을 기숙사라고 했으며, 마을 내에서 적당한 방을 얻어 공동으로 생활했다. 한 마을에 2-3개의 기숙사가 있었는데, 비슷한 또래들끼리의 학습과 생활조직이었다. 활동의 내용은 3-4명이 한 곳에 방을 정해 놓고 공동으로 생활하면서 학습하고 노래를 익히는 것이다. 학교에 갔다 오면 기숙사에 친구들끼리 모여서 사립학교에서 배운 학습 내용을 복습하고 익혔으며, 노래도 불렀는데, 주로 학교 창가 시간에 배운 노래들이었고, 특별히 민족운동노래를 익혔다. 큰 방에다 각자 자기 자리를 정해놓고 잠도 자기 자리에서 잤다. 사립학교 활동이 왕성했을 때는 학교에서 배운 옥중가[50]와 같은 노래를 불렀다. 사립학교가 폐교된 이후에도 기숙사는 계속되었고, 일제 말기에도 동네에서 젊은 사람들이 주동이 되어 기숙활동을 했다.

50　자료편 소안도 민요 57.

기숙활동은 학교에서 충분히 배우지 못한 민족운동노래를 익히는 중요한 장치였다. 지도교사가 없이 학생들끼리 자치적으로 생활했고 마을의 선배 청년들이 공부하는 것을 관찰했다. 당시 기숙활동에 참여했던 소안도 사람들은 이 시기의 활동이 평생에서 가장 보람있고 재미있었던 생활이었다고 회고한다. 소안도에서의 기숙사 운동은 소안 사립학교가 폐교된 이후에도 계속되었고, 이 조직은 마을 내의 민족운동 계열의 청년조직과 연계되면서 소안도 사람들이 정체성을 지키는 중요한 기제가 되었다.

② 소단위 야학과 부녀자들이 수행한 민족운동노래 부르기 운동

학원과 사립학교를 통해 민족운동노래가 보급되던 것과 병행해서 각 마을에서는 야학이 성행했다. 야학은 중화학원과 사립학교 출신의 청년들이 운영했다. 각 마을의 야학 교사들은 중화학원 출신이 많았다. 주채심의 구술에 의하면, 사촌 오빠가 친척 3-5명을 사랑방에 데리고 가르쳤는데, 여자는 주채심 1명이었고 나머지는 조카 등 남자들이었다. 그 오빠가 사립학교도 데려다 입학시켰으며 자신은 사립학교 중학과정의 강습소에 다녔다. 야학은 소안도에 민족운동노래를 뿌리내리게 한 최 말단의 연행조직이었다.

1927년 5월 10일 사립학교가 폐교당하게 되자 상황이 변했다.[51] 소안도의 교육체계가 〈사립학교- 학원- 야학〉의 세 층위를 이루면서 사립학교를 정점으로 진행되어 왔는데, 돌연 사립학교가 폐교당하자 교육조직의 상층부가 허물어 지고 학원이나 야학의 운영체계도 흔들리게 되었다. 더구나 그해 11월 배달청년회 사건으로 15명의 소안도 민족운동 지도자들이 피검당했으며, 대부분의 민족운동 세력들은 노동조합 활동이 용이하고 노동 현장에 취업할 수 있었기 때문에 일본으로 밀항하거나 들어감으로서 소안도 내에서의 민족운동이 침체

---

51   「조선일보」, 1927년 5월 17일, 〈절도유일의 교육기관 돌연 폐교를 명령 – 전남완도에 돌발한 괴사건 진상형세 험악, 경계엄중〉, 「동아일보」, 1927년 5월 17일, 〈소안학교 돌연폐쇄〉

되어 갔다.

그러나 이런 상황에서도 야학운동이 중단된 것은 아니었다. 이 시기에 전개
된 야학운동에서 특징적인 것은 중화학원, 사립학교 출신들이 소안도를 떠나고
대신 서당 출신, 또는 외지에서 온 사람들이 참여한다는 점이다. 이남리의 경
우, 젊은 사람들이 구속되고 일제의 탄압이 심해지자 야학운동도 방향을 바꿨
다. 한 마을에 하나씩 있던 야학을 소단위로 분할하고 교사의 공백을 남아 있던
사람들로 채우면서 지속했다는 점이다. 백종화의 구술에 의하면 사립학교가 폐
교된 후의 상황을 알 수 있다.

아버지의 존함은 白成安이시다. 소안사립학교가 폐교된 후로 집단적으로 가
르칠 수 없으니까 긴 마을별로, 마을 내에서도 긴기로 분산되어서 지하조직으
로 마을 내에서 방 하나 얻어서 뜻있고, 배울 사람이 있으면 가르쳤다. 아버지
는 사립학교에는 안다녔다. 한문서당에서 많이 배웠다. 마을에서 지식이 넉넉
하니까 하라고 해서 야학을 했다. 아버지가 살아 계시면 102살 되신다. 당시에
는 이집 저집 옮겨 다니면서 가르치셨다. 아버지의 유품으로 보관하고 있는 책
이 창가책하고 임진록, 호남지(호남학회 월보, 융희 2년 12월, 농사, 지리, 역
사), 한시집, 편지글 작법책, 경문책(부적 만드는 법, 백살경 수록) 등 이런 책
들이다. 일제 때도 이런 책을 갖고 있으면 고통 당했는데, 해방 후에는 걸리면
좌익으로 몰려서 고통 당했다. 우리들도 전부 다 죄익으로 몬 바람에 고서 때문
에 아까운 생명 잃지 않으려고 이 책들을, 이것이 별것도 아닌디, 산에다가 감
춰났다가 집 마루밑 구석에다 묻어 났다가 그렇게 해서 보관했는데, 비가 맞고
쥐오줌도 싸고 그래서 책이 많이 망가졌다.[52]

한편 야학운동과는 별도로 부녀자들 사이에서 민족운동노래를 연행했다. 부
녀자들이 민족운동노래를 익힌 것은 야학에서 배운 것과 마을 청년들이 즐겨

---

52   백종화 구술, 1993년 10월 7일.

부르니까 따라서 부르다 익힌 것이다. 부녀자들이 노래를 익힌 사정은 두가지로 정리할 수 있다. 하나는 자가들의 삶의 고난을 노래하고 있기 때문이다. 즉, 노래들의 대부분이 억압받고 못사는 사람들의 삶을 노래하면서 그런 삶의 질곡으로 부터 벗어나 평등과 자유를 실현하자는 내용으로 되어 있기 때문이다. 또한 이유는 혈연적으로 관련되어 있었기 때문이다. 가족들 중 누군가는 관련을 맺고 있었고, 더구나 탄압의 과정에서 투옥되자 그를 그리워하고, 그들의 의식을 따르게 되었다. 그리고 그들에 대한 그리움을 노래로 달랬다. 친구끼리 놀면서도 부르고, 명절에 놀면서 방안에서 부르고 놀았다. 부녀자들 사이에는 수동이 어머니의 노래가 유행했다. 노래 가사는 다음과 같다.[53]

어머님이 울으시면 울고십퍼요	엄동설안 찬바람에 진아북간(도)
품안에 안기여서 우름운다	떠나가신 이후로난 지금까지에
야아야 수동아 너이부친은	한번도 못보이니 이제일르리
어언간 삼년이 흘러갔도다	칼에맞고 불타진 우리동포야
전보에 일으기를 진아마적으	네아버지 떠나신 그날밤부터
칼에맞고 불에타진 우리동포중	무사히 도라오게 아침밤으로
네아버지 그가운데 한사람이다	하나님께 기도를 들이엇건만
슬프다 에처럽다 마적으손에	그도또한허사드라 씰데업드라

이런 노래를 부를 때는 위험을 감수해야 했다. 왜냐면 발각되면 즉시 체벌을 당했기 때문에 무서워서 함부로 부를 수 없었다. 그래도 부녀자들은 쉬지 않고 불렀다. 밥 하면서, 불 때면서, 밭 매면서, 물길을 때도 항상 속으로 불렀다. 속으로 불렀기 때문에 겉으로는 드러나지 않았지만 항시 그 마음은 그대로 갖고 있어서 잊지 않았다.

53　주채심 필사본.

③ 민족운동노래를 여성들이 가슴에 품어서 지키다

한창 민족운동노래를 부르며 항일 민족해방운동을 전개하던 단계에서 소안 사립학교가 폐교되는 사건이 발생했다. 당시 전국에서 이 사건을 주시했는데, 소안도 사람들에게는 그 이상의 의미를 지닌 사건이었다. 이 시기 소안도 사람들은 뭔가를 성취하려는 의지에 차있었다. 민요사의 관점에서도 중요한 시기였다. 이제 수용하고 익히는 단계에서 벗어나 자신들의 삶과 의식을 노래하려는 단계로 나아가고 있었기 때문이다. 사립학교 교가[54]에 이러한 기운이 잘 담겨 있다.

> 화려하고 신선하다 소안학교난
> 반도남반(단) 태평양은 흐립이로세
> 우리학교 연목화난 장산모교니
> 소안학교 만만세 만세
> 소안학교 만만세
> 우리들은 손을들어 축하합시다
> 소안학교 만만세
> 장녜에 일군이될 어린이들은
> 앞길 헤쳐가며 나어갑시다
> 이때를 당하여서 빨리일어나
> 우리의 가전(진)의무 잇지맙시다

스스로 노래를 만들고 자기들이 성취해야 할 문제를 주제로 삼은 노래들을 생산하는 단계에 있었다. 소년단가[55]에도 이런 기운이 넘친다. '일어나라 소년

---

54   주채심 필사본

아 소안뜰에서/ 우리의 결심을 빛내이자/..../노동과 학문으로 직업을 삼고/ 정의와 사랑으로 정신을 삼아/ 같이먹고 살이살자 평화시기는/ 우리들의 눈앞에 완연하리라'라는 가사에는 소안도 사람들이 살아가는 방향과 살면서 성취하려는 세상의 모습이 담겨 있다. 이 시기에 행진곡, 이별가 등의 노래를 만들어 부르면서 민족해방운동을 실천했는데, 유성호의 구술에서 당시 소안도 젊은이들이 얼마나 순수한 열정으로 민족운동을 실천했는가, 그리고 그들이 불렀던 노래가 그들에게 어떤 힘을 주었는가를 알 수 있다.

'스무살 미만이었을 때, 우리들이 사립학교 학생들이지요. 근본정신이, 사람 기르느라고, 아리따운 사람, 민족주의자, 애국주의자 맹글라고 이 소안 사립학교 지은 것입니다. 노래를 들으면 새삼스럽게 좋은 기분이 나요.' [56]

학교가 폐쇄된다는 것은 민족운동의 횃불을 꺼버리는 것이나 같았다. 유성호는 다음과 같이 당시의 상황을 구술했다.

'학교가 저늠들에게 폐쇄 당하고 실망을 품고 우리 학생들이 눈물을 머금고 돌아 갔습니다. 아무 맥도 못쓰고, 스물한살 때 졸업을 하고 일본으로 안 갔습니까.....' [57]

사실은 말 그대로 아무 힘도 못쓰고 그냥 물러난 것은 아니었다. 사립학교 복교운동을 전개했다. 그러던 중 배달청년회 사건이 터졌다. 이 사건은 사립학교

---

55 자료편 소안도 민요 61.
56 유성호 구술, 1992년 6월 22일.
57 유성호 구술, 1992년 6월 22일.

폐교 사건과 맞물려 있었지만 그 내면에는 일제의 조직적인 탄압책의 맥락에서 이루어진 것이다. 배달청년회사건으로 소안도 청년들이 대량 구속되고 살아남은 대부분의 청년들은 일본으로 건너가 노동운동에 종사했다. 활동할 수 있는 노동현장이 있고, 일본공산당과 연대하면 조선 독립운동이 보다 용이하리라는 생각에서였다.

한편 학원과 야학도 정상적일 수 없었다. 당시 사립학교가 폐교당했을 때 학원과 야학이 처했던 실정을 김남천은 다음과 같이 구술했다.

> '사립학교나 야학이 없어진 것도 학교나 야학을 감수하고 계시던 선생님들이 전부 투옥되야부리고 객지 선생님들은 자기 고향으로 가버리고, 시방선생들은 대개가 투옥되얏어요. 그렇게 되니까 사기가 죽고 말았지요. 더 이상 지속이 어렵게 되얏지요. 야학도 학원 없어지면서 같이 없어졌어요. 사립학교 폐쇄됨시로 누가 갈치고 누가 선생질 해줄 것입니까.' 58)

실질적으로 이 사건 후에 야학운동의 기세가 꺾였다. 야학의 교사 구하기도 어려워졌다. 그리고 새 노래를 만들지 못했다. 기왕 불렀거나 만들었던 노래를 지키기도 힘들었다. 밤이면 일경들이 마을을 순회하면서 감시했기 때문에 야학에서의 교육도 위축당해 일제가 규정해준 범주를 크게 벗어나기 어렵게 되었다.

노래 지키기 움직임이 이 시기를 기점으로 일어났다. 사람들은 드러내놓고 민족해방을 실천하자는 노래를 부를 수 없게 되었다. 그런 노래를 부르다 어떤 봉변을 당할 지 모르는 시기가 되었다. 여성들이 이러한 상황에 먼저 적응했다.

---

58   김남천 구술, 1992년 6월 22일.

그래서 등장한 방법이 노래를 가슴에 새기기, 즉 속으로 부르기다. 이런 방법은 누가 가르쳐준 것이 아니라 상황에 적응하려니 자연히 그렇게 된 것이다. 그런데 속으로 부르기 수법은 여성민요에서는 전통민요시대부터 쌓아 온 부르기의 한 방법이었다. 시집살이의 고달픔, 시집 식구들에 대한 원망, 그리고 사회구조의 모순에 대한 저항의 노래는 드러내놓고 부르기에는 적절치 못하다. 마음속으로 웅얼거리면서 부르는 음영민요는 제도에 저항하는 내용을 담고 있다. 여성들은 이러한 가창관습을 적용하여 민족운동노래를 음영형식으로 불렀다. 그러다 보니 가사는 전승되지만 활기찼던 곡은 음영화되어버려 기운이 떨어졌다. 노래의 한쪽 생명인 곡에 변화가 온 것이다. 한편 남성들은 대부분이 일본으로 떠났기 때문에 특별히 민족운동노래를 연행할 기회를 갖지 못했다. 남아 있는 사람들은 마음속으로 노래를 새겨야만 했다. 여성들이 주체가 되어 노래의 가슴에 새기기 방식으로 전승했다.

근대민요사회가 위축되어가던 1930년대에 신민요가 들어왔다. 청춘가 등이 축음기의 보급을 따라 이 시기에 들어왔다. 노래의 곡이 흥겹고 전통민요의 선법을 따랐기 때문에 침체된 사회적 분위기를 틈타 확산되었다. 그리고 유행가도 이 시기에 유입되었다. 두드러진 것은 송별산다이가 유행했다는 점이다. 태평양전쟁이 일어나면서 징용이 늘어나자 징용당한 사람들을 전송하기 위해 불렀지만 민족운동의 좌절과 패배의식이 그 저변에 자리잡고 있었다. 그리고 당시 소안도 사람들이 처한 상황과 모순을 표현하지 못했다는 점에서도 소안도 사람들의 온전한 노래라고 보기에 부족하다.

그런데 극적인 변화가 왔다. 해방이 되었다. 표면적으로는 잠적해 있던 민족해방운동노래가 마치 봇물이 터지듯 소안도 일대에 넘쳤다. 여성들의 노래지키기가 성과를 거둔 것이다. 그리고 남자들의 가슴에 새기기 작업도 효력이 남아 있었다. 이런 정황에 대해서는 일제시대부터 해방, 분단 시기까지 한 마을 사람들의 민요주체화 과정과 변천과정을 별도의 논문으로 다루려 한다.

4) 소안도 민요사회의 전개과정과 의미

현재 소안도 사람들의 조상은 강진, 장흥, 해남, 영광, 나주, 노화 등지에서 농사를 짓고 살던 농군들이었다. 이들은 양란 직후부터 17-8세기 동안에 고향을 떠나 새로운 삶터를 찾아 입도한 사람들이었다. 소안도 사람들의 성향을 기록해놓은 고문서에 소안도가 良丁, 公私賤의 도피소굴이었다는 기록으로 보아 그들의 신분이 몰락양반이거나 아랫것들이었다고 보아도 무방할 것이다. 봉건사회에서 몰락 양반이나 아랫것들의 삶이란 노예와 별다를 바 없어서 지배세력들로부터 시달림을 당했으며, 그 과정에서 소안도 사람들의 성격, 즉 변혁적인 성향이 형성되었을 것으로 생각된다. 한말 갑오농민전쟁에 호응, 참전했던 사례들을 볼 때 이런 심증이 단순한 추론만은 아닐 것이다.

소안도 사람들은 노래부르기를 즐겨했다. 모두 다 그런 것은 아니지만 정기순과 같은 창자는

> '노래 안부르고는 못산다. 여자들이 밭매로 가면 뭔 노래를 부르던지 노래는 부른다. 신새타령도 하고, 밭매면서, 보리하면서, 나무하면서도 노래한다. 우리같은 사람은 어디 가도 노래부르고 앉어서도 노래부르고 맨날 노래부른다. 노래 안부르면 못산다.'[59]

라고 구술할 만큼 생활 속에서 노래는 중요한 부분을 차지하고 있다. 이런 사람들에게 있어서 노래는 마음을 표현하는 수단인 경우가 많다. 가령 말로는 할 수 없는 내용도 노래로는 쉽게 표현한다. 만일 그와같은 사람이 노래를 부르지 않거나 못부른다면 그의 삶은 별 의미를 갖지 못한다고 해도 과언이 아니다.

소안도의 민요사회를 이해하기 위해서는 품앗이에 대해 먼저 이해해야 한다.

---

[59]   정기순(여, 64세, 소안면 월항리), 1992년 6월 22일.

소안도의 역사가 진행되는 과정에서 그들은 〈밭- 논- 바다〉로 꾸준히 생업의 바탕을 확대해 나갔다. 밭농사가 처음부터 생업의 중심이었는데, 바다로 이동해 가면서도 그 기능을 잃지 않았다. 밭농사에서의 노동력 동원 방식은 품앗이였는데, 품앗이를 통해 노동력 동원만 이루어진 것이 아니라 인적 교류가 이루어지고 정보가 교환되는 생활공동체의 기초 단위였고 기층문화를 형성하는 기초 단위였다. 품앗이는 동족마을의 경우 같은 성씨끼리 이루어졌고, 그중에서도 형제간, 또는 사촌들끼리 품앗이를 하는 등 가까운 일가를 중심으로 결성되었다. 이 품앗이 조직이 전통민요를 연행하고 전승하는 기본 조직이 되었다. 이런 조직의 특성 때문에 품앗이 조직이 공고하여 쉽게 해체되지는 않았지만 민요를 생산하고 연행하는 차원에서는 크게 활발하지 못했다. 그리고 이런 조직상의 특성으로 인해 일제 강점기 일가 중에서 민족해방운동에 깊이 관여한 인물이 나오면 일가의 대부분이 운동에 관여하게 되었다.

소안도 전통민요에는 여성들의 밭매기노래가 많다. 이는 여성들의 노동량이 많았다는 사실을 증거하는 것이고, 신명 표출에 능했다는 것을 의미한다. 밭매기노래는 주로 음영민요 계열의 서사민요와 시집살이노래였다. 그런데 실질적인 연행양상은 두 유형으로 구분되었다. 일반적으로는 음영민요 계열의 노래를 부르면서 일하는 형식과 다른 하나는 음영민요를 부르다 흥이 나면 신명나는 산다이판으로 발전하는 형식이다.

판이하게 다른 두 판의 형식이 서로 연계되어 벌어진다는 사실은 여성민요의 세계를 이해하는데 중요한 단서라고 생각한다. 서사민요와 시집살이노래는 고난과 극복, 또는 고난의 서술이라는 서술체계를 기본으로 한다. 이런 노래를 부르면 듣는 사람이나 부르는 사람이나 함께 노래에 빨려들어 서로간에 자신들의 애잔한 삶의 질을 확인하게 되며, 그 사이에 어느새 일이 끝나 있다. 때로는 그대로 끝나지 않고 산다이판으로 발전한다. 노래의 사설에서는 고난을 극복하려는 치열한 의지가 표출되지 않지만 산다이판으로 바뀌면서 신명나는 노래판을 벌여 고난을 쫓아버리고 고난의 세계를 신명의 세계로 바꿔버린다. 현실의 고난을 변혁시키는 데는 실패했지만 그 문제를 끊임없이 노래 불러 환기시킨다. 이러한 바탕은 변혁의 시대를 보다 쉽게 수용하도록 했고 변혁운동에 앞장설 수 있도록 했다.

남성들이 불렀던 뱃노래는 여성들의 노래와는 다른 면을 지녔다. 뱃노래 중에서도 가장 기본을 이루는 놋소리는 노동의 힘을 단순히 소리로 표현한 것으로 사설이 끼어들 틈이 별로 없었다. 노젓기가 그만큼 힘들었기 때문이다. 그러나 멸치잡이에서 부른 뱃노래에는 상업성이 깔려 있다. 사설에 그런 내용이 들어있지 않지만 선주와 선원들만으로 어로작업이 이루어졌으며, 그 소득도 그들에게만 귀속되었기 때문에 여성들의 밭매기노래와는 달리 공동체의 신명으로 확대되지 못했다.

마을공동체의 신명은 장례에서 연행된 철야에서 실현되었다. 밭매기노래에서는 여성들의 신명이 담겼다고 하지만 마을공동체의 전체로 확산되는데까지 이르지 못했다. 남성들의 뱃노래에서 실현된 신명의 한계는 지극히 제한적이어서 고기잡는 사람들에 국한되었다. 따라서 장례의 철야에서 이루어진 마을사람들의 공동체 신명은 소안도처럼 분산적으로 노동이 이루어진 사회에서는 큰 의미를 지닌다. 출상 전날 밤 온 마을 사람들이 상가에 모여 흥겹게 노래부르고 노는 굿판이 이루어 지는데, 남자와 여자들 사이에 노래가 오가고 늙은이와 젊은이가 함께 어울려 춤추면서 마을공동체가 하나로 통합되었다.

산다이는 놀기 위한 노래판이다. 철야에서와는 달리 또래집단을 기준으로 모였고 술과 음식을 먹으며 놀았다. 산다이에서는 어떤 노래라도 부를 수 있다. 그 또래의 노래문화를 그대로 반영하였다. 새로운 노래가 마을 공동체로 파고 들어 오는 문화적 통로였다. 신민요, 뽕짝 풍의 유행가들이 모두 산다이판을 통해 마을 노래로 수용되었다. 그런 현상은 산다이가 순수하게 즐기기 위한 노래판이었기 때문으로 생각된다. 여기서 부른 노래들은 주로 남녀간의 사랑, 삶의 즐거운 면, 편한 면을 드러내는 것들이 많다. 사회적 여건이 어려워지자 현실을 떠난 관념적 세계를 노래하여 좌절과 패배의식을 감싸려 했고, 현실을 떠나 순간만이라도 관념의 세계에 젖게 하는 기능을 하게 되었다.

전통민요사회가 이러한 길을 가는 동안 일제의 식민지배가 시작되자 소안도 사람들은 민족의 독립을 위해, 민중의 평등한 삶을 위한 노래운동을 시작했다. 소안도 사람들은 민족의 자주 독립과 민중의 평등한 삶을 실현하려는 운동을 시작했고, 그것은 소안도 사람들의 삶과도 직결된 문제였다. 목표가 뚜렷했기 때문에 소안도 사람들의 노래에는 힘이 붙었다. 새로운 시대를 시작한 것이다. 민족과 민중의 인간다운 삶을 위한 운동노래를 시작한 것이다.

소안도 사람들은 일제 강점 후 학습조직 – 학원, 사립학교, 야학, 기숙사 – 을 통해 민족운동노래를 수용하고, 주체화하면서 새로운 민요사회를 건설했다. 자신들이 처한 식민지 종살이의 현실 –농토를 뺏기고, 무단으로 구타당하고, 공출과 징용에 시달리는– 과 종살이를 극복하자는 민족의 혼 –아름다운 사회를 건설하자, 식민의 사슬을 우리 손으로 끊자, 원수가 산과 같아도 우리의 앞, 자유정신을 막지 못하리– 을 노래한 것이다. 노래를 부르면서 항일 민족해방운동을 앞장서서 실현하는 시대가 되었다. 학습조직들은 일제의 감시와 탄압 속에서도 소안도 사람들을 인간다운 삶을 향해 나아가는 사람들로 길러냈다. 자신들이 처한 식민지 종살이의 현실을 제대로 인식한 사람, 식민의 현실을 극복하려는 민족의 혼을 갖춘 사람으로 길러냈다. 그와 함께 민족운동노래도 따라서 살아났다. 학습조직의 성장과 민족운동노래의 성장은 안팎의 관계을 맺고 있어서 서로 부추기며 상승작용을 했다.

일제의 탄압이 심해지고 많은 소안도의 애국 청년들이 투옥되자 학습조직이 위축되고 민족운동노래도 수그러 들었지만 야학운동과 부녀자들 노래 가슴에 새기기 방식으로 민족운동노래의 불씨를 간직하였다. 민족운동의 지도세력들이 투옥되고 일본으로 유리되어 갈 때 여성들이 생활현장에서 가슴에 새기기의 수법으로 민족운동노래를 지켜간 것은 의미심장한 일이다.

잔존태로 남아있는 노래라 하더라도 거기에는 연행주체의 정신맥락이 내재되어 있어 수련하면 주체의 정신적 맥락이 살아나기 때문에 노래의 가슴에 새기기가 의미가 있다. 소안도 사람들은 민족운동의 잠복기에도 노래를 불렀다. 그러나 이 시기의 노래연행이란 실상 지극히 제한적이었으며, 겨우 가슴에 새기면서 웅얼거리는 정도였다. 그러나 그들은 노래를 가슴에 새기면서 항일의식과 민족해방에 대한 기대를 키웠고 실제로 해방이 되자 자취를 감췄다고 생각했던 민족운동노래들이 다시 부활하여 온 섬을 덮었다. 해방공간에서의 민족운동노래 연행실상이 함께 논의되어야 마땅하나 이는 다음에 별도의 글에서 다루려 한다.

5) 맺는말

노래에는 정확히 그 실체를 규명해 내기는 어렵지만 노래를 부르는 사람에게 절망을 이겨내게 하는 힘이 있다. 이러한 사례는 노래생산의 사회적 정황이 갈등, 투쟁하는 경우 뚜렷하게 드러난다. 민요사회의 변동과정에서 민요주체의 수행 능력이 위축되면 정교한 이념적 체계와 의식은 축소되어도 노래는 오랫 동안 남아 불리면서 노래부르는 사람에서 어떤 의미를 응축하여 전달한다. 그런 의미에서 소안도 민요는 소안도 사람들의 내적 정신을 지켜온 기제였다고 생각한다.

노래에는 노래만이 담아낼 수 있는 독특한 영역이 있다. 그것을 한마디로 표현하기에는 부족하지만 노래 주체의 예술적 기량과 드러내려는 의식의 치열한 힘, 열의가 담겨 있고 그것이 노래를 부를 때 자연스럽게 전이되거나 되살아난다는 것이다. 즉 노래를 만들고 부르는 주체의 의식이 노래 속에 DNA로 장치되어 있다는 것이다. 노래는 쉽게 만들 수 있는 연행물이 아니다. 모든 구비연행물이 다 그렇겠지만 예술화 방식에 대한 역량을 갖추고 있다 하더라도, 노래에 실어야, 또는 노래로 불러야 뭔가 표현한 듯하다거나 노래로 불러야 제맛이 난다거나 노래로 불러야 힘이 난다는 노래자체의 생리적 현상이 분명히 있다.

노래에 내재된 힘이 있다. 부르는 주체를 자극해서 그 노래에 담긴, 또는 그 노래를 불렀던 수많은 사람들의 에너지를 부르는 사람에게 전달하는 미묘한 에너지가 분명 있다. 그리고 그 노래를 부르면 그 에너지와 소통하면서 그 에너지를 느끼고 얻는다. 그런 의미에서 역사의 격변기를 헤쳐온 소안도 사람들의 노래에는 그들이 지닌 불패의 신념이 담겨져 있다.

백성안 필사본 창가집에 대하여

나 승 만

필사자인 백성안(白聖安, 또는 成安, 남, 1893-1982)은 1893년에 소안면 이남리에서 태어났으며, 평생을 향리에서 살다 1982년에 작고했다. 그는 민족사에서 가장 어려웠던 1930년대에 야학운동을 수행했다. 특별히 민족운동을 위한 교육을 받은 것은 아니지만 그가 성장한 완도군 소안면의 전반적 사회정황, 그리고 당시 양심있는 지식인들이 당연히 걸어야 했던 민족사의 요구에 따라 자연스럽게 민족해방운동의 알환인 야학운동의 길로 나섰다.

이 창가집은 1930년대 야학교사 시절에 사용한 것으로 그의 아들인 백종화가 소장해오다 1993년 10월 7일 글쓴이에게 제공했다. 백종화는 부친의 유품이기 때문에 지금까지 보관했다. 말이 쉽지 이 책을 지킨다는 것은 목숨을 건 일이나 다름없었다. 일제 때 이 책을 보관하다 일경에게 발각되면 고통을 당했고, 특히 해방 후 이 책을 소지하다 경찰에 발각되면 좌익으로 몰려 목숨을 부지하기 어려웠기 때문에 산속에 묻어 두거나 자기집 마루 밑을 파고 숨겨두거나 나뭇단 속에 묻어 두기도 하면서 보관해 왔다. 이 창가집의 두 쪽이 소안항일운동사료집에 사진으로 실린 바 있고, 여기에 수록된 노래 중 일부가 현대말 표기에 의해 소안항일운동사료집에 수록되었다. 소장자인 백종화가 이 책을 글쓴이에게 제공한 이유는 이제 이러한 책을 세상에 소개하는 것이 마땅하다고 생각했기 때문이라고 밝혔다.

백성안은 당시 소안도에서 널리 불린 노래들 중 필요한 것을 골라 이 창가집에 필사하여 야학교재로 활용한 것으로 생각된다. 여기에 실린 노래의 단편들이 다른 지역에서도 발견된 것으로 미루어 보아 당시의 향촌사회에서는 이런 노래들이 유행했던 것으로 생각된다. 한편, 뒷표지에 京城이라는 필사를 한 것으로 보아 필사할 때 어떤 창가집을 대본으로 했을 가능성도 있다.

책의 크기는 가로15.5cm, 세로 21cm, 앞표지와 뒷표지까지 합쳐 14쪽이며, 한지에 세필로 필사했으며 노끈으로 머리 부분을 묶었다. 노래는 애국가, 우승기가, 운동가, 부모은덕가, 수학여행, 권학가, 감동가, 소년남자, 대한혼의 순서로 9편 수록되어 있다.

수록된 노래들은 알려지지 않은 것들이 대부분이고 사료적 가치도 높다. 감동가와 같은 노래는 일제 강점기 전후 향촌사회에서 널리 불린 노래로, 당시 우리 민족의 독립과 자유정신을 극명하게 담고 있는 노래다. 지금까지는 2, 3절이 단편적으로 알려졌을 뿐인데, 이 책을 통해 전모를 알 수 있게 되었다. 수록된 노래 중 작자를 알 수 있는 것은 없고, 대한혼이 1916년 4월 13일자 신한민보에 게재된 적이 있을 뿐이다. 이로 보아 이들 노래의 대부분은 당시 민족운동 세력들이 공동으로 창작했거나 향촌사회에서 불린 노래들을 수집해 놓은 것으로 생각된다.

노래의 가창 방법은 당시 유행했던 창가조였다. 19세기 말부터 창가조의 노래들을 많이 불렀는데, 이는 당시의 사회상을 반영한 것으로 국권을 상실해 가는 절박한 상황속에서 당시의 민중들은 전통민요의 창법보다는 빠르고 간명하게 가사의 의미를 전달할 수 있는 이 창법을 선택했다고 생각된다.

我等은 生호신 大韓의 子女니라
三千里 江山에 奇름도 됴타 忠孝를 兼全호영다

그 꽃이 왓는냐 南山에 草木은 비치누나
如冬에 저 草木같이 萬花는 氣를 펴고 發하고

우리 基礎는 우리 靑年 學徒니
熱心을 發하여 大韓의 英雄之 分明호고

今徒로 우리라 注意는 三千里 江山이 二十萬이 되믄
道德을 비우고 또 智識을 練磨호야 우리 靑年 學徒를이 保全호세 미

大韓이 孤立을 四復호면
賢世生命 ... 四海에 ... 나믄조 이다

心(?)中의 幻意를心인 恒常서러울
皇天에도앗수우리 大韓은
愛國에 丹心은 大海水로다
萬歲乙 萬乙 歲

優勝劣敗歌

山人海를 틀닌 많에
拚賣를 決斷코 꼬자내저리
우리도 도커서 精神이 義快
後歡

져가는 을되를 이끼거드
하늘이 드르 주거늘 困有君惻
더에 재音黃泉에 반짓는
우리가 外逆音 自的物인사
사아가세 優勝論자저외하게낫다

난보나가 든저나가 取혼갓싸외놓으른
너씨나 사가 뗀씨것씨 듯이네
慶瀾을 運動場에
다신도 듯커니 됨이 精神의義快
기러히一華 殖을 잡으 앗으른

運動歌

闡發치 못한 우리 靑年 學徒以 잡히 드든참 션는에 已 精神가君
오늘이 우리에게 든불 일서 闡發こ나此 다가나 에람시다

后歆

나사가세 こと 생깔 뜨라나 가세 當 한이세 품侃치번 못세
나사가세 こと一等償을엇事 萬人의拍掌노리撓亂노도다

엉다깐즘부쳐만 고싸나가 에
一等償을 엇도 흥法 動히쏘세

后歆

쉬고 못고 지키신기나 우리써 취취는 니반優勝매난獲
데외내게잇 는마음一般이도다 남브다 면저나가 세여취己業

后歆 一般

130 ← 00 天

父母恩德歌

山사ᄂᆞᆫ 놉흔山사 우리父母날키르신
네사모티갑파쓸 놉흔恩德띄흘노라
山사ᄂᆞᆫ 智흔以山 놉흔恩德띄효노라 어시혼이 報흔하라
山사모티갑파한을 우리父母날기르신 졍ᄅ경효父母恩德 어시혼이 報흠하라
山세ᄂᆞᆫ가以치민 짐흔恩德띄효효 어시효면 報흠하라
貴흔人生ᄋᆞ丁터들흠 딀르긔세ᄋᆞ丁父母恩德
父母싷에게이ᄉᆞ잔己 어이하면 ᄆᆞᆫ甘되ᄡᅡ
짐丁리父母ᄋᆞᆫ날기들제 세가ᄂᆞᆫ듯쯢흠흐세 넛지말계...
基本신들엇더ᄒᆞ면 우리들흠갑고싯스며
ᄒᆞᆫ고ᄅᆞ쟤ᄋᆞᆫ以위들ᄉᆞᆫ 萬年토록 變치안인대 父母싀恩德ᄋᆞᆫ
우리들ᄉᆞᆫ孝道ᄅᆞᆯ셔
우爱ᄒᆞ情 以위닛사 우리들ᄉᆞᆫ孝道ᄅᆞᆯ셔 父母恩德帛하ᄂᆞ니

修學旅行

朝日의 鮮明함이 行裝을 整頓함   同門을 一出하니 寶衿이 爽快
輕風이 吹衣하야 前路을 導引   수리을 빠기난듯 仁山과 智水

一步을 進一步 學業이 如此   先生과 薄言取을 元亨利貞의 礦物
一里五里復十里 前進이 無窮   先生과 薄言取을 元亨利貞의 礦物

可以畵可以記는 駿外古蹟   제術 제風勿의 無限한 趣味
先生과가 제서 理科의 實驗   붓으로 滋味잇게 修學子의 旅行

勸學歌

青山속에 무친 玉도   落落長松 큰나무도
가라水빠 光彩나니   빠外싸빠 棟探되니

이는 우리 靑年들이 ... 일어나더가 乙

維新文化壁之頭初에

纖纖分빛지나라 先導者의 責任重코

農業工業盛할손가 文明基礎이더있고

東天朝日빛치온대

國泰民安 여기있니 李理研究應用있서

實業科學習흐리 文師敎育 ...

嚴흐도다우리先生 學問不咸 ...

今日時代의先務라

感動歌

言辭도바른막族水 子孫孫華業흐니니 소냥의시지겁然일인가

四子餘年工史國으로

纂綵絹絲を統傳코을 希로高發人으더린소리에

今日로七으로 돈니바린己 以外이를되山이動刋니

一門章臺도내것아니오　　무 民皇羣辱을더容못予

津畝田地도내것못되니　　空然臣歐打도그져바드리

后敟

죽기전훈연은居짝밋고　　后　내뭄을바지사소코죽남다

　　　　　　　조른때면도내가다되면

눈을두루눈섯겨빗지오　　后　우리父母의孔슈업이오

三十里우에싸모릿것은　　우리文字従하는붓쓸일서

山川草木도눈이잇시며　　東海魚鱉도마암이시며

悲參酒눌툴이가무훈꼰　　后　우혜와갓치지면훈듸리

錦繡江山이빛훈이헛긔　　이것이뉘刻애잇각훈여야

光明훈日月이가득훈도다　　너희와뎌희外다이돗다

우리마음과 우리靑年 外

懶情한 惡習 願想思을
몸과맘을 깬어버리쇠

우리同胞 水

外他習慣을 잇지말어서
우리國權을 順復取 하쇠

愛國精神以團神心으로
鮮血淚을 우럼쓰一면

借

원수놈비누山과갓트나
우리힘흘막기못들니

主班自由鍾맞치忿怒에
大韓半島光明 天地에
健國英雄이요
父母의死친은우리죄에己任

女筆男子

四

우리骨格을 든火年男子外
나三라나다는라비우리라에
義國의精神으로 憤怒을죄라
大丈의法動時代나는라네

萬

後

人對敵演習을써
日前에서이오니

活歛

絕世英雄大事業이
우리目的아니가

競爭心注意를奮發하라
后

身體을發育하는同時에
空氣坐고로識닉운演兵場을
活潑온나는나씨나어깁시다

忠烈士의다운키俗澤갈되
后

狐豆軍의짯다리敏活호드라
霹靂갓치行越히當前호써든
우리들을손꼽을두렷시건네

들니러側리는
百年鐵機난
빈비른빳쇠치난手球跳陳난

迅速험이즉雲深天地에불시던
紛々호더이白日靑天仕누미달시

次例을자미난게勝負決호써
海戰짜陸湖어모든注意난
개선門두렷디렵이난꽃
勝戰曲을어랴두릿것네

大韓魂

三千里疆圍 적자앗도다
江山은우리大韓을
先祖가이무엇세게맛치고
우리들大韓魂이되리니
우리千里祖国大韓強土는
우리정들내가保護하게네
言論结党派外同族이
百씨을돈뜨뜨흘흘다

自顯山을뜻했擊山까지
自然케경게쓰리네도다
貴흘흘빠빠우리太極護
우리에魂을모다도리니
蓮三흘다맘과구든團軆
国族을서로도아주껏네
勇猛흔우리青年學徒야
祖国의精神을벗지마시요
우리되마음과思誠다흔아
国家의意務을感當흐리라

〈1쪽〉
〈창가집 표지〉
學校 敎師

全南道莞島郡所安面

白聖安

〈2쪽〉各唱歌

〈3쪽〉
愛國歌
竗하고竗하다우리大韓은　代代로聖君은우리나라로
三三千里江山이奇하도竗다　忠孝를兼全함은우리學徒라

왓도다왓도다봄이왓도다　　南山에草木은빗치추으고
嚴冬에자던草木봄이왓도다　萬花는氣를펴고滿發햇도다

나라基礎는우리學徒니　　우리마음은 철石갓흐니
熱心을奮發하여工夫합시다　大韓의獨立基礎分明하도다

學徒야學徒야우리注意는　三千里江山의二千萬民을
道德을배우고智識發하야　우리學徒들이保全합시다

大韓의獨立을回復하라면　　나라를위하야한번죽으면
貴한生命을不顧합시다　　　國民의義務가아니될소야

<4쪽>
忠君의意志난恒常새러웁고　皇天이도우사우리大韓은
愛國의 丹心은 大海갓도다　萬歲萬歲萬萬歲

優勝旗歌
快하다오날날모인우리들　　勝負를決斷코져한번나서니
人山人海로들닌마당에　　　마암도됴커니와精神이爽快

　　　　　後斂
압흐로압흐로선뜻나가세　　남보다몬저나가取할양으로
優勝旗가우리압헤날닌다　　나가세나아가면내것시로다

지기난슬허하고이긔기됴컨　廣闊한運動場에한번나셔니
하날이定해주신固有한特性　마암도됴커니와정신이爽快

뎌압헤靑黃赤白뵈이난旗난　기여히一等旗을잡으양으로
우리가나가붓들目的物일새　나아가세優勝旗가저긔날인다

<5쪽>
運動歌
活潑시언우리靑年學徒야　　깁히든잠얼는깨고精神차려서
오날이우리에깁은날일새　　闊發發나난다시나아갑시다
後斂

나아가세나아가세압만보고나아가세　堂堂한이내몸떨치난곳에
나아가세나아가세일등상을엇도록　　萬人의拍掌소래搖亂하도다

압서간者부러말고빨니나가셔　　　　後　斂
一等賞을엇도록活動해보세

이기기좃코지기실키난　　　　우리압해휘날니는優勝빈난旗
네와내게잇는마음一般이로다　　남보다먼저나아가쎄여쥐고야

後　斂

〈6쪽〉
父母恩德歌
山아山아놉흔山아　　우리父母날기르신　　놉고놉흔父母恩德
네아모리놉다한들　　놉흔恩德밋츨소야　　어이하면報答하랴

바다바다깁흔바다　　우리父母날기르신　　깁고깁흔父母恩德
네아모리깁다한들　　깁흔恩德밋츨소야　　어이하면報答하랴

山에나는가마귀도　　貴한人生우리들은　　넓고넓은父母恩德
父母孝道極盡한대　　父母임게어이할고　　어이하면보답하랴

우리父母날기를제　　뼈가녹듯受苦하야　　닛지말세닛지말세
고生인들엇더하면　　우리들를길넛스니　　父母恩德닛지말세

굿고굿은바위돌은 - 萬年토록變치안네 - 한父母의갓흔子孫
우爱之情바위갓다 - 우리들은孝道로써 - 父母恩德갑하보세

〈7쪽〉
修學旅行
朝日이鮮明한대行裝을整頓　同門을一出하니胸襟이爽快
輕風이吹衣하야前路을導道　우리를반기난듯仁山과智水

一步一步進一步學業이如此　薄言采薄言取난花卉와鑛物
一里五里復十里前進이無窮　先生임가라치신地歷의材料

可以畵可以記난勝地와古蹟　저압저風物의無限한趣味
先生임가라치신理科의實驗　모도다滋益일새修學의旅行

勸學歌
靑山속에무친玉도　落落長松큰나무도
가라야만光彩나네　깡까야만棟樑되내

〈8쪽〉
工夫하난靑年드라　새복달은너머가고　維新文化劈頭初의
너의職分닛지마라　東天朝日빗쳐온다　先導者의責任重코

農商工業旺盛하면　家給人足하고보면　文明基礎어디잇노
國泰民安여기잇내　國家富榮이아인가　學理硏究應用일새

實業科學習함이　　愛홈도다우리父母　　父師敎育하야(야하)온대
今日時代急先務라　　嚴하도다우리先生　　學問不成할가보야

感動歌
슬프도다우리民族야　　子子孫孫奉樂하더니
四千餘年歷史國으로　　오날날이지겡웟일인가

鐵絲鑄絲로結縛한줄을　　獨立萬歲우리소리에
우리손으로끈어버리고　　바다이끌코山이動켓내

〈9쪽〉
一間草屋도내것아니요　　무래한羞辱을대답못하고
半묘田地도내것못되니　　空然한毆打도그져밧도다
　　　　　　　　后 斂

한치벌내도마일발브면　　조고만벌도내가다치면
죽기전한번은곰자가리고　　내몸을반다시쏘코쥭난다
　　　　　　　　后

눈을두루살펴보시요　　우리父母의한숨뿐이요
三千里우에사모친것은　　우리學徒의눈물뿐일새
　　　　　　　　后

山川草木도눈이잇시며　　東海魚鱉도마얌이시면
悲慘한눈물이가득하것고　　우리오갓치시러하리라
　　　　　　　　后

錦繡江山이빗흘이럿고　　이것시뉘죄야생각하여라
光明한日月이가득하도다　　내죄와네죄의까닥이로다

〈10쪽〉
사랑하난우리靑年아　　懶惰한惡習依賴思想을
쥭든지끽든지우리마암에　모도다한칼로끈어버리새
　　　　　后

사랑하난우리同胞야　　와신상답을잇지말어셔
쥭든지사든지우리마암에　우리國權을回復해보새
　　　　　后

愛國精神과團體心으로　　원수난비녹山과갓트나
肉彈血淚을무렵쓰면　　우리압흘막지못하내
　　　　　后
少年男子
무쇠骨格돌근肉少年男子야　다다라내다다라내우리나라에
愛國애 精神을 憤發하여라　少年의活動時代다다라내

〈11쪽〉
　　　　后斂

萬人對敵演習하야　　絶世英雄大事業이
後日前功새우새　　우리目的아닌가

身體을發育하난同時에　　空氣쏘코區域너운演兵場으로
競爭心注意를 奮發하라고　活潑活潑나난다시나어갑시다
　　　　　后

忠烈士의더운피循環잘되고　霹靂과斧越이當前하야도
獨立軍의팔다리敏活하도다　우리들은죠곰도두염업건내
　　　　　后

돌니고빼치난百年鐵機난　　　보내고바다치난手球蹴球난
迅速함이흑雲深天번게불까고　紛紛함이百日靑天숯낙비도다
　　　　　　　　后

次例로자미나게勝負決하야　　게선門두렷디녈이난곳새
海戰과陸戰의모든注意난　　　勝戰曲울어러둥둥두둥둥

〈12쪽〉
大韓魂
華麗江山우리大韓은　　　　白頭山으로漢挐山까지
三千里範圍적지안토다　　　自然한경게끄러네도다

先祖가이무역게뭇치고　　　貴하고빈난우리太極旗
우리도大韓魂이되리니　　　우리에魂를모다도리내

三千里祖國大韓疆土난　　　彊彊한마암과구든團體난
내집를내가保護하게내　　　國族을서로도아주것내

言語와衣服까뜬同族이　　　勇猛한우리靑年學徒야
한마음한뜨튼튼하도다　　　祖國의精神을닛지마시요

원수가비록山과까뜨나　　　우리의마암과忠誠다하야
自由精神을걱지못하내　　　國民의意務를感當합시다

〈13쪽〉

終

〈14쪽〉

梨　南　里

唱　　歌　　集

京　　城

(도서문화연구 제11집, 목포대학교 도서문화연구소, 1993)

7.
민요 연행현장
모아시비(モーアシビ) 분석

1) 서론

이 글은 琉球 민요의 연행현장인 모아시비(モーアシビ)[1]를 분석하기 위한 것이다. 한국과 비교해 볼 때 역사적으로 비슷한 과정을 겪었지만 琉球에서는 매일 3편 정도의 새로운 민요가 창작되어 TV · 라디오에 소개되고, 喜納昌永, 파샬그룹 등 민요와 민족음악 가수들의 라이브 홀 공연이 성황리에 이루어지고 있다. 이같은 양상은 한국의 처지와는 상당히 다른 것으로, 오늘날까지 민요사회[2]가 튼튼하게 지속되고 있다는 증거들이다.

두 지역의 민요사회를 비교하면서 필자는 琉球 민요사회의 전승력을 탐구해

---

1   竹田 旦은 모-아시비(モーアシビ)는 부락의 배후지 편편한 들판에서 남녀가 모여 원을 만들고 노래부르고 춤추며 노는 모임을 이르는 말로 설명한다. 그는 '모-'를 野原 · 廣場이라는 말로 풀이하고 있다.
     竹田 旦(1989);「兄弟分の 民俗」, 人文書院, 170–171쪽.
2   민요사회는 민요를 생산하고 연행하고 전승하는 사회적 체계다. 민요사회는 민요를 연행하는 다양한 공동체들과 공동체에 소속된 연행자들로 구성되며, 공동체들과 구성원들은 기능에 따라, 연령과 자질에 따라 일정한 관계망을 형성하고 있다. 필자는 이러한 수평적으로, 또는 수직적으로 이루어진 이들의 관계망을 민요사회라 칭한다.
     나승만(1994);「민요사회의 사적체계와 변천」,「민요와 민중의 삶」, 한국역사민속학회, 92쪽.

보고자 하는 생각을 갖게 되었으며[3], 이 작업의 1차 과정으로 琉球 민요연행의 한 현장인 모아시비(モーアシビ)를 분석하고자 한다. 그리고 더불어 한국 산다이(サンダイ), 중국 花兒와의 비교 가능성을 살펴보고자 한다. 모아시비와 산다이, 花兒는 모두 마을의 젊은이들이 모여 민요를 부르고 즐기는 연행현장이라는 점에서 비교연구의 필요성을 지니고 있다.[4]

그러나 제한된 연구 기간 동안 모든 문제를 해결할 수 없어 이 글에서는 琉球의 모아시비를 중심으로 서술하고 산다이, 그리고 다른 지역 노래판과의 비교는 그 가능성만을 제시하고 구체적인 작업은 다음 기회에 수행하고자 한다.

2) 현지 조사

戰前 TV나 영화가 없었던 시절 매일 밤 친구·이성들과 모여 밤을 새우며 사미센 소리에 맞춰 노래 부르고 사랑을 나누며 보냈던 모아시비는 60대 이상의 琉球 사람들에게는 잊을 수 없는 젊음의 기록이다. 그러나 전쟁으로 인한 황폐화, 주민 이주, 전쟁 후 미군정하의 유흥문화 도입으로 인해 모아시비가 사라졌지만 마을의 민요전승 훈련, 에이사 활동, 민요 가수의 대중공연, TV·라디오 등에서의 琉球 民謠 소개와 홍보, 학자와 향토사가들의 민요 관련 연구와 저술 활동 등 다양한 분야에서 다시 재구성되는 상황에 있다.

필자는 琉球의 玉城村 新原의 모아시비[5], 与那原町 津嘉山의 모아시비[6], 栗

---

3 琉球 민요사회에 대한 기초 자료는 宜保榮治郞 敎授, 衫本信夫 敎授, 大城直武 敎授, 高嶺朝誠 선생, 喜納昌永 선생 등으로부터 소개받았으며, 小川學夫(1989), 「歌謠(うた)の民俗」, 雄山閣을 참고하였다.

4 나승만(1996): 「노래판 산다이에 대한 현지작업」, 『한국민요학』 4호, 한국민요학회.

5 玉城村 新原의 모아시비 자료는 高嶺朝誠(남, 향토민요 연구가, 1997년 7월 30일)과 石嶺眞幸(남, 72세, 1998년 8월 14일), 大城 稔(남, 47세, 1998년 8월 14일)과의 면담에서 얻은 것이다.

國島 栗國村의 모아시비[7], 宮古島의 모아시비[8] 자료를 수집했다. 新原의 모아시비, 津嘉山의 모아시비, 栗國村의 모아시비 자료는 현지를 방문하여 수집했고, 宮古島의 사례는 오키나와에 거주하는 宮古島 출신자를 만나 수집했다.

(1) 구성원과 역할

모아시비(モーアシビ)에 모이는 사람들은 14-5세부터 20세 전후 미혼자들 중에서도 친구 · 이성들과 어울려 사미센 소리에 맞춰 노래 부르고 놀기 좋아하는 사람들이다. 이들을 도-시(동지:ドゥシ)라고 부르기도 하며[9], 마을을 구역별로 구분했을 때 같은 구역에 살며 마음에 맞는 사람들이다.

한 패의 수는 14-20명으로 남녀 각각 7-10명 정도다. 앉는 위치는 〈그림 1-1〉처럼 남자가 왼쪽, 여자가 오른쪽에 편을 나누어 앉는다. 그러다 시간이 지나면 〈그림1-2〉처럼 서로 좋아하는 사람끼리 짝지어 앉는다.[10] 이 과정은 언제나 공식화되어 있는 것은 아니지만 전체적인 흐름이 그렇게 진행된다.

---

6   与那原町 津嘉山 모아시비 자료는 오시로 모리키치(남, 74세, 津嘉山, 1997년 8월 4일), 與座 雲子(여, 67세, 津嘉山 699番地, 1997년 8월 4일)와의 면담에서 얻은 것이다.
      栗國島의 모아시비 자료는 新城繁盛(남, 72세, 栗國村, 1998년 8월 15일), 玉寄武一(남, 71세, 栗國村, 1998년 8월 15일), 伊良皆貞(여, 67세, 栗國村, 1998년 8월 18일)과의 면담에서 얻은 것이다.

7   栗國島의 모아시비 자료는 新城繁盛(남, 72세, 栗國村, 1998년 8월 15일), 玉寄武一(남, 71세, 栗國村, 1998년 8월 15일), 伊良皆貞(여, 67세, 栗國村, 1998년 8월 18일)과의 면담에서 얻은 것이다.

8   宮古島의 모아시비 자료는 荷川取玄昆(남, 68세, 普天間交通 株式會社, 1997년   8월 4일)와의 면담에서 얻은 것이다. 이곳에서는 모아시비라는 용어보다는 유아소비(夜遊び)라는 용어를 많이 사용한다. 놀이의 내용은 모아시비와 같지만 용어 면에서 밤이라는 시간 개념을 강조한 것이고 또 민요 연행이나 놀이보다는 남녀간의 交際, 交歡에 더 비중을 둔다.

9   모아시비에 모인 청년들을 ドゥシ라고 부른다. 20세가 넘으면 결혼하기 때문에 수가 줄어든다. 竹田旦의 조사에 의하면 名護市 宮里에서는 26-7세까지의 사람들도 모인다고 한다.

10   그림은 小川學夫가 그려 놓은 배치도를 응용한 것이다. 小川學夫(1989), 172쪽 그림 참조.

〈그림1 : 인원 배치도 ●: 남자, ○: 여자〉

〈그림1-1〉 → 〈그림1-2〉

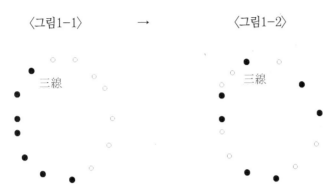

한 패는 사미센 연주자, 가수, 주도자, 참여자들로 구성된다. 사미센 연주자는 노래도 잘 불러, 가수와 사미센 연주자는 같은 사람인 경우가 대부분이다. 사미센 연주자가 없거나 사미센 악기가 없는 경우에는 작은 북, 기타, 하모니카를 사용하고 그렇지도 못한 경우에는 손뼉치며 노래한다.

가수는 목소리가 좋아야 하지만 무엇보다도 가사를 잘 짓는 능력이 있어야 유능한 가수로 평가받는다. 그런데 사미센을 잘 치면 노래를 잘 하는 경우가 대부분이어서 사미센 연주자가 좋은 가수인 사례가 많다. 현재 琉球에서 민요가수로 활동하는 喜納昌永(男, 76세, 1997년 8월 9일)의 경우도 고향 北中城村 모아시비와 에이사에서 사미센 연주자였다.[11]

남녀 주도자들은 대등하며 각각 남자편과 여자편을 대변한다. 주도자를 카시라라고 하는데, 이들의 중요한 일은 모임을 지속시키는 일이다. 나이 많은 사람이 이 일을 맡으며, 놀이가 매끄럽게 지속되도록 인력을 동원하고 놀이 방식을 설명하고 진행하는 일을 한다.

---

11 나승만(1997): 「오키나와 민요사회에 대한 현지작업」, 『한국민요학』 5호, 한국민요학회, 134쪽.

(2) 진행과 가창 방식

저녁밥을 먹으면 먼저 남자들이 사미센을 치면서 노는 장소로 가는데, 이는 여자들에게 모임에 나오기를 알리는 신호의 의미가 포함되어 있다. 친구들끼리 짝지어 모아시비가 열리는 장소에 모여 원을 만들고 사미센 소리에 맞춰 노래 부른다. 처음에는 전통적인 민요를 부르지만 점차 흥이 오르면 즉흥적인 가사를 지어 부른다. 마음에 맞는 사람끼리 짝지어 독자적인 행동을 취하기도 하지만 연행이 끝나면 함께 돌아간다.

가창의 가장 일반화된 방식은 남자와 여자가 서로 노래를 주고받는 가케우타(掛け歌) 방식이다. 먼저 남자가 八八八六調의 節歌를 부르면 여자가 마지막 일절을 남자와 함께 부른 다음 八八八六調의 노래를 부른다. 이와같은 방식으로 반복하며, 흥이 나면 원 안에 들어와 춤을 추며 남녀로 절반씩 나뉜 자리 배치 〈그림1-1〉가 짝지은 자리 배치 〈그림1-2〉로 바뀐다.

모아시비에서 부르는 노래 사설의 대부분은 상황에 따라 만들어진 것이고 10% 정도가 옛날부터 내려오는 것인데, 이런 경우는 제창을 한다.

(3) 장소와 시간

모이는 장소는 마을에서 떨어진 한적하고 평평한 들, 공터, 해변, 마을 광장 등이다. 또는 사람들이 모이기 편한 마을 안의 네거리인 경우도 있다. 마을에서 떨어진 곳을 택하는 이유는 사미센을 치고 노래 부르면 시끄럽다는 주민들의 불평을 피하기 위해서이지만 젊은이들이 자유롭게 놀고 싶은 마음이 더 크게 작용한 결과다. 津嘉山의 경우 지금은 공민관에서 노래를 배우지만 모아시비를 하던 시절에는 산의 평평한 곳을 찾아서 했는데, 지금의 유치원 자리가 바로 그곳이다. 또 마을 안의 네거리를 택한 경우가 있는데, 이는 마을 규모가 커 외부로 나가기 어려울 뿐만 아니라 여기에 모인 패들은 노래보다는 이야기나 놀이를 즐긴다.

栗國村의 경우, 전쟁 전에는 마을 규모가 커 여섯 패의 모아시비가 모였기 때문에 모이는 장소도 여섯 곳이었다. 그 중에서도 노래 부르는 큰 판은 마을 외곽에 자리잡았다. 玉城村 新原의 경우는 100여명이 참여할 정도로 규모가 컸는데, 이는 玉城村의 범주에 든 18개 마을의 미혼자들이 모이기 때문이다. 특히 미바루, 치넨손, 다마구스꾸손 사람들이 적극적으로 참여했다.

3) 연행현장 분석

(1) 현장의 개념

연행현장은 연행이 실현되는 현재적 활동이다. 연행현장은 연행에 관여하는 다양한 부분들과 상호 의존적 관계를 맺으며 연행에 영향을 미친다.[12] 분석을 위해 현장을 두 층위로 나누었는데, 하나는 현재 실현되는 연행현장이고 다른 하나는 연행을 가능하게 하는 전승현장이다. 전승현장은 모아시비가 전승되는 마을 공동체, 또는 琉球 사회 전체를 의미할 수도 있다. 이 글에서는 연행현장의 문제만을 다루기로 한다.

모아시비의 연행현장은 연행 주체, 연행 내용, 연행 공간, 연행 시간의 4요소들로 성립된다. 연극에 비유하자면 〈등장인물 : 연행 주체〉, 〈대본 : 연행 내용〉, 〈무대 : 연행 공간〉, 〈공연 시간 : 연행 시간〉으로 대비시켜 볼 수 있다. 연행현장의 네 요소들은 연행에 영향을 미쳐 연행 내용을 제약하거나 변화시키기

---

12 연행현장에 대한 인식은 쿠르트 레빈의 場理論과 林在海의 현장론적 연구방법론을 수용한 것이다.
　　쿠르트 레빈, 박재호 譯(1987): 『사회과학에서의 場理論』, 대우학술총서 번역 10, 民音社, 73-74쪽.

때문에 유형 차원에서는 모아시비라는 동일 영역으로 묶이지만 각편 차원의 모아시비는 구체적인 연행현장으로 존재하게 된다.

(2) 연행주체

竹田 旦은 일본 南西諸島 同輩集團의 특성으로 同輩性, 近隣性, 同心性을 꼽았는데[13], 모아시비의 경우 적절하게 적용되는 기준들이다. 그런데 모아시비는, 다른 同輩集團, 예를 들어 노동조직이나 혼례조직, 장례와 산육의례 조직 등이 동성조직인데 반해, 남녀가 공동으로 참여하는 혼성조직이라는 점에서 매우 특수한 위치에 있다.

여기에 참여하는 남자와 여자들은 동지(ドゥシ)라는 공동체 의식을 갖고 참여한다는 점을 주목해야 한다. 남자들은 男同士로서 패거리로 조직되어 있고 각기 역할이 주어진다. 사미센 연주자, 가수, 주도자, 참여자들은 각각 기능에 따른 역할이지 계층적 개념이 아니다. 男同士와 女同士는 같은 패라는 공동체로 묶여 있어 공동체 의식이라는 보이지 않는 힘이 패거리들을 집단의 범주로 끌어들여 동지로서 공고한 결속을 갖게 한다.

혼성조직이며 동지로서의 결사체적 성격을 지니는 동시에 구성원들 간의 성적 결합도 촉진시킨다. 바로 이 점이 모아시비를 지속시킨 중요한 요인이다. 미야꼬의 경우처럼 다면적으로 이루어지는 사례도 있지만 모아시비 패의 성적 결합은 1:1의 관계로 이루어지는 것이 정상이다. 모아시비에서 만나 상호간에 관심을 갖게 되면 애인 사이로 발전하고 그 결과로 성적 결합이 이루어지고 더 발전하여 결혼하게 된다.

---

13 竹田 旦(1989), 208-211쪽.

(3) 연행 텍스트

모아시비의 현장에서 연행 주체와 공간, 시간을 제하면 객관화된 연행만이 남는다. 이는 마치 연극의 대본과도 같은 것으로 등장 인물의 성격, 배경이나 다른 조건의 개입이 없이 객관적 자료로 존재한다. 연극의 대본에는 극의 진행에 필요한 모든 요건들이 문자라는 형식으로 기록되어 있지만 모아시비와 같은 구술시대의 문화들은 기억과 행위 속에 보이지 않는 코드로 장치(기억)되어 있다. 그 기억들은 하나의 텍스트로 존재하다가 현장을 만나면 컨텍스트로 실현된다. 모아시비 연행을 지배하는 기본적인 흐름은 男女의 交歡과 노래부르기며, 이를 하나로 묶어놓은 연행방식이 掛け歌다. 掛け歌는 모아시비 연행의 기본 방식이라고 할 수 있다.

掛け歌는 모아시비의 연행 원리에 가장 적절히 적응할 수 있는 가창방법이다. 상대편과 노래를 통해 경쟁하고 통합하는 과정이 반복되기 때문에 참여자들은 적극적으로 노래부르기에 참여함으로써 연행을 지속 가능하게 한다. 물론 능력 있는 가수가 있는 경우 그 가수가 많은 노래를 부르지만 일반적으로는 참여자들이 돌아가면서 노래하기 때문에 구성원들을 연행자로 끌어들인다. 남자와 여자가 서로 대응하여 부르기 때문에 노래의 가사는 매우 창조적이고 풍부하다. 매일 같은 연행이 반복되지만 거기에 담긴 구체적인 내용들이 매번 달라지기 때문에 구성원들은 새로운 기대를 갖고 매일 계속적인 연행을 할 수 있다.

男女 交歡의 실행은 대열의 변화에서 나타난다. 모아시비가 진행됨에 따라 남자패와 여자패의 대열 구성이 변한다. 먼저 모아시비가 시작되는 단계에서는 〈그림 1-1〉의 대열 형태를 취한다. 그러다 掛け歌의 진행이 가속화되어 신명이 오르면 구성원 중 한 사람이 나와 춤을 추는데, 춤은 남자패, 여자패로 나뉜 대열을 흔들어 다른 질서, 즉 남녀 혼성의 〈그림1-2〉와 같은 형태로 만든다. 사람들의 배치가 〈그림1-1〉에서 〈그림1-2〉로 바뀌는 이 변화는 모아시비의 목적을 선명하게 드러내고 있다. 모아시비에 참여하는 젊은이들은 친구 · 이성과 만나고 즐기려는 준비가 되어 있는 사람이기 때문에 융합반응 하려는 에너

지 물질처럼 남자와 여자들의 융합 기운이 대열을 바꾼다.

(4) 공간

섬의 공간은 기능에 따라 주거지, 경작지, 자연공간으로 구분된다. 주거지는 주민들의 일상 생활이 이루어지는 터전이며 경작지는 농경지로 마을의 힘이 미치는 영역이다. 그리고 다른 하나는 자연공간으로 마을 밖의 세계다. 주거지는 주민들의 주거 공간인 동시에 세속적 행위가 이루어지는 곳이다. 모아시비는 자연공간에서 이루어지는 문화행위다. 윤리적인 규범을 중시하는 중심지로부터 멀리 떨어짐으로서 기존의 질서에서 벗어날 수 있다. 마을 공간을 그림으로 나타내면 다음과 같다.

〈그림 2〉: 공간 배치도

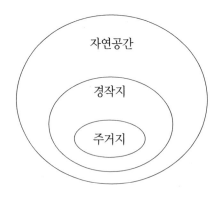

자연공간이 내포하는 개방성 또는 탈중심성은 行事歌, 仕事歌에서는 찾아볼 수 없는 창조성과 개성을 드러내도록 조장한다. 모아시비에서 부르는 노래의 90% 정도가 참여자들이 지어서 부르는 창작 가사라는 사실에서 보듯 모아시비에는 창조성이 강하게 장치되어 있다.

(5) 시간

연행은 시간 위에 놓일 때 현장으로 살아난다. 모아시비 연행의 시간적 공간이 밤인 것은 필연이다. 이는 자연환경에 적응하는 방편이기도 하지만 그보다도 모아시비 목적의 하나인 성적 결합을 위한 조건이기도 하다. 미야꼬에서는 밤의 의미를 강조하여 '夜遊び'라는 용어를 더 많이 사용한다. 저녁밥 먹은 후부터 첫닭 울 때까지의 시간은 달이 지배하는 시간이다. 한 달을 주기로 달빛의 농도와 분위기가 달라지듯 달밝은 밤, 어두운 밤, 초순의 밤, 하순의 밤, 만월의 밤, 흐린 밤 등 달의 주기와 날씨의 변화는 조명의 강도를 자연 조절하는 기능을 하여 매일 다른 분위기를 만든다. 따라서 모아시비의 시간은 달의 이미지로 수렴된다. 사그라졌다 팽창하기를 반복하는 달의 변화는 태양의 이미지와는 달리 재생, 다원성, 다양성의 이미지를 지니며 모아시비의 창조성을 조장한다.

4) 분석의 종합과 비교연구 전망

모아시비의 연행현장은 현장을 이루는 4요소들이 상호 영향을 미쳐 만든 역동적 무대였다. 이를 도식화하면 다음과 같다.

〈그림 3〉 연행현장 도식

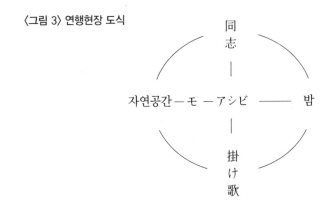

모아시비는 연극처럼 짜여진 한판의 굿으로서, 이 굿이 매일 반복되면서 琉球 민요의 생산현장 역할을 했다. 모아시비의 4요소들은 서로 대응하는 관계에 있다. 同志와 掛け歌, 자연공간과 밤이 대응하는 가운데 융합반응을 일으켜 창조적 내용의 掛け歌와 사랑 · 우정을 생산한다. 그러므로 민요사회학의 입장에서는 모아시비를 민요의 생산 · 연행 · 전승현장이었다고 판단하는 것이다.

4요소가 결합해 일으킨 융합반응의 핵심은 同志다. 모아시비가 청춘 남녀들의 연애공간이었는데 琉球의 사회적 정황이 바뀌어 노래 부르고 사랑을 나눌 동지(ドゥシ)들이 섬을 떠나자 연행현장을 만들기 어렵게 되고 그 이후 젊은이들이 모여 노래부르고 사랑을 나눌 유흥 시스템이 다변화되자 모아시비 연행현장은 쇠퇴하고 소멸된 것으로 추정된다. 4요소가 모두 아직도 남아 있는데 모아시비의 연행현장이 없어진 것은 연행주체인 동지(ドゥシ)의 해체가 중요한 요인이었다고 판단된다. 그런 의미에서 모아시비의 핵심은 동지(ドゥシ)들이었다고 판단된다.

모아시비는 중단되었지만 현재 琉球의 민요사회는 구술시대에는 찾아볼 수 없는 다양한 모습으로 분화 · 전승되었다고 보기 때문에 모아시비에 내재된 정신이 어떤 경로를 거쳐 지금의 민요사회와 연결되는지를 연구하는 별도의 작업이 필요하다. 모아시비는 琉球 사람들의 문화유산이며 현재도 琉球 민요를 재생산하는 원동력이 되고 있다.

모아시비와 같은 성격의 민요 연행현장은 韓國 西南海 島嶼, 中國 甘肅省에서도 발견된다. 류큐와 한국 서남해는 자연 조건이 유사할 뿐만 아니라 같은 해역에 속해 있기 때문에 비교연구가 필요하다. 모아시비와 산다이는 모두 마을의 청년들이 모여 민요를 부르고 즐기는 연행현장이라는 점에서 같다. 그런데 이 두 민요판은 지역의 역사적 배경에 따라 그 성격을 달리한다.

산다이는 한국 서남해 도서 해안지역 젊은이들의 노래판이다. 전남의 도서 · 해안지역 사람들은 명절 때, 초상을 치른 다음에, 쉴 때 노래부르며 노는 것이 관습화되어 있다.[14] 20여년 전까지만 하더라도 젊은이들끼리 어울려 산다이 하는 것이 이 지역의 오랜 관습이다. 산다이를 하기 위해 사람들을 모으는 과정,

그 자리에 모인 구성원들이 노래부르고 즐기며 서로 기쁨을 나누는 현상, 남자와 여자가 노래를 불러서 서로 화답하는 행위 등은 모아시비와 매우 유사하거나 같다.

柯陽은 중국 감숙성 남부 조하 유역의 민간에서 전승된 山歌 경연대회를 花兒로 보았으며, 원래는 농경제와 관련된 종교적 의례의 한 과정으로 파악하였다. 그런데 후대에 이르러 花兒의 성격이 변하여 交唱 형식의 情歌가 출현하여 점차 신앙적 의미가 탈색하고 오락적 기능으로 변하게 되었다고 말한다. 花兒의 주요 가창 방식은 교환창인데, 청춘 남녀가 편으로 나누어 서로 화답하는 형식으로 진행하며, 이 노래 모임을 통해 젊은이들은 사랑하는 상대를 만날 수 있다.[15]

韓國의 西南部 島嶼 海岸地域 산다이, 中國 甘肅省의 花兒는 모아시비와 비교 가능한 노래판이다. 산다이와 모아시비의 비교연구를 통해 동아시아 해양문화의 공통점과 개별성을 밝히는데 기여하리라 생각되며, 中國 甘肅省 花兒와의 비교 연구를 통해 제의와 관련된 원형적 노래판의 접근이 가능하리라 생각된다.

특히 위의 비교 연구는 여성 중심의 의례와 제사가 발달한 琉球의 문화적 분위기로 볼 때 남성을 선택하여 亂交를 벌인 고대 제의와의 관련성 면에서도 검토할 수 있는 가능성을 열어준다.

---

14 글쓴이가 조사한 바에 의하면 여천군에서부터 고흥군, 완도군, 신안군, 영광군 등 전남 도서 해안지역에는 산다이가 일반화되어 있다.

15 柯楊(1997), 「조민 「花兒」 中의 祭儀性 歌謠」, 『亞細亞 民俗祝祭와 民俗理論』, 亞細亞民俗學會, 175-176쪽.

8.
中國 广西 龍脊古壯寨
壯族의 민요사회 현지작업

나승만*, 徐贛丽 **

1) 머리말

壯族民歌는 중국 사회에서 공인받고 있다. 1961년 广西 罗城에서 壯族의 전설로 전승되고 있는 歌仙 刘三姐 전설을 대본으로 하고 桂林漓江의 수려한 산수를 배경으로 하여 제작된 영화 《刘三姐》로 인해 壯族民歌는 중국인들에게 민중혁명가의 차원으로 인식되었다. 그리고 2004년 영화 《刘三姐》를 기본으로 하여 桂林 漓江의 山水를 실재 무대로 한 공연극으로 제작된 《印象·刘三姐》로 인해 壯族民歌는 세계 사람들에게 그 서정성과 아름다움, 음악성을 인정받게 되었다. 그리고 2008년 广西 壯族自治区 非物质文化遗产 67号로 국가로부터 지정받았고, 중국 대표적인 전통 民歌 축제로 '서북지방의 花儿会'와 '壯族의 歌圩(歌节)'를 꼽을 정도로 학계에서도 그 가치를 인정받고 있다.[1]

---

*   나승만, 목포대학교 교수.

**   徐贛丽, 중국 광서사범대학교 교수.

1   花儿会는 青海를 중심으로 甘肃, 宁夏 등 중국 서북부 일대 回族, 土族, 东乡族, 撒拉族, 保安族, 裕固族等 민족의 노래 축제고, 歌圩(歌节)는 广西壯族自治区 壯族의 노래축제다.
    黄玉淑, 「試比較广西壯族山歌与西北花儿"反復"修辭手法的差異」, 『青海師专學報』, 2003년 제2기 68–71쪽.

壯族民歌가 우수한 만큼 壯族民歌에 대한 연구도 풍부하게 수행되었는데, 민속학적 관점에서의 歌圩(歌节) 연구에 집중된 경향이 있다. 연구도 문학적 연구, 민속학적 연구의 두 방면에서 수행되었다. 문학적 연구는 민간문예의 차원에서 이루어졌는데, 가사의 문학적 분석, 기능적 분석, 형식적 분석이 중심이다.[2] 민속학적 연구는 歌圩(歌节) 연구[3]에 집중된 경향이 있고, 관광지 개발과 지역문화 변동에 관한 문화생태학적 연구가 있다.[4] 그리고 연구 대상은 민가 중에서도 山歌에 집중되었다. 영화《刘三姐》의 壯族民歌도 山歌고 歌圩(歌节)의 壯族民歌도 山歌다. 壯族民歌는 산가에 집중된 경향이 있다.

필자는 壯族民歌가 생성, 연행, 전승되는 마을에서의 民歌現場에 주목했다. 民歌가 연행되는 마을에서의 전승과정과 연행하는 공동체와 연행현장을 민요사회[5]로 인식하고 壯族 민요사회에서의 民歌 연행양상과 기능을 서술하고 분석하여 주민들의 삶에서 어떤 의미가 있는지를 살펴보려는 것이다. 그러니까 필자가 이 논문에서 관심을 갖고 있는 것은 龍脊 壯族 주민들의 삶에서 山歌를

---

2   黃勇利, 『壯族歌謠槪論』, (南宁, 广市民族出版社), 1983년.
    韦其麟, 『壯族民間文學槪觀』, (南宁, 广西民族出版社), 1988년, 등 다수.
3   黃永利, 『歌王傳』(南宁, 广西人民出版社), 1984년.
    黃永利, 陸里, 藍鴻恩, 『广西歌圩的歌』, (广西壯族自治區民間文學研究會), 1980년.
    柯熾, 『广西情歌』(南宁, 广西人民出版社), 1980년.
    柯熾, 『广西情歌』속편, (南宁, 广西人民出版社), 1981년.
    潘其旭, 『壯族歌圩研究』, (南宁, 广西人民出版社), 1991년.
    昭民, 『广西各地歌圩資料』(내부자료), 『广西壯族古代歌圩』에 게재됨, (南宁, 广西壯族自治區民間文學研究會 복사), 1980년.
    農學冠, 「壯族歌圩的源流」, 苑利, 『20世紀中國民俗學經典, 史詩歌謠卷』, (北京, 社會科學文獻出版社), 2002년.
    梁庭望, 「歌圩的起源及其發展」, 『广西民間文學叢刊』第6輯, 1982년.
4   徐贛丽, 「민속마을 관광과 현지문화의 변천」, 『南道民俗研究』제14집, 2007년.
    徐贛丽, 「생활과 무대-민속관광촌의 가무공연에 대한 조사연구」, 『南道民俗研究』제15집, 2007년.
5   나승만, 「민요사회의 사적 체계와 변천」, 『민요와 민중의 삶』, 한국역사민속학회, 우석출판사, 1994년, 92쪽.

중심으로 생성되는 활동들과 에너지들이다.

연구 대상은 다음과 같다. 마을은 广西 桂林市 龍勝縣 和平鄕 龍脊古壯寨,[6] 그리고 이 마을에 전승되어 오고 있는 山歌의 양식, 山歌演行을 지도하는 歌師 廖國富와 歌師를 중심으로 활동하는 주민들, 텍스트로서 이 마을에서 수집하거 나 對唱된 山歌, 조사 당시 연행을 경험했던 三朝酒[7]의 현장이 연구 대상이다. 壯族民歌 연구에서 많은 논문들이 歌圩(歌节)을 대상으로 한 연구와 문학적 연 구에 집중되었다. 그러므로 마을 주민들의 생활 속에서 이루어지는 산가 연행 의 현장을 살펴보고, 또 주민들의 내면에 작용하는 산가의 기능을 밝히는 것은 의미가 있는 일이라고 판단된다.

桂林市 龍勝縣 和平鄕 龍脊古壯寨는 공동연구자인 徐赣丽가 연구해 온 지역 이며, 歌師 廖國富은 그 동안 주목해 온 연구 대상자다.[8] 공동연구자 나승만은 계림시 이강의 어로문화에 대하여 연구한 바 있으며,[9] 龍脊古壯寨에 두 차례 현지 답사하여 자료를 수집했다.[10]

---

6 寨는 마을이라는 뜻으로 번역할 수 있는데, 村과는 달리 일정한 경계구역이 설정된 울타리가 있는 마을을 이르는 용어다. 龙脊古壯寨는 廖家寨, 侯家寨, 平段, 平寨의 4개 壯族 마을이 포 함되어 있다. 중국 광서 계림 북쪽 城岭山脉 서남쪽에 있다. 龙胜各族自治县 和平乡의 东北部 에 있으며, 和平乡 政府 소재지로부터 10km, 龙胜县 소재지로부터 21km, 桂林市로부터는 약 76km 거리다. 최근 관광지로 개방되었으며, 필자가 주목하고 있는 廖家寨는 관광객을 맞을 준비를 해가고 있는 마을 중의 하나며, 주민들은 관광지로 개발하여 마을의 경제적 소득을 올 리려고 구상하고 있다.

7 三朝酒의 삼조는 삼일을 뜻한다. 아이가 태어난 삼일째 되는 날 사람들을 초청하여 술과 음식을 먹고 즐기는 잔치를 벌이는데, 아이의 생명 탄생에 대한 축하와 선물, 또는 축하금 을 전달하고 하객들은 하루를 즐긴다. 이때 밤을 새우며 산가 대창을 연행한다.

8 广西 桂林市 龍勝縣 和平鄕 龍脊古壯寨와 이 지역에서 民歌를 부르는 사람들은 徐赣丽가 장족문화를 연구하기 위해 지속적으로 주목해온 연구지역이며, 주민들이다.
   徐赣丽, 「广西龙胜龙脊地区的稻作民俗」, 『古今农业』(2008年), 第3期.

9 나승만, 「桂林市 漓江 낚시어로 도구 고찰」, 『比較民俗學』 제38집(2008년).

10 2009년 7월 15일~19일, 2010년 1월 8~12일 현지답사.

11 黃現璠, 『壯族通史』(南宁, 广西民族出版社, 1988年 11月 第1版), 1~47쪽.

12 覃國生, 梁庭望, 韋星朗, 『壯族』(北京, 民族出版社, 1984년), 1쪽.

2) 장족의 역사와 龍脊古壯寨의 장족

壯族은 중국 소수민족 중 인구가 가장 많은 민족으로서 대부분 广西에 모여서 살고 있다. 그 가운데 특히 广西 서부, 남부와 서북부, 그리고 紅水河 유역에 집중되어 있으며 나머지는 雲南, 湖南, 广東, 貴州 등 지역에 펴져 있다. 壯族의 기원에 대해 여러 가지 설이 존재하는데 本土說과 遷移說, 그리고 南下한 한족 사람들과 현지인의 통혼을 통해 壯族이 점점 형성되었다는 설은 대표적인 것이다. 하지만 대다수 사람들은 壯族이 白越族群 중의 西瓯, 駱越 두 種族에서 기원한다고 주장하고 있다.[11]

〈그림 1〉 壯族 민족분포 지도

壯族은 자신의 언어와 문자를 가지고 있으며 언어는 漢藏語系 壯侗語族 壯傣語支에 속하며, 남·북 두 邦語로 나누어져 있다.[12] 壯族은 언어가 남·북 두 邦語로 나누어진 것처럼 민족도 남·북으로 나뉘어졌는데, 龍脊 壯族은 北壯에 속한다. 壯族 남자의 전통 윗도리는 검은 천에 銅製 단추를 한쪽으로 채운 大襟 衣다. 바지는 검은 천으로 만든 넓은 것이다.[13] 여자는 파란 바탕에 빨간색, 녹 색, 남색, 흰색, 청색 꽃을 수놓은 윗도리와 치마를 입는다. 치마는 무릎 밑까 지 내려오는데 여러 꽃무늬를 수놓았다.[14] 겨울에 검은 옷을 입고 여름에 흰옷 을 입기 때문에 龍脊 壯族을 白衣壯이라고 부르기도 한다. 현대에 들어서 龍脊 부녀자들은 머리에 꽃무늬를 수놓은 수건을 둘러쓰고 청색 바탕의 옷깃과 소맷 부리에 꽃 테두리를 두른 상의를 입는다. 넓은 바지를 입는데 바짓가랑이 바짓 단에 붉은색, 남색, 녹색 꽃 테두리를 수놓았다. 여름에는 항상 흰 상의를 입는 다. 부녀자들은 긴 머리를 길러서 몇 바퀴 휘감아 수건을 둘러썼는데 최근의 경 향으로 결혼한 여자는 단발을 많이 한다.

壯族은 논농사 민족인데, 특히 龍脊 지역은 계단식 도작문화로 이름이 난 곳 이다. 쌀을 주식으로 하며, 산에서 사냥한 멧돼지와 다른 동물, 그리고 金江河

〈그림 2〉 용척 일대의 계단식 논

---

13 黃鈺,「龍脊壯族調查」,『壯侗語民族論集』(南宁, 广西民族出版社), 1995년, 2쪽.
14 『龍勝縣志』, 龍勝縣編纂委員會(上海辭書出版社), 1992년.

에서 낚시한 물고기를 부식물로 한다.

전통 음식은 단술, 同禾, 粽粑, 酸魚, 酸肉 등이 있다. 龍脊 사람은 남녀노소 불문하고 누구든지 술을 좋아하지만 담배는 피우지 않는다. 이 음주풍속은 자연환경과 관계가 있다. 높은 산 속에 살아서 춥고 농사일도 힘들기 때문에 추위를 쫓고 피로를 풀기 위해 술 마시기를 좋아하게 되었다. 龍脊의 유명한 水酒는 현지의 龍脊 香糯과 샘물로 만든 것으로 품질이 좋고 맛이 있다. 平安마을 사람들은 차를 즐겨 마시는데 桂皮水를 마시는 사람도 있다.

龍脊古壯寨은 廣西 桂林市 龍勝縣 和平鄉에 위치한다. 龍勝縣은 원래 '桑江'이라고 하는데 시대에 따라 각각 始安, 義寧, 興安 등 縣에 속하고 있었다. 〈龍勝縣志〉에 龍勝縣의 연혁이 기록되어 있다.[15] 龍勝縣은 湖南省과 廣西가 인접해 있는 广西 북쪽에 위치하여 동경 109。54′ 북위 25。45에 있다. 桂林市의 서북쪽에 위치하고 있으며, 桂林 시내까지 88km 떨어져 있으며 소수민족이 모여 사는 지역이다. 여러 소수민족을 위주로 형성된 自治縣이므로 '龍勝各族自治縣'이라고 불리고 있다. 소수민족은 인구의 75%이상인데, 그 가운데 侗族, 壯族, 瑤族과 苗族이 가장 많다.[16]

龍脊 지역은 높은 산과 험준한 준령이 많고 마을이 양쪽의 깎아지른 산꼭대기에 분포해 있다. 마을끼리는 돌판 길로 연결된다. 평야는 없고 金江河가 험준한 산 속으로 흐른다. 龍脊古壯寨 마을 주민들은 모두 壯族이다. 그들끼리 왕래가 빈번할 뿐만 아니라 항상 山歌로 교제하고 감정을 교류한다.

이 논문의 조사지역인 龍脊古壯寨의 廖家, 平安, 侯家, 平段과 바로 인접해 있는 龍堡를 포함한 5개 마을이 연구 마을이다. 廖家, 侯家, 平寨, 平段이 하나의 마을공동체로 되어 있다. 廖家, 侯家, 平寨 세 개의 작은 마을들은 집들이 붙

---

15 龍勝通判駐轄地自漢至隋爲始安縣地, 唐屬靈川縣, 五代至明屬義宁縣, 本朝因之, 乾隆六年改桂林府捕盜通判, 設理苗通判駐判轄

16 徐贛麗, 「民俗旅遊與民族文化變遷 ── 桂北壯瑤三村考察」(北京:民族出版社, 2006년 9월), 35~36쪽.

어 있어서 마을 간의 뚜렷한 경계선 구분이 잘 안 될 정도다. 하지만 平寨과 平段은 계단식 논으로 격리되어 있어서 거리가 약간 멀다. 마을 주민들은 각각 단일한 성을 가지고 있는데 廖家는 廖씨고 侯家는 侯씨고 平寨과 平段는 모두 潘씨이므로 이 두 마을을 潘家寨이라고 부른다.

龍脊 경내에 산이 많기 때문에 현지에 '九山半水半分田(산, 물, 밭 비율을 묘사하는 말이다. 산:물:밭=9:0.5:0.5)'이라는 말이 있다. 龍脊이 위치한 越成 嶺山脉은 해발1500m로 厂西 북쪽의 고냉지대이다. 동서 길이는 30리며 龍脊河가 龍脊지역을 가로지기 때문에 龍脊은 자연스럽게 남과 북으로 나뉘었다.

龍脊의 '脊'자는 바로 바위산을 발파하여 계단식 논을 만들어서 생긴 것이라고 한다. 계단식 논은 산꼭대기까지 미치며, 최고 해발은 380m, 최저 해발은 88m다. 龍勝지역 전부는 九山半水半分田인데 龍脊지역도 예외가 아니다. 龍脊은 계단식 논으로 둘러쌓여 있어 멀리 보면 가장 높은 것은 산림이고 다음 논과 마을 집이다.

龍脊의 마을들은 각기 역사를 지니고 있다. 廖家마을의 경우 원적이 山東인데 厂西로 옮기고 또 興安로 옮겨 살다가 龍脊에 정착했다고 한다.[17] 〈廖姓宗支部〉의 기록을 보면 龍脊 壯族 사람들이 이곳으로 옮긴 후에 땅을 구매한 계약서가 있어 그 사실을 알 수 있다. 이 계약서에 나타난 龍脊 壯族 사람들의 선조들이 明代 萬歷 39년[18]부터 淸代 康熙.雍正, 乾隆년대까지 연이어 구매했던 "瑤山地土"의 땅 이름은 현재 龍脊 壯族이 모여 사는 지명 중의 대다수다. 따라서 龍脊村은 지금까지 약 400년의 역사를 가지고 있다고 추정할 수 있다. 현지에 전승되어 있는 역사 가요들을 통해서도 선조들은 여기 와서 산전을 일구어 생계를 도모했던 것을 알 수 있다.

주민들은 주로 농사를 생업으로 삼고 있다. 계단식 논을 경작해서 먹어 사는

---

17 徐贛麗, 「민속마을 관광과 현지문화의 변천」, 『南道民俗研究』 제14집(2007年), 182쪽.

18 만력(萬曆)이란 중국 명나라 말기 神宗황제가 다스리던 시기를 말한다. 신종황제의 연호가 萬曆이기에 이 시기를 "만력 연간"이라고 한다. 1573년부터 1619년 까지다.

것이 그들의 주된 생존수단이다. 근년에 농업이 쇠락해짐에 따라 많은 사람들이 외지에 가서 일하기 시작하고 남은 사람들은 정부의 지원을 받아 관광산업을 개발하여 수입을 늘릴 수 있도록 노력하고 있다.

3) 龍脊古壯寨 壯族 山歌對唱 전통

壯族은 남녀를 불문하고 4-5세가 되면 山歌를 배우기 시작한다. 아들은 아버지에게서, 딸은 어머니에게서 산가를 배우는 전통이 형성되어 있다. 논밭에서 일할 때는 물론이고, 산에서 나무할 때, 결혼과 초상 때, 그리고 명절, 청춘 남녀들이 만나고 연애할 때 언제나 산가를 불러서 그 뜻을 표시한다. 그래서 어린 시절에는 노래를 배우고, 청년시절에는 노래를 부르고 늙어서는 노래를 가르치는 것이 전통적으로 내려오는 장족의 습속이다.

喬建中는 壯族民歌를 山歌, 小調, 多聲部과 風俗歌로 나누었는데, 山歌를 가

〈그림 3〉 歌師 廖國富(오른쪽 남성)가 마을 주민들에게 산가를 지도하고 있다.

장 많이 부른다고 하였다.[19] 선율도 다양한데 아름답고 친절한 것도 있고, 노랫소리가 높고 낭랑한 것도 있으며, 감미로워 사람을 감동시키는 것도 있다. 민가의 전체적인 특징을 볼 때 선율이나, 구조, 음악구조, 노래 방식, 발성 방법 등 등 모두 독특한 민족 특징을 지니고 있다고 할 수 있다. 예를 들면 가수들은 노래할 때 발음이 뚜렷하고 목소리가 청청하다.[20] 다른 지방의 壯族과 달리 龍脊 壯族에게는 歌圩가 없기 때문에 산가 중심의 비교적 단조로운 가창 형태를 지니고 있다.

龍脊 사람들은 모두 노래하는 사람들이다. 모두 가수라고 할 수 있는데, 입에서 나오는 대로 노래할 수 있다. 그들은 자신들의 생애 경험, 내면의 생각, 생업의 기술, 현장의 상황, 감정, 소망, 정서를 노래할 수 있기 때문이다. 하지만 다들 겸손하게 노래를 못한다고 대답하는데, 그 이유는 歌師의 존재 때문이다.

山歌對唱의 소리꾼들을 선도하는 지도자로서 歌師가 있다. 歌師는 일반적인 소리꾼과는 구별되는 특별한 존재다. 歌師는 노래를 할 수 있을 뿐만 아니라 노래를 만들 수도 있다. 가사가 되려면 여러 조건을 갖춰야 한다. 노래를 좋아하고, 기억력이 좋고, 글을 쓸 줄 알고, 박학다식해야 하는 등 그 조건이 까다롭다. 歌師는 어린 시절부터 歌師 선배들을 따라서 노래 자리에 가서 노래를 하고 다닌다. 철이 들면 노래 만드는 것을 배우기 시작한다. 歌師는 선생의 가르침을 받아 노래를 할 수 있지만 스스로의 재능과 노력으로 노래를 많이 만들고 자주 노래하면서 山歌對唱의 현장에서 그 능력을 인정받아 유명해지는 과정을 거친다.

노래를 못하는 사람은 상대방에게 비웃음을 당한다. 다음의 가사를 보면 이런 것을 알 수 있다. '노래를 못하면 여기에 있지 말고 집에 가서 짚신이나 삼아라. 짚신 한 켤레의 값으로 4량의 쌀을 살 수 있으니 시장에 가서 팔아라(不會唱歌莫要來, 快快回家打草鞋, 一雙草鞋四兩米, 給你集市拿去賣)'. 龍脊 사람들은 짚신을 삼는 것이 가장 등급 낮은 직업이라고 생각하기 때문에 여기에 비

---

19 喬建中,『中國經典民歌鑑賞指南(下冊)』, 上海音樂出版社, 2002년, 280쪽.
20 黃勇刹,『壯族歌謠槪論』(南宁, 广西民族出版社, 1983년), 10쪽.

유하여 노래 못하는 사람을 비웃는다.

龍脊古壯寨 壯族 산가의 일반적인 형식은 男女對唱이다. 男男對唱과 女女對唱도 있는데 龍脊 壯族은 모두 남녀대창을 좋아한다. 대창할 때는 남녀의 수가 같은 것은 아니다. 오직 가수의 실력에 달려있다. 남자 한 명과 여자 여러 명이 부를 수도 있고 여자 한 명과 남자 여러 명이 부를 수도 있다.

이번에 조사한 龍脊 壯族 산가는 대창형식으로 부르는 산가이다. 七言四句 체로 구성되어 있으며, 壯語로 부르는 것도 있지만 桂柳方言으로 부르는 산가가 많다. 이 연구에서는 桂柳方言으로 부르는 산가를 대상으로 한다.

龍脊 壯族 산가는 형식면에서, 성악적인 면에서, 언어면에서 다음과 같은 특징을 지니고 있다. 형식면에서 龍脊 壯族 산가는 가끔 제1구의 자수가 3자이거나 제1구와 제2구, 제4구가 압운하지 않을 때가 있지만 대부분 짜임새가 있는 七言四句다. 조사 당시 歌師 廖國富가 만든 산가를 예를 들어 설명하겠다. '韓國貴賓到龍脊, 采訪前輩老歌書, 自從不到我家里, 相談之交成友誼'(한국 귀빈이 龍脊에 와서 선배 가수들을 인터뷰했다. 처음으로 우리 집에 왔지만 이야기함으로써 우정을 맺었다). 가사 중에 제1구와 제2구, 제4구의 '脊, 書, 誼'는 桂林방언으로 말하면 같은 'i'라는 운을 달고 있다. 산가를 창조하거나 대창할 때는 칠언과 압운이라는 규칙을 반드시 지켜야 한다. 이 규칙에 대해 廖國富는 '우리 산가는 꼭 칠언이어야 해요. 秦國明[21]처럼 한 구에 8자, 9자를 쓰면 절대로 안돼요.'라고 했다.[22]

龍脊 壯族 산가는 가락이 평평한데 남자는 낮은 소리로 시작하고, 여성은 높은 소리로 시작한다. 龍脊 사람들, 특히 歌師는 이것을 龍脊調라고 소개했다. 앞의 6자를 똑같은 길이로 부르고 마지막 1자를 약간 길게 부르다가 자연스럽게 다음 구로 옮긴다. 이렇게 4구를 막힘없이 20-25초 사이에 다 부르는 것이다.

대창할 때는 桂柳話를 쓴다. 桂柳話는 西南지방의 官話로 桂林과 柳州 및 주변

---

21 广西 桂林市의 가수왕이다. 龍脊에 와서 산가를 부른 적이 있다.
22 2010년 1월 9일, 廖國富(남, 58세) 자택 면담.

지역에서 사용되고 있다. 龍脊 壯族 주민들은 평소 壯語로 이야기하지만 대창할 때는 桂柳話를 쓰는 것이 보통이다. 壯語로 대창할 때도 칠언과 압운이라는 규칙을 지켜야 한다. 대창 쌍방은 다 壯語를 아는 경우에만 壯語로 대창한다.

대창을 할 때 일반적으로 지켜야 할 규칙이 있다. 대창하는 남녀는 친척이면 안 된다. 그 이유는 산가대창으로 배우자를 선택하는 경우가 많기 때문이라고 한다. 혈연관계에 있는 상황이 발생하면 두 가수 중 한 명이 빠져 나간다. 주빈이나 의례의 당사자는 대창에 참가하지 않는 것이 원칙이다. 혼례에서 신랑과 신부는 대창하지 않고 신랑 측의 사람과 신부 측의 送親하러 온 사람들이 대창한다.

남녀대창은 대비, 비교의 의미가 담겨져 있기 때문에 대창하는 가수나 노래를 듣는 사람들 모두 재미를 느낀다. 참여한 남녀 가수의 수를 세고 또 어느 쪽이 이길지 지켜보는 것도 관중들의 흥미 중 하나다. 대창규칙을 잘 알고, 노래를 잘 하는 가수끼리 지정된 장소에서 노래를 하는 대창 특징이 龍脊 산가를 더욱 흥미있게 만든다.

龍脊 壯族 산가대창은 혼례, 三朝酒, 생일잔치, 농한기 때 반드시 연행되는 잔치항목의 하나로, 여러 경사 자리에서 반드시 부른다. 또 중요한 일을 홍보할 때도 산가대창을 이용한다. 결혼식의 경우 결혼하는 날 신랑신부 측은 가수를 모셔 와서 대창시켜야 한다. 그래서 유명한 歌師는 혼례 자리에 자주 초청되어 등장한다. 攔門歌는 결혼식에서 신부측 친족이 신랑집에서 돌아갈 때 하는 대창하는 산가이다. 술을 차려놓은 상을 문 입구에 놓고 쌍방은 노래를 부르기 시작한다. 대창하는 과정에 상대방의 노래를 맞받아 부르지 못하면 벌주를 마셔야 한다. 중국 혁명시기에는 紅歌[23]와 革命歌를 만들어 불렀고, 지금도 정부의 요구, 또는 마을에서 대중적 홍보가 필요할 경우 산가로 정책홍보 산가를 제작한다.[24] 산가는 龍脊 주민들에게는 필수적인 의사소통의 수단이자 정서표현의

---

23 紅歌는 혁명과 조국을 찬양하는 중국 가곡이다. 정감있고 강한 연주감이 있으며, 중국 혁명 실천의 절실한 감정을 환기시키는 기능을 한다.

수단이다.

산가대창은 주로 밤에 이루어진다. 저녁을 먹고 나서 시작하여 이튿날 새벽까지 계속한다. 다음날 오후 3-4시까지 부르는 경우도 있다. 한 번에 부르는 산가는 최소한 천 곡이다. 경사에서 부르는 산가는 즉흥적으로 만든 것들이 많다.

4) 山歌對唱 공동체의 歌師 역할과 소통기능

〈그림 4〉 歌師 廖國富가 마을 주민들에게 山歌 공연안무를 지도하고 있다.

---

24 관광지로 개방된 龍脊 지역 사람들에게 다음과 같이 불조심을 알리는 산가가 있다.
　　四處貴賓來旅游, 壯鄕都是佳木樓, 防火工作最重要, 烟頭不滅莫亂丟.
　　防火工作大家抓、用火用電常檢査, 不管天晴和下雨, 時時刻刻莫忘它.
　　此事人人有責任, 來來往往任何人, 在家用火要注意, 外面吸烟更小心.
　　여러 곳 귀빈들이 관광을 옵니다. 장족 사람들은 모두 木樓에 살고 있으니 방화는 가장
　　중요한 일입니다. 담배 꽁초를 함부로 버리지 말아요.
　　방화 일은 모두들 해야 합니다. 불과 전기는 수시로 검사해야 합니다. 날씨가 맑든 비가
　　오든 언제든지 잊어서는 안됩니다.
　　방화는 모두의 책임이니 누구든 집에서 불조심하고 밖에서 담배 피울 때도 조심해요.

龍脊에서는 歌師 廖國富를 중심으로 산가를 전승하고 있다. 歌師 廖國富를 중심으로 일군의 사람들이 매일 밤 그의 집에 모여 山歌對唱과 일상적 생활을 소재로 이야기를 나누고, 필요할 경우 歌師가 구상한 산가대창에 필요한 안무를 연습한다. 특히 歌師 廖國富를 중심으로 마을이 관광지로 개방되는 것에 대비하여 山歌對唱의 안무와 무대연행을 준비하고 있으며, 일상생활에서 이루어지는 산가연행을 비디오에 담아 공연화하는 일을 꾸준히 수행하고 있다.[25] 필자는 한국 진도군 소포리의 노래방 사례와 같이 마을 주민들 중 山歌對唱의 연행과 공연활동에 참여하면서 전승을 주도하는 활동 집단을 山歌對唱 민요공동체로 인식했다.[26] 이 글에서 필자가 주목한 것은 歌師의 활동이다.

龍脊에서 가장 중심이 되는 歌師는 廖國富다. 龍脊 산가의 중심인물이며, 마을 주민들로부터 존경을 받고 있고, 그를 중심으로 山歌對唱 관련자들이 모여 활동한다. 그는 책을 많이 읽어 풍부한 학식을 지니고 있고, 문학적 창작력이 뛰어나다. 그리고 龍脊 山歌 가사를 문서로 기록하여 전승과 교육에 활용하고 있다. 예를 들어 회갑이나 고희연의 경우, 그는 다음과 같은 감각으로 가사를 창작하는데, '우리도 60세는 화갑, 70세는 고희라고 해요. 고희를 지나서 100살까지 살기를 바랄 때는 福祿東海, 壽比南山 등 사자성어를 이용해서 산가를 만들어요. 그리고 결혼을 축하할 때는 好合百年, 偕老天生 등 성어를 사용해서 산가를 만들어요. 산가도 고운 단어로 만들어져야 듣기도 좋고 내용도 풍부하지요.'[27]라고 말한다.

---

25 서감려는 관광지 개발과 지역문화의 변동이라는 문제를 다룰 때 龍脊 山歌對唱을 예로 들어 무대 공연과 무대 뒤 생활현장의 가무로 구분하여 인식하는 현상을 지적했으며, 무대 뒤의 생활현장에서 이루어지는 삶으로서의 山歌對唱을 거론한 바 있다.
徐贛麗, 「민속마을 관광과 현지문화의 변천」, 『南道民俗研究』 제14집(2007年), 198쪽.
26 민요공동체에 대한 개념은 필자가 한국민요사회 연구에서 구상하고 적용했던 소포리 노래방의 사례를 적용한 것이다.
나승만, 「소포리 노래방활동에 대한 현지 연구」, 『역사민속학』 제3호(1993년), 39쪽.
27 2010년 1월 9일, 廖國富(남, 58세) 자택 면담.

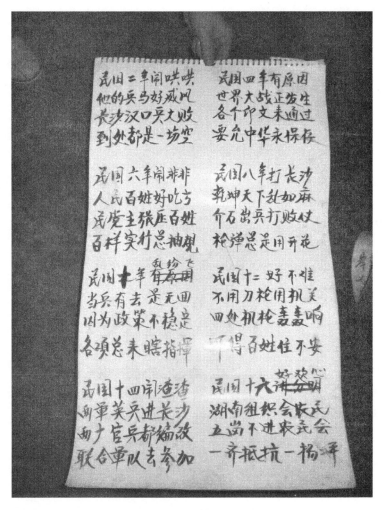

〈그림 5〉 歌師廖國富가 달력 뒷면에 기록한 山歌對唱 가사자료

또 龍脊에 공연단체가 구성되는 것에도 주도적으로 관여한다. 그는 노래를 좋아하고 노래를 만들 수 있을 뿐만 아니라 공연기획과 공연을 위한 노래와 춤의 안무를 좋아한다. 2011년 6월10일 관광개발을 위한 龍脊 開寨의식을 올릴

때 마을 부녀자들이 縣 문화관 선생의 지도를 받아서 간단한 공연을 했다. 이때 공연의 책임을 歌師 廖國富가 맡았다. 규모가 크지 않았지만 縣 문화관 전문가의 지도를 받아서 안무한 것이기 때문에 주변 관광 마을들과 유사한 구성이었다. 참여한 사람들이 매일 밤 歌師 廖國富의 집에 모여 山歌對唱을 연습했다. 이들은 歌師 廖國富를 중심으로 공연화를 추진하고, 관광 또는 마을 행사에서 山歌對唱 공연을 수행하고 있다. 이들이 현재 龍脊 山歌對唱를 이끌어가는 중심세력으로 자리잡고 있다.

歌師 廖貽淸도 산가를 잘 부른다. 산가를 배우는 것에 대해 歌師 廖貽淸은 이렇게 말하고 있다. '여기서 말하는 배우다라는 것은 구체적으로 가사를 암기하고, 악곡을 지도받아 배우는 것을 의미하는 것이 아니요. 어렸을 때 선배들은 간단하게 가르쳐준 것뿐이에요. 가장 중요한 것은 관심이 있어야 해요. 산가를 잘 부르려면 머리가 잘 돌아야 돼요. 선배들은 단지 우리를 격려하고 음조를 가르쳐 주었어요.'[28]

歌師 廖貽淸는 혼례와 三朝酒와 같은 경사 자리에 초청받아 술자리에서 노래를 많이 한다. 노래를 좋아해서 여성과 對唱을 많이 한다. 여성들과의 山歌對唱 때문에 가정문제가 생겨 이혼한 경험이 있다. 일반적으로 여성들은 남편이 밖에서 다른 여자와 대가하는 것을 용납하지 않기 때문이다. 廖貽淸은 감정이 풍부하여 노래에 쉽게 몰입하는 성격이고, 對唱 대상에게서 쉽게 감동을 받는다. 농번기에는 농사일을 하고 농사일이 끝나면 계림시에 나가서 일하기도 한다.

廖貽淸은 산가 가사 창작에 대하여 혼례의 사례를 들어 설명한다. '혼례의 山歌對唱에서 가수들은 이런 내용을 불러요. 두 분이 결혼했으니 행복하게 잘 살아요. 신랑은 잘 하는 것이 하나도 없으니 똑똑한 신부는 많이 가르쳐 주세요.' 그런데 신부 측은 반대로 '신부는 아무것도 잘 할 수 없으니 많이 가르쳐주고 공동으로 돈을 벌어 부자가 되세요.' 라고 부른다. 양측은 다 부른 후에 공통적

---

28 2010년 1월 9일, 廖國富(남, 58세) 자택, 면담자 廖貽淸(남, 38세)

으로 '신랑신부는 내년에 아이를 낳고 잘 사세요. 내년에 우리는 또 와서 부르고 싶어요. (내년에 아이를 낳아 三朝酒를 치르면 그때 다시 와서 노래를 부르고 싶다는 의미) 내년에 아이를 낳으면 우리도 기쁘고 아이가 건강하게 잘 컸으면 좋겠어요.'[29]라는 가사를 노래한다. 廖貽淸는 산가 가사는 생활에서 기원하고 생활 속에서 흔히 쓰는 것을 노래 가사로 바꾼다고 한다. 주민들이 쉽게 알 수 있는 가사로 노래하는 것이 廖貽淸 산가 가사의 특징이다.

龍脊 산가 전승과 연행은 歌師들이 주도한다. 歌師가 중심이 되어 산가 공동체를 이끌고 있다. 歌師의 역할을 보면 歌師 廖國富의 방식과 歌師 廖貽淸의 두 방식이 발견된다. 歌師 廖國富는 교육자로서의 산가 歌師 역할을 수행하고 있다. 먼저 전승을 위해 산가 가사를 기록하는 일을 하며, 농한기에는 밤에 자신의 집에 산가 스쿨을 열어 산가 공동체에 참여하는 주민들에게 산가를 교육하고 새로운 안무를 기획하여 실습하는 공동체의 모임터를 제공하고 있다. 그리고 그 스스로 학습을 열심히 하여 전승되는 산가를 성실하게 수용하고, 여기에 학습을 더하여 산가의 사설 내용을 풍부하게 재생산하는 역할을 수행한다. 그리고 산가대창의 공연적 상황을 일상화시키는 일에 노력한다. 예를 들면 관광을 가거나 마을에 행사가 있을 때 산가대창의 장을 마련하고, 이를 비디오로 촬영함으로써 산가대창에 참여한 공동체 구성원들이 스스로 스타의식을 갖게 만든다. 歌師 廖國富는 산가의 교육자라는 표현이 딱 맞다.

歌師 廖貽淸는 廖國富와는 다른 스타일의 歌師다. 그는 서정성이 강한 개성을 갖고 있으며, 삶의 실상, 경험, 느낌, 정서를 주로 가사화시킨다. 물론 전승되는 가사의 기본을 익히고 있지만 그가 지닌 특기는 서정적이고 즉흥적인 가사의 창작력이다. 歌師 廖貽淸이 중시하는 것은 사람과 사람 사이의 정서적 소통이라고 판단된다. 그는 스스로의 서정적 감각을 가사로 생산하고, 그 가사가 사람과 사람 사이를 연결하여 삶을 서정적이고 풍부하게 만드는 역할을 한다.

---

29 2010년 1월 9일, 廖國富(남, 58세) 자택 면담.

5) 가사에 담긴 긍정적인 삶의 서술과 본풀이적 서사

산가는 부르는 순서가 정해져 있어 그 순서대로 부르게 되어 있다. 예를 들어 결혼식에서의 산가를 하는 경우 먼저 손님을 환영하는 의미의 茶歌를 부르고, 다음에는 서로 상대방의 위세를 세워주는 내용의 奉承歌를 부른다. 그리고 다음에 신랑 신부를 위한 노래를 부르고, 네 번째로는 손님접대를 잘 하지 못했다는 의미의 노래를 부르고, 이어서 다섯 번째로는 역대 황제의 이야기를 담은 고사가를 부르고, 여섯 번째로 상대방의 마음을 헤아리며 지혜를 겨루는 내용의 盤歌, 일곱 번째로 情歌를 부른다. 그래서 산가는 부르는 단계가 일정하게 정해져 있다.[30] 그래야 노래하는 사람들은 주제에서 벗어나지 않고 순서대로 부를 수 있다.

그리고 가사의 내용은 고정된 古歌와 排歌를 제외하고 상황에 따라 만들어진다.[31] 산가의 주제는 다양하고 내용이 풍부하다. 역사 고사와 전통풍속을 반영하는 것이 있는가 하면 노동 생활을 묘사하는 것도 있고 사랑을 노래하는 것도 있다. 그리고 노래를 통해서 노동기술과 천문 지리 지식을 가르쳐주는 것도 있다. 龍脊 壯族山歌는 여러 종류가 있어 장소와 대상, 상황에 따라 순서도 다르다. 고정되어 있는 산가로는 茶歌, 奉承歌, 古歌, 盤歌, 排歌, 情歌가 있다. 그리고 결혼할 때는 攔門歌, 敬酒歌 등이 추가되고, 최근에 지어진 것으로는 紅歌와 革命歌도 있다. 三朝酒의 경우 茶歌부터 시작하여 奉承歌, 盤歌, 古歌, 排歌, 情歌의 순서로 부른다.

茶歌는 말 그대로 차를 낼 때 부르는 산가이다. 龍脊 壯族은 차를 생산하는 곳이므로 차를 마시는 풍속이 있으며 손님에게 차를 권하는 풍속도 있다. 손님들에 대한 환영을 표현하기 위해 모든 자리에서 먼저 茶歌를 부른다. 茶歌의 내

---

30 廖國富. 2010년 1월 9일. 廖國富 자택.
31 廖國富. 2010년 1월 9일. 廖國富 자택.

용은 기본 예의 갖추기의 성격을 지닌다. 주인이 겸손하게 대접이 소홀했다고 부르면, 손님은 차를 맛있게 마셨다고 대답한다. 이런 대창을 통해 상대방이 어디에서 온 누구인지, 무엇을 하러 왔는지 등 기본 정보를 파악할 수 있고, 향후 전개될 대창의 방향을 잡을 수 있다.

奉承歌는 상대방을 추어주는 노래다. 노래하는 쌍방은 일정한 신분을 가진 사람이기 때문에 상다방의 신분을 주제로 노래하는 것이 대부분이다. 경사가 있을 때 부르기 때문에 대창하는 쌍방은 주인과 손님의 신분이며, 손님이 잘 대접해주셨다고 추어주고, 때로는 쌍방 모두 손님의 신분으로 잘 대접받았다고 칭찬해 준다.

古歌는 歷史歌라고도 부른다. 이 가사는 역사적 사실을 배경으로 만들기 때문에 역사적 사실대로 불러야 한다. 가수의 기억력이 좋아야 한다. 내용은 역대 황제들의 치적이다. 또 자기 민족의 遷移史, 가족사 등을 부르기도 한다.

다음 노래는 龍脊 廖姓의 遷移歌인데, 廖姓의 이주사이고 생활사이고 본풀이적 성격을 지닌다.

男: 听你介紹一番話, 從我內情感動他。逼不得已离了祖, 逃往別方另安家。
女: 兄弟三人共爹娘, 逃生各人各一方, 只靠獨立各自主, 來年蘭桂盡騰芳。
兄弟各人各安家, 來年子孫大發達; 人要害人天不肯, 定有神靈保佑他。
廖姓始祖听分明, 爲兄一一記在心, 先輩創業不容易, 蒼天不負有心人。
廖姓始祖廖登仁, 万水千山也來尋, 四處龍脉來得好, 爲子造福一片心。
次祖广德住全州, 安心樂業得自由, 勤儉持家爲后代, 子孫興旺有前途。
三祖广元住興安, 數百余代大榮昌, 逐年人多地盤少, 子孫發展到榕江。
居住榕江十代人, 耕種日日往上升, 開春年年千般好, 代代兒孫万象新。
居住榕江十代余, 廖姓發展共相依。万年大計較遠看, 登仁移居到龍脊。
來到龍脊有落脚, 燕子春來才壘窩, 披星戴月多辛苦, 開山造田坡連坡。
登仁到此安了心, 也稱一開最辛勤; 開創龍脊廖家寨, 吃水莫忘開井人。

自古鼻祖到如今, 榕江龍脊各居鄉, 廖姓發展有多少, 四方和睦如意人。

廖姓發展几多村, 五湖四海各居鄉, 携手迎來團結日, 山桂搭成四化門。

先輩開拓龍脊庄, 青山環抱似天堂, 梯田美景實如畵, 中外攝影把名傳。

龍脊庄景感情多, 梯田彎曲繞橫坡, 盛夏綠坡秋金浪, 寒冬清影照銀河。

水有源頭木有根, 同宗共祖同墳, 千水万水不改意, 祖宗流傳永傳承。

千里移花到此落, 後來子孫發展多, 分居金竹和新寨, 馬路,雨落和毛坡。

發展平安到交州, 新寨分居到龍喉, 黑石橋屯和雙洞, 都是同姓又同族。

龍脊景点在平安, 先輩老人苦又寒, 泰山泰水挖不尽, 開起良田創美觀。

廖姓居此數百年, 蘭桂騰芳瓜瓞綿, 수是各居七八寨, 表同合心世代傳。

남: 당신의 말을 듣고 정말을 감동을 받았습니다. 어쩔 수 없이 고향을 떠나 다른 곳에 도망가서 살림을 꾸리게 되었군요.

여: 삼형제가 부모님 모시고 살았는데 각기 멀리 떨어지게 되어 만나기 힘듭니다. 나중에 각기 독립하고 출세하여 만날 수 있도록 나름대로 노력했습니다.

삼형제는 각각 가정을 이루었는데 자손들도 성공했습니다. 큰 불행을 당했지만 다행히 선영들의 은총을 입어 살았습니다.

廖씨 자손들 잘 들으시오. 조상들은 어렵게 살았지만 하늘은 스스로 돕는 자를 돕는 듯 천신만고를 겪으며 창업했습니다.

廖씨 시조 廖登仁은 이제 안 계시지만 항상 자손이 행복하게 되도록 지켜보고 도울 것입니다.

둘째 시조 廣德은 全州에서 행복하게 살았으며 집안이 아주 왕성했습니다.

셋째 시조 廣元은 원래 興安에 살았지만 자손들이 많아지고 땅이 좁아서 이제 榕江까지 옮겼습니다.

榕江에서 10대 자손들은 농경생활을 해왔습니다. 생활이 날로 좋아졌습니다.

廖씨 사람들은 서로 의지해서 살아왔는데, 登仁이 龍脊로 이사왔습니다.

그는 龍脊에 온 다음에 산과 봉우리를 깎고 허물어 밭을 만들었습니다.

登仁은 여기 정착하고 이 廖家寨을 만들었습니다. 물을 마시면서 우물을 판 사람을 잊으면 안됩니다.

이제 龍脊 수많은 廖씨 사람들은 아주 화목하게 살고 있습니다.

龍脊뿐 아니라 廖씨 사람들은 전국 곳곳에 살고 있습니다.

조상들이 만들어준 龍脊는 경치가 보기 좋고 계단식 밭이 그림처럼 아름답습니다.

이제 중국은 물론 외국에서도 아주 유명하게 되었습니다.

물은 근원이 있고 나무는 뿌리가 있듯이 같은 성씨 사람에게 같은 시조가 있습니다. 멀리 떨어져 살고 있어도 같은 시조가 있다는 것은 영원히 변치 않습니다.

여기 온 다음에 자손들이 많이 번영했습니다. 金竹, 新寨, 馬路, 雨落과 毛坡에까지 퍼져 살고 있습니다.

黑石橋屯과 雙洞에 사는 사람은 같은 성씨고 같은 종족입니다.

지금 龍脊의 가장 유명한 관광지는 平安이지만 옛날 시조들은 정말 고생을 많이 했습니다. 천신만고를 겪어 이런 아름다운 경관을 만들었습니다.

수백 년 동안 廖姓 사람들은 여기서 살아왔습니다. 같은 마음으로 천대 만대 발전해 갈 것입니다.

盤歌는 상대방에게 묻는 노래로 지혜를 겨루는 의미를 담기고 있다. 일문일답의 양식으로 되어 있다. 다음은 盤歌의 사례다.

> 男 : 某年皇帝坐京城，某月喜愛耍花灯，某月牛郎會織女，某時與友話談心。
> 女 : 元年皇帝坐京城，正月喜愛耍花灯，七月牛郎會織女，卯時與友話談心
> 問: 어느 해에 임금은 군주의 자리에 오를까?
>   몇 월에 꽃등을 가지고 놀까?

몇 월에 견우와 직녀는 만날까?

몇 시에 친구와 이야기할까?

답: 원년에 임금은 군주의 자리에 오른다.

정월에 꽃등을 가지고 논다.

7월에 견우와 직녀는 만난다.

卯시에 친구와 이야기한다.

排歌는 故事歌라고 부르기도 한다. 10곡의 노래는 한 열이라고 하는데 한족에서 전승되는《梁山伯與祝英台》,《花木蘭》,《劉海》,《三國》 등의 고사를 대창의 형식으로 부른다. 내용이 길고 다양하기 때문에 가수의 기억력이 좋아야 한다. 그리고 이야기의 내용을 자의적으로 고쳐 부르면 안 된다.

情歌는 자신의 감정을 표현하는 산가로 항상 마지막에 부른다. 남녀가 연애하는 것처럼 천천히 부르기를 좋아한다. 남녀 청년들은 情歌를 통해 마음에 든 사람을 찾는다.

6) 三朝酒의 연행에 담긴 山歌對唱의 노래굿 기능

아이가 태어난 3일째 되는 날이 "三朝"다. 이날 하루 거행하는 의례를 三朝礼, 또는 三朝酒라고 한다. 이날이 되면 아이를 목욕시키고 손님을 청하여 잔치를 벌인다. 일반적으로는 이 의례를 3-10일 사이에 치른다. 초청받아 오는 손님은 축하의 물품을 가져온다. 잔치는 정오쯤 시작되며 손님들은 술과 계란을 먹은 후 유차를 마시고 점심을 먹는다. 점심 식사는 성대하게 준비한다. 그리고 저녁 식사를 할 때까지 연회가 계속된다. 밤이 되면 山歌對唱이 시작된다. 이때 주인은 대창이 잘 되도록 가수를 미리 준비해야 한다. 2010년 1월11일 필자가 경험한 三朝酒의 사례다.

歌師 廖国富가 아랫 동네인 龙堡의 三朝酒를 벌이는 집의 초대를 받았다. 그의 안내에 따라 아랫 동네인 龙堡에 가서 三朝酒에 참가하게 되었다. 廖国富 집에서 1시쯤에 출발했다. 한 시간만에 목적지에 도착했다. 주인 潘秀豪는 55세이며 아내 潘月资는 50세이다. 이번 三朝酒는 태어난 지 19일 지난 손자 潘浩邦를 위해 치른 것이다. 아이의 아버지 潘洪晒는 26살이며 어머니 潘丽琳은 23살이다. 우리는 2시쯤 도착했으며 현지 풍속을 따라 입구에서 얼굴과 손을 씻고 축의금을 주었다. 2시에 도착했을 때 술자리가 벌써 벌어져 있었다. 참가한 손님들은 약 200명이었다.

필자는 인근 소수민족들의 의례와 생활을 비디오로 찍어 판매하는 일을 하고 있는 鄭匡宇를 만나 이야기했는데, 廖家寨의 산가대창 동영상을 수차 제작한 바 있다. 그는 오늘 벌어지는 三朝酒 잔치의 VCD 제작을 의뢰받아 제작하기 위해 왔다. 그는 자영업자로 일하다 1996년부터 스스로 촬영을 배우기 시작했다. 비디오 제작 가게에서 종업원으로 일하다 1998년에 자기 작업실을 만들고 주민들에게 관광을 알선하는 활동도 하고 있다. 촬영 범위는 龙胜 각 소수민족 마을들이다. 그리고 노인들을 전국 각지에 관광시키는 일도 하고 있다. 그는 한족이지만 苗, 瑤, 侗, 壯, 汉 5개 민족의 언어를 잘 할 뿐만 아니라 용성 각 소수민족의 풍속도 잘 안다. 鄭匡宇는 2009년 侯家와 潘家 아주머니들을 데리고 阳朔에 여행 갔을 때《龙脊侯家嫂子赴阳朔旅游(龙脊侯家 아주머니들이 龙朔에 여행 간다)》라는 VCD를 제작했는데, 이 작품이 나온 후 인근에서 VCD를 찍는 붐이 일어났다고 한다.

저녁에는 손님들이 줄었다. 일부 손님들이 점심을 먹고 바로 집에 갔기 때문이다. 손님들은 오락 게임을 하기 시작했다. 카드 게임을 하는 사람도 있고 VCD를 보는 사람도 있었다. 鄭匡宇가 찍은 VCD를 틀어줄 때 사람들은 모두 TV앞에 모여서 보기 시작했다. 자기가 나온 장면을 볼 때는 웃고 즐거워했다.

10시 쯤 주인 아내와 鄭匡宇의 제안을 받아 사람들은 對唱하기 시작했다. 우선 주인 동생인 30대 潘秀闻가 노래를 불렀다. 몇 곡을 부른 후 주인 아내가 한

곡을 불렀다. 다음 주인 아내 친구인 두 부녀자 廖连花와 廖爱月이 대창했다. 대창에 참가한 남자는 潘六雄, 潘洪恨, 陈结雄이었다. 여성 潘翠香은 부르다가 사촌 동생 潘植焕이 대창하는 것을 보고 그만 불렀다. 潘翠香은 아는 사촌 동생이라서 대창할 수가 없다고 우리에게 알려주었다. 그녀의 말을 통해서 서로 아는 사이면 대창을 하지 않다는 것을 알았다. 대창은 밤 10시부터 다음날 6시까지 계속되었다. 밤 한 시쯤 주인이 야식을 베풀었다. 야식을 먹을 때도 대창은 계속되었다. 대창 내용은 茶歌부터 시작하여 奉承歌, 古歌, 盤歌, 排歌, 情歌로 이어졌으며, 마지막에 情歌를 대창하였다. 다음 표는 대창하는 사람들과 그 위치 자료다.

가수들의 위치

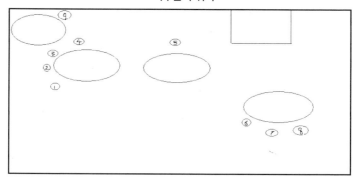

번호	이 름	성별	나이	주 소	주인과의 관계
①	廖连花	女	30대	金江村	주인 아내의 친구
②	潘翠香	女	50대	廖家	형수
③	廖爱月	女	30대	廖家	주인 아내의 친구
④	潘六雄	男	50대	龙堡	친척
⑤	潘秀榜	男	50대	龙堡	남동생
⑥	潘秀闻	男	30대	龙堡	남동생
⑦	潘洪恨	男	50대	龙堡	남동생
⑧	陈结雄	男	50대	马海	친구
⑨	潘植焕	男	50대	八滩	친척

〈그림 6〉 대창에서 노래하는 廖连花

이때 부른 情歌의 가사는 다음과 같다.

初來和妹兩相逢， 哥有言語在心中 心想和妹講句笑， 又白吵扰妹嬌龍

落雨久了望天晴， 望見藍天五彩云 不是今日才想妹， 早日思念到如今

兄住世間很平凡， 石头不怕火燒山 雙刀砍頭只要妹， 砍情容易起情難

剪刀落地十字架， 生死不离這朵花 六月香扇拿到手， 再也不給別人拿

心想與友結良緣， 盼汝思量莫胆怯 三斤鯉魚七斤胆， 望妹做個胆包天

與兄談情誼在懷， 蝴蝶戲花有往來 不得相逢莫冷意， 冬天花殘春又開

井邊挑水水淋井， 山上搬柴柴落山 一女梳妝面對面， 問妹眞情是假情

魚雁相隔不相識， 初談相會很甛蜜 倘若兄有眞情意， 燕飛社日怨春遲

　처음 동생을 보았을 때 오빠는 할 말이 있었습니다. 마음속에는 동생과
농담이라도 한 마디 하고 싶었는데 동생이 화낼까 걱정이었습니다.
　오래 내리던 비가 그쳐 맑은 하늘에 오채 구름이 떴습니다. 오늘만 동생
을 생각한 것이 아닙니다. 오래전부터 지금까지 생각해 왔습니다.

돌이 불에 태워지는 것을 두려워하지 않듯이 오빠도 평범한 사람이지만 칼 맞아 죽더라도 동생만 원합니다. 정을 잃기는 쉽지만 정을 일으키기는 어렵습니다.

가위가 바닥에 떨어지면 (떨어지지 않고) 십자로 벌어지듯 오빠는 죽어도 이 꽃을 떠날 수 없습니다. 6월 아름다운 부채를 손에 쥐게 되면 절대로 남에게 보여주지 않겠습니다.

동생과 좋은 인연을 맺고 싶으니, 동생도 겁내지 말고 용기를 내세요.

우리는 가끔 만날 수 없어도 슬퍼하고 낙심하지 말아요. 겨울이 지나면 봄이 또 오듯이 우리도 다시 만날 수 있으니까.

우물의 물을 긷고 나무를 베러 갈 때 동생과 마주치는데 동생의 마음이 진짜인지 묻고 싶어요.

첫 번째 만남이지만 정말 달콤하구나. 오빠는 일편 단심이니까 동생도 같은 마음이었으면 좋겠네.

생명 탄생에 대한 축하와 잔치판인 三朝酒에서 밤에 이루어지는 山歌對唱은 그 기능이 확실하다. 그것은 밤의 시간을 생명탄생의 축하 시간으로 채우고, 참여자들에게 의미있는 즐거움을 주고, 더불어 밤의 시간을 유용하게 보낼 수 있게 만든다. 손님을 청한 주인의 마음을 노래로 불러 전하고 손님으로 온 사람들이 노래로 불러 생명 탄생을 축하한다. 그리고 여기에 더하여 주민들의 삶과 정서가 반영된 자신들의 노래를 부르고 듣는다. 창자와 청자가 일체화된 공동체적 관계망 속에서 자신들의 삶과 역사, 생활 경험과 정서가 소통되기 때문에 밤에 이루어지는 山歌對唱은 자신들의 역사와 삶을 되돌아보는 시간이고, 조상들의 역사를 배우는 시간이기도 하다. 그리고 공동체로서의 관계망을 더욱 굳건히 다지는 장이 되기도 한다.

한편 오락적 기능도 강하다. 三朝酒에 오는 손님들이 많은데, 이들이 함께 숙박할 공간과 시설이 없다. 그래서 山歌對唱으로 밤을 새우는 일은 실용적인 면에서도 유용하다. 盤歌를 부를 때는 퀴즈풀이처럼 주고받는 대가의 가창행위에서 지적 대결의 쾌감이 있다. 그리고 排歌를 부를 때는 고대소설의 서사를 노래로 부르기 때문에 특별한 맛이 생성된다. 그리고 정가를 부르면 남녀 대창의 긴장과 흥미가 고조되고 공동체의 네트워크에 情의 관계망이 부가되어 공동체의 삶을 흥겹게 만든다.

그러므로 三朝酒의 山歌對唱은 하나의 서사적 드라마 성격을 지니며, 장족의 민족굿적 성격을 지닌다.

7) 山歌對唱의 기능과 의미있는 삶 이어 가기

영화《刘三姐》를 통해 중국을 대표하는 民歌로 알려진 壯族山歌에 대하여 이 논문에서는 龍脊라고 하는 산골 촌의 현장을 통해 살펴보았다. 이 논문의 주제는 壯族山歌가 실제 마을 현장에서는 어떻게 존재하며 주민들의 삶과 연계되어 있는지를 밝혀보는 것이다.

대창이라고 하는 노래의 형식이 소통 기능을 강화시킨다는 점을 실증적으로 알게 되었다. 그리고 소통의 내용이 주민들의 역사, 특히 고난 극복의 과정과 발전의 맥락을 담고 있으며, 지혜로운 삶을 추구하는 내용, 축복과 칭찬이라는 긍정의 힘을 담고 있다는 점, 그리고 흥미로운 서사적 줄거리를 담고 있다는 점, 정을 주고받는 교환을 통해 주민들의 삶을 즐겁고 의미있게 만들어주는 기능을 하는 것을 발견하게 되었다.

壯族山歌의 전승기반이 모든 의례에서 山歌를 연행하도록 장치되어 있다는 점은 주목해야 할 점이다. 의례의 주요 장르로 고정되어 있기 때문에 壯族山歌의 전승이 공고화되어 있다고 판단된다. 그리고 장족 주민들의 현실 상황을 반영하는 가사와 대창이 지닌 생명력이 산가가 언제나 현재의 노래로서 기능을 수행하며 지속적으로 생성적 기능을 수행한다고 판단된다. 이런 가창체계에 담긴 생성적 구조와 내용의 긍정, 소통, 따뜻함이 용지산가의 생명력 기반으로 인식된다.

여기에 더하여 龍脊壯族山歌 중의 역사가, 排歌, 盤歌 등은 민족의 삶과 전통, 그리고 교육 의미가 담겨져 있어 어린이와 청년들에게 역사와 인생의 의미를 배울 수게 해준다. 또 주민들 스스로 산가대창을 하면 몸과 마음이 즐겁다고 한다. 용지 장족 산가는 용지 장족들에게 의미있는 삶, 즐거운 삶을 지속시켜주는 기능을 수행하는 중요한 문화적 장치다.

〈참고문헌〉

柯熾,『广西情歌』(南宁, 广西人民出版社), 1980년.

柯熾,『广西情歌』속편, (南宁, 广西人民出版社), 1981년.

나승만, 「소포리 노래방활동에 대한 현지 연구」, 『역사민속학』 제3호, 1993년.

나승만, 「민요사회의 사적 체계와 변천」, 『민요와 민중의 삶』, 한국역사민속학회, 우석출판사, 1994년.

나승만, 「桂林市 漓江 낚시어로 도구 고찰」, 『比較民俗學』 제38집, 2008년.

農學冠, 「壯族歌圩的源流」, 苑利, 『20世紀中國民俗學經典, 史詩歌謠卷』, (北京, 社會科學文獻出版社), 2002년.

覃國生, 梁庭望, 韋星朗,『壯族』, (北京,民族出版社), 1984년.

潘其旭,『壯族歌圩研究』, 南宁, 广西人民出版社, 1991년.

徐贛麗, 「민속마을 관광과 현지문화의 변천」, 『南道民俗研究』 제14집, 2007년.

徐贛麗, 「생활과 무대-민속관광촌의 가무공연에 대한 조사연구」, 『南道民俗研究』 제15집, 2007년.

徐贛麗,『民俗旅遊與民族文化變遷——桂北壯瑤三村考察』, (北京 : 民族出版社), 2006년 9월.

徐贛麗, 「广西龙胜龙脊地区的稻作民俗」, 『古今农业』 2008年 第3期.

昭民, 「广西各地歌圩資料」(내부자료), 『广西壯族古代歌圩』에 게재됨, (南宁, 广西壯族自治區民間文學研究會 복사), 1980년.

梁庭望, 「歌圩的起源及其發展」, 『广西民間文學叢刊』第6輯, 1982년.

龍勝縣編纂委員會,『龍勝縣志』, (上海辭書出版社), 1992년.

韋其麟,『壯族民間文學概观』, (南宁, 广西民族出版社), 1988년.

黃永利,『歌王傳』, (南宁, 广西人民出版社), 1984년.

黃永利, 陸里, 藍鴻恩, 『广西歌圩的歌』, (南宁, 广西壯族自治區民間文學研究會), 1980년.

黃鈺, 「龍脊壯族調査」, 『壯侗語民族論集』, (广西民族出版社), 1995년.

黃玉淑, 「試比較广西壯族山歌与西北花儿 "反復" 修辭手法的差異」, 『青海師专學報』, 2003년.

黃勇利, 『壯族哥謠槪论』, (南宁, 广市民族出版社), 1983년.

黃現璠, 『壯族通史』, (南宁, 广西民族出版社), 1988年 11月 第1版.

(한국민요학 34, 한국민요학회, 2012)

제 3 부

민요공동체의 세계와
상상의 길 찾기

1.
민요사회의 사적 체계와 변천
--전남지역의 민요사회를 중심으로--

1) 머리말

이 글은 민요사회의 변천을 체계화하려는 작업의 일환으로써 이루어진 것이다.

민요의 생산, 연행, 변화는 민요주체의 활동에 의해 실현된다. 민요사회는 이러한 민요주체들의 활동이 이루어지는 장(場)으로써 사회적 범주라고 할 수 있다. 민요를 연행하는 향촌사회[1]의 경우 민요를 생산하고 연행하는 마을공동체는 민요사회가 되고, 일정한 기능을 수행하면서 민요를 연행하는 소단위의 공동체들과 개인의 연행은 민요사회의 인자(因子)가 된다.

민요사회는 민요주체의 활동 내용에 따라 각각의 시기마다 그 나름대로 독특한 방식에 의해 진행되었다. 한 지역을 대상으로 현지조사를 해 보면 중세, 근대, 현대 등 각 시기에 이루어진 민요조직의 활동을 포착할 수 있다. 각 시기 민요조직의 존재양상은 각기 처지에 따라 다르다. 그러므로 한 민요사회 내에서 여러 민요조직을 확인할 수 있다 하더라도 조직주체의 사회적 지향, 조직의 결

---

1 향촌사회란 농업생산에 기초하여 형성된 마을로서 혈연조직이나 농업공동체적 사회구조에 바탕을 두고 형성된 마을을 의미하는 용어로 사용한다.

성 방식, 민요 생산방식과 연행목적, 민요의 주제성 등에서 일정한 범주 단위로 구분할 수 있기에 별개의 구별되는 차원으로 인식해야 한다.

논의를 진행하는 과정에서 밝히겠지만 필자는 우리 민요조직을 시기별로 범주화하여 각 시기의 특성에 따라 전통민요사회, 근대민요사회, 현대민요사회로 하위분류하였다. 현재 수집이 가능한 다양한 민요조직[2]–민요공동체[3]들과 민요학습조직[4]–을 분석하면 이러한 사적 체계[5]가 드러난다. 이글에서 필자는 현지조사를 통해 파악한 민요주체의 활동–민요주체의 사회적 지향, 민요조직의 결성 방식, 민요의 생산 방식과 연행 목적, 민요의 주제성–을 기준으로 민요사회의 사적 범주를 구분하고 각각의 민요사회가 어떻게 변천해 갔는가를 각 시기별 민요조직의 활동과 변천과정을 통해 밝히려 한다.

---

2 민요조직이라고 했을 때는 전통사회의 민요공동체와 근대 이후의 민요학습조직을 통합하는 명칭으로 사용한다.

3 민요공동체란 향촌사회를 배경으로 형성된 민요연행조직을 가리키는 용어로 사용한다. 향촌 사회에는 민요를 생산, 연행하기 위해 결성된 조직, 즉 노래방과 같이 전적으로 민요만을 연행하기 위해 결성된 조직이 있고, 일정한 기능을 수행하는 과정에서 민요를 생산, 연행하는 조직, 즉 두레나 물래방과 같은 조직이 있다. 이 글에서는 이 두 부류의 조직을 민요공동체로 표현하였다.

4 민요학습조직이라는 용어는 근대 이후 조직의 운영과정에서 민요를 학습한 집단을 가리키는 개념으로 사용한다. 근대 이후에 형성된 조직은 전통시대의 향촌사회에서 형성된 농어촌 공동체들과는 결성방식과 목적에서 뚜렷이 구분된다. 근대에 이르러 민중들은 자체 내에서 교육운동을 통해 변혁을 추구했으며, 그 과정에서 많은 민요를 학습했다. 이러한 현상은 전통사회에서의 민요연행, 전승에 비해 구별되는 현상이다. 민중이 민요를 수용하는 과정이 학습을 통해 이루어졌기 때문에 이 글에서는 서로의 성격을 구분하기 위해 민요학습조직이라는 용어를 사용하여 전통사회의 공동체와 구분하고자 한다.

5 한 지역 내에서 파악되는 민요사회에는 계급적, 경제적 관계에 의해 형성된 층위로써의 범주와 역사적 발전과정을 거치면서 이러한 범주들이 축적된 사적 체계가 존재한다. 그러므로 같은 시간대에서 일정한 범주를 갖는 몇 단위의 민요사회가 존재하기 때문에 이를 층위의 개념으로 파악할 수 있다. 그러나 따지고 보면 이러한 현상은 민요사회 자체가 다양하게 계층화되어있기 때문이라기보다는 그동안 진행되어온 민요주체의 활동이 역사적 변천과정을 거치면서 한 사회내에 축적된 결과로 생각되었기 때문에 사적 체계라는 용어를 사용한다.

앞에서 제시한 문제의 해결을 위하여 다음과 같은 전제 아래 논의를 진행하겠다.

첫째, 민요사회의 사적 체계란 민요사회의 존재를 역사적 변천과정에서 이해하려 할 때 제기되는 문제다.

둘째, 민요사회의 존재를 파악하는 방법으로는 현지조사법을 이용하였다. 현재라는 시점에 산재한 민요조직들의 활동 흔적을 수집하여 이를 일정한 기준에 따라 시기별로 분류하였다.

셋째, 분류 기준은 민요주체의 성격, 민요조직의 결성방식, 민요생산 방식, 민요 연행 목적, 민요의 주제성에 두었다.

넷째, 변동의 문제는 각 체계간의 변동 과정과 요인, 변동의 방향에 관심을 두었다.

다섯째, 이 글에서는 전통민요사회와 근대민요사회만을 논의의 대상으로 하였다.

논의할 자료와 연행의 실상은 전남지역에서 수행한 현지작업에 의한 것들이다.[6] 논의된 결과는 전남 지역의 경우에 국한되므로 이를 한국의 보편적 민요사회 현상으로 확대하기 위해서는 각 지역의 사례들을 함께 검토해야 할 것이다.

---

6 한 지역 내에서 전통민요와 근대민요 현대민요를 모두 확인하기는 어렵다. 가령 전통민요 자료가 풍부한 마을의 경우는 근대민요나 현대민요 자료가 부족했고 근대민요자료가 있는 마을의 경우는 전통민요 자료가 부족했다. 그러므로 이 글에서는 전남지역 내의 여러 민요사회의 사례를 비교하면서 논의를 진행하였다. 전통민요에 관련된 자료는 전남 내륙지역과 진도군에서 수집한 사례를 중심으로 했고 근대민요에 관련된 자료는 완도군에서 수집한 사례를 중심으로 했고 현대민요에 관련된 자료는 광주에서 수집한 사례를 중심으로 했다.

7 참여자란 연행하는 창자와 수용하는 청취자를 동시에 이르는 표현이다. 민요연행에서는 연행자와 청취자가 따로 구분되지 않는다. 연행이 진행됨에 따라 창자와 청취자가 자연스럽게 한 판으로 용해되어버린다. 이러한 현상은 비단 민요의 연행에서만 일어나는 것이 아니라 민중 연희의 전반에 걸쳐 일어나는 현상이다.

2) 민요사회의 개념과 실상

(1) 민요사회의 개념과 사적 체계

민요사회란 민중 생활에서 민요의 생산, 연행, 전승이 이루어지는 연행주체의 조직과 활동 공간이라고 할 수 있다. 또는 연행 참여자[7] 개개인이 모여서 민요조직을 이루고 각각의 조직들이 활동하면서 관계맺는 체계를 민요사회라고 할 수 있다. 민요사회의 기본 인자인 개인이 민요조직에 참여하여 일정한 기능을 수행하는 과정에서 민요를 연행하는 것이 일반적이다.

민요사회는 기층민중들의 활동이었기 때문에 사회의 표면에 드러나지 않는다. 그러므로 한 지역으로 국한시킨다 하더라도 현지에서 그 실제를 파악하기가 어렵다. 이에 더하여 현재는 전통민요사회와 근대민요사회에서 활동했던 민요조직들이 사회변화와 함께 대부분 잔존태 내지 인식속에 남아 있고,[8] 그러한 민요조직들을 현재의 시점에서 조직으로 인식하기에 애매한 점들이 많으며,[9]

---

8   민요조직들은 그간의 사회변화 과정에서 분화되어 왔기 때문에 자료를 확인하는데 세심하게 주의할 필요가 있다. 현재 민중생활에서 인지되는 민요조직에 대한 자료는 여러 시기의 것들이 혼재된 상태로 이해된다. 그러므로 민요조직들의 활동을 시기와 기능에 따라 분류하는 작업이 있어야 하는데, 실제 작업에 착수했을 경우 각 시기의 자료들이 밑그림자만 남아있는 상태에서 구전되기 때문에 자료를 확인하고 분류하는데 세심한 주의를 기울여야 한다.

9   조직을 인지해 내는 연구자의 시각에도 문제가 있다. 향촌사회에서 민중공동체는 생활공동체이기 때문에 현대사회의 조직원리를 바탕으로 바라보면 임의적 상황으로 인식될 수 있다. 더구나 '민요를 부르는 사람들이 무슨 조직을 가졌겠느냐, 무슨 의식이 있었겠느냐, 단순히 소박하게 노래나 부르는 사람들이다' 라는 정도라고 생각하면 결코 민요사회의 실상을 인지해 내기 어렵다. 그리고 민요주체인 자신들도 공동체 활동이 일상적인 생활방식의 일부이므로 조직이라는 인식 없이 활동한다. 더구나 여기에 가세하여 연구자들은 현대사회에서 이루어지고 있는 조직의 활동과 운영방식에 비교하여 그들의 활동이 낯설기 때문에 별 관심없이 지나쳐 버리기 일쑤다. 그러나 주의깊게 들여다 보면 체계와 운영이 면밀하게 조직화되어 있는 것을 알 수 있다. 그리고 이 방식은 민중사회에서 오랜 세월 동안 지속되어 자연스럽게 몸에 젖은 전통적인 방식임을 알 수 있다.

그들 스스로가 외부세력에게 자신들의 존재를 쉽게 드러내지 않으려는 경향[10] 때문에 연구자가 민요사회에 접근하기 위해서는 향촌사회의 권력구조, 민중사의 변동과정과 지향에 대한 이해와 함께 민중의 심성에 적응할 수 있는 방법상의 모색이 필요하다.

민요사회 내에는 과거의 역사 시기에 연행되던 다양한 민요와 민요조직들이 오랜 세월을 거치는 동안 민중의 생활 속에서 변화하여 현재 각기 형편대로 존재하고 있다. 과거로부터 지속적으로 활동해오고 있는 조직, 활동을 중단하고 잔존태로 잠복해 있는 조직, 잠복해 있다 다시 활동을 시작한 조직, 새롭게 형성된 조직들이 있다. 그러나 현재 활동중인 조직이라도 그 존재 상태가 각기 다르다. 그러므로 현재 파악할 수 있는 민요조직이라도 서로 구별되는 층위로 인식해야 한다.

필자가 파악한 민요조직에는 두레, 물레방, 어로조직, 상두계, 산다이, 또래별 노래조직, 노래방, 야학, 노래운동조직 등이 있으며, 각각의 조직들은 연행주체, 결성방식, 연행목적, 생산방식, 민요주제에 따라 범주화시킬 수 있다.

두레, 물레방, 어로조직 등의 노동공동체, 상두계 등의 의례공동체, 산다이, 또래별 노래조직 등의 순수민요공동체는 현재 농어촌 등 향촌사회에서 활동하거나 존재를 확인할 수 있는 민요공동체들인데, 마을 단위의 지역공동체에 기초하여 활동하였다. 결성 방식은 노동공동체와 의례공동체는 마을을 구역별로 분할하는 방식이었고 민요공동체인 산다이, 또래별 노래조직, 노래방에서는 또

---

10 민중사회는 외부의 다른 계층이나 집단, 개인에게 존재를 쉽게 드러내지 않으려는 경향이 있다. 이러한 경향은 특히 근대사를 겪으면서 강화된 경향이다. 가령 연구자가 향촌사회의 민요공동체에 접근할 경우 대상자들은 '농한기 때 심심하니까 우리들끼리 모여 노는 정도다'라고 조직의 존재를 단순화시켜 표현하거나 조직의 존재 자체를 숨겨버린다. 그 이유를 따져보면 이들이 겪어왔던 역사적 체험과 그 과정에서 형성된 성격에서 찾아볼 수 있을 것이다. 특히 반제 민족해방운동과정에서 민중조직이 투쟁의 전면에서 활동했지만 제국주의와 이를 추종하는 세력들에게 패배하였고 또한 이들로부터 지속적으로 탄압받아 왔던 과거의 체험 때문에 외부자에게 자신들의 실체를 드러내기 꺼려하는 경향이 있다.

래별로 모여 활동하는 방식이었다.

농업생산에 바탕을 두었던 민요공동체들 중 두레는 조선 후기사회에 들어 활성화된 민중의 공동노동조직이자 생활조직이며,[11] 물레방,[12] 상두계[13]도 이미 중세사회 이전부터 있던 민중의 노동조직, 또는 의례조직이며, 산다이는 언제부터 시작되었는지 알 수 없지만 현재도 도서 해안지역에서는 연행되고 있는 민중의 노래판이다.[14] 필자는 이러한 민요공동체들이 사회변동을 거치는 동안 일정한 변화를 겪었지만 기본적으로 고대와 중세 사회의 생활풍습, 생산경제, 의식을 배경으로 형성되었고 또 당시 민요주체의 의식을 반영하고 있다고 생각한다. 그리고 이 시기는 봉건 지배질서에 바탕을 둔 사회였기 때문에 민요사회도 이러한 지배 구조를 반영했을 것으로 생각한다. 이 시기를 배경으로 한 민요와 민요주체, 그리고 민요공동체를 중세민요사회, 또는 전통민요사회[15]라고 부르고자 한다.

한말 외세와 지배세력의 착취에 대항한 농민항쟁과 민중교육운동을 통해 민중세력이 성장하였다. 그들은 농민항쟁과 민중교육기관-야학, 개량서당, 사립

---

11 주강현, 『굿의 사회사』, 웅진출판사, 1992, 56쪽.
12 물레방이란 마을내의 길삼공동체를 이르는 말이다. 완도에서는 이를 드레미영이라고 하고 진도에서는 물래방이라 한다.
　　허경회, 나승만, 『완도지역의 설화와 민요』, 목포대학교 도서문화연구소, 1992, 85-6쪽.
13 상두계는 향촌사회에서 상례를 수행하는 의례공동체다. 결성방식은 마을을 지역에 따라 분할하는 것이 일반적이며 또래집단끼리 모여 결성하는 경우도 있다. 이 경우 자식들이 부모의 계를 이어 받는다. 초상이 나면 계원들이 중심이 되어 상례를 수행하는데, 계금을 지출하여 경비를 부조하고 상여의 운반과 매장을 담당했다.
14 허경회, 나승만, 『완도지역의 설화와 민요』, 89쪽.
15 이 글에서는 고대민요와 중세민요를 함께 지칭하여 전통민요라는 용어로 표현하였다. 중세민요사회는 고대부터 지속되어 온 향촌사회의 일상생활을 바탕으로 이루어 지며, 변화의 폭이 좁고 지속력이 있어서 민요사회 기반을 이룬다. 이 시기에 불려진 민요들은 가락의 전통성, 기능의 생산성, 전승의 지속성을 지닌 것으로서 한국민요의 토대가 되었으며, 이런 노래 연행을 수행한 민요공동체들은 생산노동을 기반으로 형성되었기 때문에 한국 민요사의 전개과정에서 가장 굳은 전통성을 지닌다. 흔히 전통민요라고 했을 때는 이러한 민요를 가리킨다.

학교 등-에서의 학습을 통해 반봉건 민중의식과 민족의식을 자각했고, 일제의 침략에 대항하여 항일민족해방운동을 전개했다. 이 시기에 민요학습이 교육운동과정에서 이루어졌다. 야학은 민중교육조직으로 진보적 지식인들에 의해 향촌사회의 민중들을 대상으로 전개되었다. 민중의식을 실현하는 노래의 생산과 재생산은 야학의 학습과정에서 이루어졌다. 그리고 일제 하 노래활동을 통해 변혁운동을 수행하는 비밀결사체적 민요학습조직이 있었다. 이 시기의 민중들은 학습을 통해 민요를 습득하면서 반봉건과 민족해방운동을 수행했다.[16]

이 시기의 민요주체들은 확고하게 반봉건과 항일민족해방의식을 갖고 있었고, 어느 만큼 민중해방의식을 자각한 세력이었다는 점에서 전통민요사회 주체들과 구분할 수 있다. 운동세력들은 민요의 보급과 교육을 통해 민중에게 민족의식을 고양시키고 항일 투쟁의지를 고취시켰다. 이 시기 민요연행조직의 목적이 향촌사회의 생활공동체 강화보다 반봉건 민족해방의식의 강화였다는 점에서 전통시대의 공동체 활동과 구분된다. 민요사회의 변천과정에서 볼 때 이를 근대민요의 시작으로 인식하고 앞의 조직들에 의해 불려진 노래와 민요연행활동을 아울러 근대민요사회라고 부르고자 한다.[17]

해방 후 민중이 우리사회의 주체가 되기 위한 과정에서 많은 노래를 생산하고 연행했다.[18] 이 시기 민중들이 불렀던 노래를 현대민요의 기점으로 보고 그 이후부터 현재까지의 시기를 현대민요사회로 보고자 한다.[19] 현대민요사회의 특징은 일제로부터 민족이 해방된 시기에 출발하였다는 역사적 의미에서만이 아니라 구체적인 민요활동에서 앞 시대와는 다른 특징을 지니고 있다. 연행주

---

16 노래의 학습을 통해 새로운 지식을 습득하는 것이 당대 민중들의 지식수용의 한 방법이었고, 실제로 가장 효과적인 학습방법이었다.

17 근대민요사회라고 해서 전통민요사회의 활동이 중단된 것은 아니다. 근대민요사회에서도 전통민요사회는 면면히 활동했으며, 서로 공존하는 관계에 있었다는 점을 전제로 한다. 그리고 전통민요사회의 민요공동체 활동에 기초하여 근대민요활동이 이루어졌다는 점도 전제되어야 하나 이에 대해서는 다음에 이루어질 글에서 상세히 밝히겠다.

체들이 민족해방에서 민중해방, 나아가 인간해방의 문제를 구체적 과제로 삼았으며, 민요의 학습과 연행을 통해 민중조직의 연대와 활동을 강화하고 인간의 평등과 민중해방을 실현하려 했다는 점에서 특징을 찾을 수 있다.

근대민요사회와 현대민요사회는 구분이 쉽지 않다. 근, 현대민요사회 모두 시대적 상황을 반영하여 당대 민중의식 반영에 충실하였으며, 가락이 서구의 음악어법을 수용하였고, 연행목적이 민중의식을 고취하는데 있었고, 학습에 의해 전승되었다는 점에서 유사하다. 그러나 근대민요사회의 주체들은 일제의 강점에 대항하여 투쟁하고 민족해방을 목적으로 하였는데, 현대민요사회의 주체들은 음악적인 면에서 전통민요와 근대민요의 음악어법을 융화하여 새로운 민족음악을 건설하려 하였으며, 통일과 분단의 문제에 대한 각성을 통해 통일을 지향하였고, 나아가 인간해방을 지향하는데 그 목적을 두고 있다는 점에서 구별된다.

---

18 해방직후 조선푸롤레타리아 음악가동맹, 그리고 조선음악동맹으로 이어지는 민족음악건설 세력들이 가장 치열하게 펼친 것이 '민족주의에 바탕을 둔 노래 운동'이었다. 김순남의 해방의 노래, 농민가, 여명의 노래, 남조선형제여 잊지말아라, 인민항쟁가, 이건우의 반전가 등이 이 시기의 민중사회에서 주로 불렀다. 이 시기의 민요사회에서 필자가 관심을 갖는 부분은 민중이 이러한 노래들을 어떻게 수용하여 민요화했는가에 있다. 즉 노래의 주체화과정이 어떻게 이루어졌는가에 있다.

19 김창남 등은 1970년대 이후 전개된 민중의식에 기초한 노래연행의 경향을 '노래운동론'으로 개념화했으며, 노동은, 이건용 등은 조선 후기의 변혁적 음악운동에서 그 뿌리를 찾으면서 해방후 이 땅에서 전개되었던 민중, 민족을 위한 음악운동을 '민족음악론'으로 개념화했다. 그런데 이들은 이러한 노래를 생산한 쪽에 보다 많은 관심을 기울인데 비해 필자의 관심은 이러한 노래를 수용하여 삶 속에서 실천해간 민중의 노래생활에 있기 때문에 민요사회의 체계속에서 이해하고자 한다.
김창남 외, 『노래운동론』, 도서출판 공동체, 1986, 5~11쪽.
노동은, 이건용, 『민족음악론』, 한길사, 1991, 39~47쪽.

(2) 민요사회의 실상

① 전통민요사회

전통민요사회의 민요공동체들은 일관된 민중문화를 창출했다기보다 어느 정도 지배계급의 문화를 반영하는 혼합된 방식으로 공동체문화를 형성했던 것으로 파악된다.[20] 그 대표적인 것으로 두레를 들 수 있는데, 두레가 노동공동체로서 역사적 의의를 갖는 것은 조선조 후기에 수행했던 생산활동과 변혁조직으로서의 활동이라고 생각한다.[21] 이 시기에 이르러 이앙법이 전국으로 확산되자 두레의 역할이 강화되었고 공동 노동을 수행하는 생산공동체로서 조선 후기사회를 떠받치는 경제적 기초를 담당하였다. 이에 따라 두레는 당시 최고의 생산공동체일 뿐만 아니라 민요공동체였다.

그런데 두레의 민요공동체적 성격을 파악하기 위해서는 연행 주체인 두레의 성격을 이해해야 하는데, 그러기 위해서는 향촌사회 권력구조의 다양한 형태에 주의할 필요가 있다. 중세 향촌사회의 권력구조는 크게 지배세력인 사족 부농층과 피지배층인 농민, 노비 등으로 분류할 수 있다. 이러한 권력구조 속에서 사족층, 또는 부농층이 지배세력으로 존재한 마을의 두레 활동이란 자연히 지배세력들의 생산력 향상에 보다 유리하게 운영되었을 것으로 생각된다.[22] 이와

---

20 정승모, 「조선풍속과 民의 존재방식」, 『역사속의 민중과 민속』, 한국역사민속학회, 1990, 139-140쪽 참조.

21 주강현, 「두레 공동노동의 사적 검토와 생산문화」, 『노동과 굿』, 학민사, 1989, 19쪽 참조.

22 조경만이 논의한 1940년 전후에 이루어진 추양리의 두레활동을 검토해 보면 마을의 사회구조를 명확히 제시하지는 않았지만 두레 활동이 지배 부농의 농업경영에 유리하도록 돌아갔으며, 지배부농들은 두레활동에 따른 예술연행에 물적 자원을 제공하여 부농에 치우친 두레활동을 원활하게 이끌어가는데 기여했다는 추측을 가능하게 한다. 주강현도 전통사회에서 두레공동체는 민중사의 자랑스런 부분인 동시에 제한성도 인식해야 올바른 이해가 가능하다고 말하고 있다.
조경만, 「농업노동형태의 생태. 경제적 맥락」, 『한국문화인류학』 19, 1987.
주강현, 『굿의 사회사』, 56쪽.

는 대조적으로 여러 성씨들이 모여 사는 민촌에서의 두레 활동은 그만큼 민중의 정서를 반영했을 것으로 생각된다.[23] 특히 전남의 도서 해안지역 두레는 남여가 공동으로 밭매기와 논매기에 참여하였기 때문에 보다 적절하게 민중 정서를 반영했을 것으로 보인다.

중세 향촌사회의 전반적인 경향에 비추어 보아 사족 부농층이 지배하는 마을에서 두레공동체의 결성과 활동이 성했을 것으로 생각된다. 두레노래[24]에 민중 정서를 드러 낸 사설이 많고 두레의 구성원이 농군이었다고 하더라도 사족 지배 마을의 경우 두레의 지도부를 사족 부농의 상머슴들이 점유했으며,[25] 이러한 형태가 조선 후기 두레의 전형이었다고 할 때, 중세사회의 전형적 노동요인 두레노래가 지닌 제한성은 곧 전통민요가 지닌 제한성과 연결된다. 필자가 수집한 두레노래의 내용을 분석해 보면 대부분은 생산력향상에 치중해 있다. 즉

---

23 민촌에서의 두레 형성에 대해서는 이론이 있을 수 있겠으나 다음의 두 경우였을 것으로 생각된다. 첫째는 역사가 오래된 민촌에서 두레가 형성된 경우, 둘째는 조선조 후기, 말기에 새로운 민촌이 건설되면서 두레가 결성된 경우다. 첫째의 경우, 일찍이 설립된 민촌의 경우 두레활동의 자취를 발견할 수 있다. 가령 진도군 지산면 소포리의 경우 전형적인 민촌으로 염업을 주 소득원으로 삼는 마을인데 일제 강점기에도 두레 활동이 있었고 두레노래가 전승되어 오고 있다. 염업의 경영이나 경작지 소유 분포도 비교적 균등해서 사족 지배 마을에서 살기 어려운 사람들이 이주해오는 경우가 많았다고 한다. 둘째의 경우, 18-9세기의 사회적 변동과정에서 지배 사족층으로부터 이탈하거나 분리하여 새로 건설된 신촌에서 두레를 형성할 만한 경제적 토대를 마련할 수 있었겠느냐는 점 등이 신중히 고려되어야 할 것이다. 함평군 학교면 진례리의 경우 영산강변에 위치한 마을로 제언의 구축과 함께 확대된 마을인데 이 마을에서는 두레를 결성하여 마을 경작지의 제초작업을 하며 강변의 제언을 수리하고 다른 마을의 제초작업을 해주고 마을 공동기금을 마련했다. 사족지배마을의 두레와 민촌의 두레가 사회적 현상에 대응하는 태도는 각기 달랐을 것으로 생각되기 때문에 두레의 성격을 다변화시킬 필요가 있다.

24 두레노래란 두레공동체가 부른 노래를 말하며, 들노래라고도 부른다. 필자는 이 글에서 두레노래라고 했는데, 이는 연행주체의 관점을 중시했기 때문이다. 전남지역에서 파악된 두레노래로는 모찌기노래, 모심기노래, 논매기노래, 풍장노래 등이 있다.

25 필자의 조사에 의하면 반촌에서는 사족 부농층의 상머슴들이 두레의 지도부를 구성하는 경우가 일반적이고, 민촌에서는 자영 농민중에서 선발하여 두레의 지도부를 구성하는 것이 일반적이다.

작업의 지시와 독려, 단합과 협동의 강조, 풍년의 예축과 기원, 연정적 표현과 피로의 이완 등의 사설이 대부분이며, 농군 자신들의 삶의 문제를 다룬 사설 은 제한되어 있다. 두레의 고유한 기능 때문에 사설 내용이 제한되었을 것으로 생각되지만 당대 농군들의 삶의 문제를 확고하게 제시하지 못하고 있으며, 제 시한다 하더라도 극히 제한적이라는 점에서 당시 두레의 제한성을 엿볼 수 있 다.[26]

여성만으로 이루어진 두레활동은 길쌈노동에서 이루어졌다.[27] 향촌사회의 길쌈조직은 어느 곳에서나 존속했던 여성들만의 노동공동체였으며, 이 작업에 서 많은 노래를 불렀다. 드레명잣기는 마을 전체를 대상으로 한 공동노동이기 때문에 각 계층이 망라된 층으로 이루어지며, 물레방은 소단위 조직활동이었고 또한 같은 또래로 이루어진 공동작업이었기 때문에 두레명에서의 노래와 물레 방에서의 노래에 차이가 있을 것으로 생각된다. 특히 농경지가 적은 산간지역 이나 도서지역에서는 길쌈공동노동에서 여성들의 예술연행이 이루어졌다. 당 시 여성들은 사회의식과 정서를 반영하여 시집살이와 가족구조의 제도적 모순 에 저항하는 노래들과, 과중한 노동으로부터의 해방, 여성들의 성적 억압으로 부터에 대한 해방을 주제로 한 노래들을 불렀다.

어업노동조직의 노래는 뱃일에서 이루어진다. 전남 도서해안지역에서는 주 로 멸치잡이에서 마을공동체에 의한 어로행위가 이루어졌다. 선주와 마을 사람 들이 공동으로 고기잡이와 운반에 참여하였으며, 소득의 분배도 공동으로 분배 하고 별도로 배의 분배몫을 책정하여 분배하는 방식을 취하고 마을내에 무의탁

---

26 두레노래의 사설 분석은 나승만, 「전남지역의 들노래 연구」, 전남대학교 대학원, 1990, 119–153쪽 참조.

27 지역에 따라 명칭은 다르지만 전남 도서지역에서는 '드레명 잣는다'고 하여 마을단위로 한집에 한명씩 부녀자들이 모여 공동으로 집집마다 돌아가면서 명잣기를 한다. 그리고 또 소단위 명잣 기 모임으로 물레방이 이루어 지는데, 드레명잣기가 마을단위라면 물레방은 7~8명 단위로 이 루어진다. 여성들의 집단 노래활동은 드레명잣기와 물레방에서 이루어졌다.
허경회, 나승만, 『완도지역의 설화와 민요』, 84–85쪽.

자가 있을 경우 그들의 몫도 책정하여 분배하였다. 그럴 경우 전체를 12등분한 다면 선주의 총 몫은 2-3몫 정도를 차지한다.[28] 횃불로 멸치를 잡던 가거도의 경우 이러한 방식의 어로행위와 노래가 연행되었다.[29] 특히 도서지역의 어로공 동체들은 생산과 분배에서 공동으로 작업하고 분배하는 방식을 취하고 있어 육 지의 사족 지배마을과 확연히 구분되며, 이러한 경향은 비단 어로조직에서만이 아니라 삶의 전 과정에서 공통으로 나타나는 현상이며 일찌기 도서지역에서 반 봉건운동이 치열했던 사실과 관련될 것으로 생각된다. 민요도 이러한 어로단계 에서 불렀고 상업성이 강조되는 단계에 이르면 어로방식의 변화와 함께 노래공 동체로써의 기능도 쇠퇴한다.

의례공동체로서는 상두꾼 조직을 들 수 있다. 상례를 수행할 때 상두꾼들이 운상하면서 상여소리를 한다. 민촌에서는 마을공동체의 구성원들이 상두꾼이 되어 상여소리를 한다.[30] 군소 마을에서는 마을의 남자들이 모두 참여하여 상 례를 치루며 큰 마을에서는 반 단위로 분할하여 상례를 치룬다. 사족지배마을 에서는 1930년대까지만 하더라도 민촌 사람들을 불러다 상여를 메게 했다.[31] 앞소리꾼이 상여를 이끌어 가면서 상여소리를 메긴다. 앞소리꾼은 전반적인 상 여 운상의 과정을 소리로 인도하며 유능한 앞소리꾼은 상가의 형편에 맞게 소 리를 이끌어 간다.[32]

---

28 상업적 어업노동이 강화된 근대에 이르면 챗배나 뜰망, 또는 건착망으로 멸치를 잡았으며, 어 로방식의 변화뿐만 아니라 분배방식까지 변하고 노래도 단순화되는 경향을 보인다. 그리고 마 을사람들의 참여가 없이 이루어 진다. 이는 어업노동이 두레 공동체적 성격이 약화되고 상업성 이 강화되면서 일어난 현상으로 생각된다.

29 1988년 7월 16일-21일, 필자 현지조사.

30 상여소리는 상두꾼들에 의해 연행되는데 작은 마을인 경우 마을사람 모두가 참여하지만 큰 마 을에서는 30호 단위로 반을 편성하여 상사를 치룬다. 상여소리는 이들 상두계에서 수행한다. 나승만, 「소포리 노래방활동에 대한 현지연구」, 『역사민속학』 3집, 1993, 44쪽.

31 가령 진도 만가의 경우도 원래는 양반집 초상에 상민 마을 사람들을 불러다 상여를 메게 하고 당골이 소리를 메기면서 불렀던 소리였다. 그리고 나주군 문평면의 경우 반촌에서 상사가 발생 하면 민촌에서 상두꾼들을 불러다 상여를 메게 하였다.

또래별 노래공동체는 명절 전, 또는 농한기에 조직된다. 팔월 추석이 임박하면 보름 전부터 여성들이 또래별로 모여 전문적으로 강강술래를 연습한다. 강강술래는 마을의 처녀와 새각씨들이 추는데, 이때 모이는 또래별의 기준은 물래방 모임의 확대된 형태다. 작은 마을에서는 한 곳으로 모이지만 60호 이상되는 큰 마을에서는 각 구역별로 또래들끼리 모여 연습하고 팔월 열나흗날 밤과 추석날 밤에 합하여 강강술래를 연행한다. 그리고 농한기가 되면 또한 또래별로 모여 노래학습을 한다. 진도군 소포리의 경우 농한기가 되면 마을 사람들이 또래별로 모여 마을 어른의 지도하에 노래를 학습하였다.[33]

산다이는 향촌사회에서 연행된 노래굿 판이라고 할 수 있다. 산다이는 지역에 따라 운영 실상이 다른데, 신안군 일대에서 연행된 산다이는 도서지역의 청춘 남녀가 명절이면 모여서 음식을 준비하여 놓고 노래부르며 노는 판이다. 가거도의 경우 산다이에서 주로 산아지타령을 부르거나 청춘가를 불렀으며, 자신들의 형편과 정서를 표출하는 사설을 창작하여 불렀다. 특히 결혼 적령기에 있는 청춘남녀가 사랑하는 사람에게 자신의 감정을 전달하는 방법으로 이 판을 이용하기도 하였다. 완도의 경우 일반적으로 술먹고 노래부르며 노는 모임을 산다이라고 부른다. 이곳에서는 일찌기 전통민요를 대신하여 근대민요를 불렀기 때문에 산다이판에서도 근대민요, 청춘가, 산아지타령을 불렀다.[34]

---

32 일반적인 상례의 진행 절차에 따라 소리를 하는데, 절차상 의례적인 대목에서는 전승적이고 의례적인 사설로 노래하고 상여를 메고 간다거나 놀이를 하는 등 비고정부분에서는 앞소리꾼의 능력에 따라 소리한다. 상례의 진행에 따라 망인의 입장, 상주의 입장, 가족의 입장, 마을사람의 입장, 친구의 입장이 되어 소리한다. 앞소리꾼은 자유롭게 자아를 이동할수 있는 역량을 갖추어야 훌륭한 소리꾼이 될 수 있다.

33 이에 대해서는 나승만, 「소포리 노래방 활동에 대한 현지연구」 참조할 것.

34 완도군에서는 술먹고 노는 모든 모임, 심지어는 상례를 치른 날 저녁 상가에서 마련해준 음식을 먹고 노는 모임까지도 산다이로 인식하고 있다. 그리고 일제 강점기에 징용에 끌려갈 때 마을 사람들이 전송하는 뜻에서 술과 음식을 마련하여 먹고 노래부르며 송별하였는데, 이를 특히 송별산다이라고 하였다. 산다이에는 지명과 관련된 이름이 붙는 경우가 있는데, 가거도에서는 이 지역의 산다이를 가거도산다이라고 부르고 있다. 산다이는 지역사의 구체적 사실이 가장 많이 반영되는 사설로 이루어진다.

전통민요사회의 민요공동체 활동은 노동을 통한 생산력 향상, 중세 봉건사회의 사회질서와 관련을 맺는 등 봉건사회의 지배질서를 반영한다. 이 시기에 활동한 노동공동체, 의례공동체, 민요공동체들이 부른 민요는 노동을 통한 생산력 향상과 공동체의 단결, 의례의 수행, 노래의 연행을 통한 신명과 정서의 표출이라는 문제에 많은 관심을 두었다. 그리고 민중사회가 당연히 취해 왔을 것으로 여겨지는 지배층에 대한 갈등과 대립적 태도, 개혁의식은 노래의 사설에 직설적으로 드러나지 않으며, 연행현장을 지배하는 구조에 내재되어 있다.

전통민요사회의 주체들은 신분의 종속 상황과 열악한 생활환경 등 당면한 삶의 조건들을 수용하면서 주어진 여건 속에서 민중공동체의 단결을 강화하고 흥을 표출했던 것으로 생각된다. 그리고 생산력 향상과 전통의례의 수행은 당시의 지배세력이었던 사족 부농층의 중요한 관심사이기도 했다. 전통민요사회는 노래의 연행을 통해 민중에게는 생산력 향상, 민중공동체의 단결, 신명과 정서의 표출 장치로써 기능했고 사족 부농층에게는 생산력의 향상과 지배질서의 강화라는 측면으로 이용되면서 공고하게 유지되었던 것으로 생각된다.

② 근대민요사회

근대민요주체들이 활동하던 시기에 전통민요사회의 민요공동체들이 일시에 사라지거나 성격이 바뀐 것은 아니다. 근대민요사회에 있어서도 다수의 민중이 향유했던 민요생활은 민요공동체 활동을 통해 이루어졌다. 그리고 민요공동체들이 부분적으로 분화되기는 했으나 그대로 존속하였고 근대사회적 상황에서 나름대로 대응을 보여주었다. 그러나 근대사회의 민중의식을 반영하는데 한계를 지녔다.

근대민요 주체들은 전통민요 주체들과는 다르게 노래를 생산하고 연행하였다. 확연하게 구분되는 점은 전통민요 주체들이 향촌사회의 범주 내에서 공동체로 활동했으며, 사설의 내용은 마을공동체 내에서 이루어지고 있는 삶의 문제와 정서를 주제화했다. 그리고 음악미를 중요하게 여겨 소리의 음악적 질이 민요의 수준을 결정하는 한 기준이 되었다. 그런데 근대민요 주체들은 의식 단위로 조직활동을 했으며, 반봉건 항일민족해방 등 사회 구조의 문제에 관심을 두었고 사설 내용의 주제에 관심을 두었다.

근대민요의 주체들도 공동체활동에 익숙했기 때문에 향촌사회의 마을 범주 내에서 의식을 공유한 사람들끼리 활동하는 것이 일반적이지만 마을 범주를 넘어서 마을과 마을간에, 지역과 지역간에 의식공동체를 형성함으로써 민중조직의 범주가 향촌사회의 제한된 범주를 넘어 보다 큰 단위의 공간으로 확대되었다.

한편 근대민요사회의 형성에서 중요한 것은 마을의 주도세력들이 어떤 성향을 갖느냐는 점이다. 마을의 주도세력이 일찌기 반봉건, 민족해방의식을 자각한 마을에서는 사립학교를 건설하거나 야학을 건설하여 민중에게 학습의 기회를 부여하였고 그 과정에서 근대민요를 학습하였다. 이러한 현상은 봉건적 사족 지배 마을에서는 근대민요를 부르지 않았으나 민족운동세력들이 주도하는 마을에서는 자유롭게 불렀던 현상에서도 알 수 있다.[35]

근대민요학습조직은 주로 향촌사회의 민중세력을 중심으로 형성되었다. 그들은 학습을 통해 민족의식과 반봉건 민중의식을 자각하고 봉건세력과 일제에 대항하였으며, 학습 과정에서 노래를 수용했다. 전남지역에서 이러한 목적을 수행하는 민요학습조직으로 야학과 노래운동조직이 있다.

야학은 민중사회의 가장 보편적이고 최말단의 학습조직이다. 완도의 경우 거의 전 지역에 야학을 설립하여 민중교육을 담당하였고, 노래학습이 중요한 교과목의 하나였다. 조선 후기에 농촌에 보급되기 시작한 서당은 19세기에 들어 농촌의 거의 모든 마을에 보급되었다. 농민의 자제들이 서당에서 교육을 받아

---

35 당시 사족 지배 마을의 연장자들은 젊은 사람들이 한글을 배우고 노래 익히는 것을 부정적인 시각에서 인식하려는 경향이 있었다. 민족운동이 왕성하게 이루어진 마을에서 반촌으로 시집간 여자들은 처녀 때 배운 노래를 시집에서 부를 수 없었고 반대로 반촌에서 성장해 시집온 여자들은 한글을 배우고 민족해방운동가요를 익혀서 민족운동에 참여한 사례를 볼 수 있다.

농촌 지식인, 또는 농촌 지도층을 형성하였다.[36] 1920년대에 들어 서당은 재래서당과 개량서당으로 분화하는데, 재래서당이 과거의 교재와 교수방법을 답습한 것이라면 개량서당은 근대교육의 교과를 도입하고 신교육을 받은 교원이 교수하였다. 민족해방운동세력들은 향촌사회에 개량서당을 더욱 확대하고, 한편으로는 사립학교를 건설하여 민족운동을 실천하는 기구로 삼았다. 그리고 향촌사회의 최말단에 야학을 설립하였다.[37]

야학에서는 특히 서당과 사립학교의 교육 혜택을 받지 못한 기층민중과 그의 자제들이 학습했으며, 많은 민족해방운동가요를 학습하여 노래를 통해 민족해방의식과 반봉건 민중의식을 길렀다.[38] 물론 지역에 따라 노래의 성격이 다른 경우도 있지만 기층민중들은 운동가요의 학습을 통해 민족의식을 배양하였다. 야학운동 과정에서의 노래 학습은 1930년대 초반까지 진행되었다.

노래만을 학습하던 노래운동조직이 완도군 군외면 대문리에 있었는데, 이와 같은 노래운동조직이 얼마나 있었는지 지금으로서는 확인하지 못하고 있다. 일본에 유학했던 사람을 중심으로 마을 청년들이 모여 민족해방운동가요를 학습하였고, 항일 민족해방운동의 맥락에서 노래를 불렀으나[39] 1940년대에 해체되었다.

이들은 전통민요적 선법에 의해 학습하지 않았으며 창가 선법에 의한 노래를

---

36 신용하, 「조선 왕조말, 일제하 농민의 사회적 지위와 경제적 실태」, 『한국사 시민강좌』 6집, 1990, 81쪽.

37 1910-30년대 무안군 망운면의 서당, 개량서당, 사립학교, 야학, 학술강습소 등의 운영과 변천을 보면 전남지역의 근대 교육실정을 알 수 있다.
정근식, 「일제하 전남농촌의 교육실태」, 『전남 무안군 망운지역 농촌사회구조변동연구』, 전남대학교 호남문화연구소, 1988. 2, 117-8쪽 참조.

38 당시 교육운동의 일환으로 실천된 야학운동은 교육을 통해 실력을 양성하여 국권 회복을 꾀한다는 실력양성운동과 관련되어 있다. 그러나 민요공동체적 성격이 확고했던 완도 일대의 야학들은 민족해방운동과 함께 민중해방운동의 성격을 지니고 있다는 점에서 실력양성운동 계열의 교육운동과 확연히 구별된다.

39 허경회, 나승만, 『완도지역의 설화와 민요』, 91쪽.

학습하였다. 내용은 애국, 민족해방을 주제로 한 것이었다. 그리고 이들은 보다 앞선 시기의 노래운동, 즉 18-19세기에 걸쳐 수행된 서양음악의 주체적 수용 세력과 연결된다고 생각한다.[40] 이러한 조직은 교육을 받은 향토의 민족운동가에 의해 운영되었으며, 노래의 내용은 민족해방과 민중해방이 주를 이루었다.

민요사에서 근대민요의 확고한 자료는 갑오농민전쟁 당시 불려진 노래에서 찾을 수 있다. 민중들은 18-9세기에 반봉건 민중항쟁을 전개하여 각지에서 민중 주체의 반봉건 운동을 전개했다. 한편 일제 강점기 동안에는 일제에 대항하는 주체세력으로 항일 민족해방운동을 수행했다. 이러한 태도는 봉건 지배세력의 영향 아래서 종속적으로 문화를 형성해 왔던 전통민요사회의 주체들과는 확실히 구분되는 것이다.

근대민요 주체들은 민중의식을 자각한 세력들이었기 때문에 반봉건, 반제의식이 뚜렷했다. 갑오농민전쟁에서 부른 '가보세'에서 농민들의 참전을 독려한 사설 내용이나 "일본놈들하고 전쟁을 하고 있는 격이라 그놈들이 듣는 데서는 이런 노래를 부르지 못했다"라는 표현에서 볼 수 있듯이 근대민요 주체들은 봉건세력과 일제를 싸워 물리쳐야 할 투쟁의 대상으로 인식하였으며, 반봉건 운동과 항일 민족해방운동에서 노래를 중요한 투쟁의 도구로 사용하였다. 완도에서도 민족해방운동가요가 대단히 유행했으며, 특히 야학을 통해 광범위하게 보급되었다. 필자가 현지 작업을 할 당시 한 사람이 노래를 부르기 시작하자 주위에 있던 사람들이 모두 따라서 불렀다.

이 시기에 있어서 민중들의 노래 생산은 두 방향에서 이루어지는데, 첫째 운동세력들이 만들어 부르는 노래를 학습하는 방법을 선택했다. 학습과정은 민요주체가 현지의 노래를 배워와서 지역에 전파시키거나 운동세력이 직접 현지

---

40 노동은, 「한국음악인들의 현실인식과 수행」, 『민족음악론』, 175쪽.
41 완도군 소안면에서 부른 항일 민족해방운동가요는 사립 소안학교의 교원들에 의해 보급되었는데 당시의 교사들은 만주 서울 평양 등지에서 민족운동에 참여했던 세력들로 그들에 의해 만주, 중국 등지에서 부른 민족해방운동 가요가 보급되었다.
     허경회, 나승만, 『완도지역의 설화와 민요』, 89-90쪽.

에 내려와 학습시키는 경우도 있다.[41] 그리고 가사는 자신들의 상황에 맞게 개사하여 부르는 경향이 있다.[42] 둘째, 민중들도 스스로 노래를 만들어 불렀는데, 창가의 창법을 기초로 하였으며, 사설의 주제는 애국, 항일투쟁, 향토사랑, 항일 민족해방투쟁이 주를 이루었다.

3) 층위별 변천 요인

전통민요사회의 변천 요인은 민중항쟁으로 인한 일제와 지배세력의 탄압과 생업기술의 변화, 일제의 식민지 지배전략의 영향을 들 수 있다.

전통민요공동체 중 가장 큰 변동을 겪은 것은 두레였다. 민중의 노동력 착취를 기반으로 사회를 유지했던 봉건사회에서 생산 공동체로서 두레가 지닌 사회적 의미는 중요했다. 민중들은 자신의 노동 생산을 확보하려 하였고 봉건 지배세력들은 전통적인 지배력을 유지하려 하였다. 그리고 일제의 조선 지배 의지도 결국은 조선민중의 생산력 점유에 있었다. 그러므로 노동력을 어떻게 관리하느냐는 문제였는데, 일제는 두레의 문화공동체적 성격을 거세하여 단순한 노동공동체로 변질시키고 나아가 두레의 존속기반인 향촌사회를 파괴함으로써 조선의 노동력을 일제의 산업사회에 투입하는 전략을 선택했다.

많은 농민들이 갑오농민전쟁에 참전하였으며 전쟁이 끝난 다음 고향으로 돌아가기가 어려웠을 뿐만 아니라 돌아간다 해도 처형을 면키 어려웠다.[43] 그래

---

42 완도 일원에서 부르는 수동이 어머니의 노래가 만주에서 불려졌던 토벌가의 가사를 일부 개작한 것과 같은 사례.
허경회, 나승만, 『완도지역의 설화와 민요』, 소안도 설화와 민요자료편 '토벌가' 또는 '수동이 어머니의 노래' 참조.

43 갑오농민전쟁에 참전했던 사람이 고향에 돌아왔다 발각되어 집단으로 처형당했다는 구술자료가 완도군 소안면에서 전승되어 오고 있다. 전남 완도군 소안면 소진리, 이월송(남, 84) 구술. 1992.6.23. 필자 현지조사.

서 전통민요 공동체의 주도층인 남성 농군들의 수가 향촌사회에서 크게 감소하였고, 고향에서 유리되어 도시 노동자사회를 형성하거나 항일무장세력을 형성하였다. 그리고 사족, 부농층이 지배하는 마을의 경우 지배세력과 농민들 사이에 계급적 갈등이 표면화됨에 따라 공동체의 활동에 지대한 영향을 미쳤다.

농민전쟁으로 인해 많은 두레의 주도세력들이 죽어버렸고, 일제 강점기 동안 일제의 식민지 경영 전략에 의해 공동체문화는 해체기를 맞이하게 된다. 노동공동체와 민요공동체가 일체를 이룬 당시의 문화구조에 비추어 이러한 사회사적 변화는 필연적으로 민요사회의 해체와 연결되었다. 그 대표적인 사례가 논매기노래의 분화다. 논매기노래는 두레의 대표적인 노래였다. 일제는 농군들의 두레를 집요하게 해체하려 하였으며, 단계적으로는 두레의 단순 노동집단화, 그리고 조직의 해체로 이어졌다. 이 때문에 논매기노래는 일제 강점기 말에 거의 단절되기에 이른다.

여성들의 민요공동체 활동은 길쌈공동체 등 여성들의 공동체 노동활동으로 지속되었다. 길쌈은 전통적으로 여성들의 고유한 생산 노동으로 장려되었는데, 특히 일제의 면화재배 권장과 맞물려 일제하에서도 공동체 활동이 지속되었고 민요공동체로써도 존속되었다.

순수민요공동체의 활동은 반촌에 비해 민촌에서 활발했다. 특히 또래별 민요공동체의 활동이 민촌의 민요공동체를 지탱하는 근간이 되었다. 그리고 또래별 공동체 활동은 같은 세대로서 의식을 공유하는 특성을 지니기 때문에 근대민요의 형성과 전개에서 의식 공동체를 형성하게 된다는 점에서 중요한 의미를 지닌다.

일제의 식민지 지배전략에 따라 민요공동체의 활동이 약화되었다. 일제의 침략이 강화되면서 향촌사회의 민요 연행을 금지했다. 일제 순사와 헌병들은 조선노래 부르는 것을 보면 현장에서 연행해 갔으며 폭행과 고문을 일삼았다.[44]

한편 해방 당시 각 마을마다 강강술래를 연행하면서 해방의 기쁨을 표출하면서 여성들의 민요공동체 활동과 남성들의 노래방활동을 통한 전통민요 부활 운동이 전개되었다. 이러한 활동은 주로 향촌사회에 남아서 활동했던 농어촌 사람들에 의해 이루어졌으나 한국전쟁을 치루는 동안 쇠퇴하였다.

현재 전통민요를 부르는 사람들은 주로 강강술래 등 유희민요와 육자배기, 아리랑타령, 산아지타령 등의 창민요를 부른다. 그런데 이러한 노래는 노동의 기능과 관련이 적고 가창과 유희적 속성이 강하며, 노래 자체에서 개인적 체험과 역사적 체험을 형상화시키려 하며, 개인의 정서가 반영되어 있다.

생업기술과 생산작목의 변화도 노동민요를 분화시킨 한 요인이었다. 일제 강점기에 줄모가 보급되면서 모심기노래가 쇠퇴하게 되었다든지, 제초제가 보급되면서 논매기 자체가 없어지게 되었던 사례가 그것이다. 전통민요의 대부분이 노동요였는데, 노동의 방식이 바뀌면 노래도 변해야 하는 것이 이치다. 그러나 새로운 기술의 수용이 외적 지도에 의해 보급되었고 민중들의 주체적 역량이 배제되어 이에 따른 문화의 대응을 수행하지 못했다. 그 결과 민중의 노동은 새로운 기술체계 속에서는 육체를 소모하고 그 댓가로 일정한 소득을 얻는 외에 어떤 의미도 갖지 못하게 되었다.

향촌사회의 공동체생활과 동떨어진 전통민요는 자연히 박물적인 상황에 놓이게 되었고 의도적으로 물을 주어야 살아나는 기생적이고 종속적인 상황으로 전락하게 되었다. 민요의 경우 전통민요중 노동요가 처한 상황이 바로 이러한 것이었다. 노동과 문화가 분리된 공간에서 단순히 생존의 수단으로 전락한 노동공간에서 건강한 문화의 생산이 실상 어렵게 되었다. 새로운 노동공간에서 새로운 노동요를 생산해야 한다는 것은 당연히 요청되는 민중문화의 생리이며 노동과 문화를 일치시키고 이러한 일치를 통해 생산문화를 건설하려는 민중들의 당연한 노력이기도 하다.

과거의 전통민요를 불렀던 사람들은 현재 대부분 고령으로 노래를 잊은 채

---

44 필자의 현지조사에 의하면 일제 관헌의 영향이 미치는 곳에서는 이에 대한 사례들을 흔히 접할 수 있었다. 특히 일제의 중국 침략과 태평양전쟁이 일어나면서 이러한 현상은 한층 강화되었으며 이에 대응한 조선 민중들의 저항 사례도 드러난다. 전남 여천군 삼산면 서도리의 사례, 전남 완도군 군외면 대문리의 사례, 전남 완도군 소안면의 사례, 전남 진도군 지산면 갈두, 소포리의 사례.

향촌사회에서 살고 있다. 한편, 진도에서는 지금도 이러한 전통민요가 불려지고 있다. 소포리의 경우 50-60대의 부녀자들이 모여서 노래방을 형성하여 전통민요를 수련하면서 민요공동체 활동을 하고 있다.[45] 이들은 마을에서도 특별한 위치에 있는데 마을에서 놀 경우 이들이 초청되어 마을 놀이판을 이끌어 가며, 마을 내에서 일정한 집단을 형성하고 있다. 그러나 현재는 이러한 지역도 지극히 제한되어 있다. 그리고 직업적으로 전통민요를 부르는 사람들도 있다. 이들은 알려진 노래꾼들로서 전통민요의 연행을 통해 어느정도 경제적 이득을 취하고 있다.

전통민요사회는 민요공동체의 성격에 따라 각기 변혁기를 맞아 다양하게 변화한다. 같은 기능을 수행한 민요공동체라 하더라도 공동체 구성의 주체에 따라 변화에 대응하는 태도가 다르다. 지배, 피지배계급간의 봉건적 지배와 복종에 기초하여 형성된 민요공동체는 계급간의 대립이 표면화되면서 분화된다. 지배세력들은 사회의 구조적 모순을 농민 수탈을 통해 해결하려 하였고, 농민들은 이에 대항하여 농민항쟁으로 맞서는 등 계급간에 긴밀하게 유지되어 왔던 지배질서에 본질적인 모순이 드러나게 되고, 민중의 변혁운동이 농민항쟁으로 발전하면서 심화된다. 그리고 이들 중 민중의식을 자각하거나 민족해방의식을 갖게 된 사람들이 근대민요연행조직에서 활동함에 따라 전통민요공동체의 활동이 상대적으로 약화되었다. 한편 민중 주체의 민요연행조직과 여성들의 민요공동체들은 사회변동 과정에 대응하여 민중의식을 각성하고 새로운 민요를 생산하여 근대민요사회로의 발판을 마련하고 있어서 전자와는 다른 양상을 보여준다.

근대민요학습조직들은 민족의식과 민중의식이 뚜렷했기 때문에 지배세력들로부터 혹심한 탄압을 받았다. 반봉건운동이 본격적으로 전개되던 시기와 일제의 조선 강점 시기가 비슷했기 때문에 현재 전남지역에서 수집할 수 있는 근대

---

45 나승만, 「소포리 노래방활동에 대한 현지연구」 참조.

민요의 대부분은 항일 민족해방운동 과정에서 부른 것들이다. 이들은 전통민요 주체들에 비해 민중의식을 뚜렷하게 자각했으며 이를 실천하려 했다. 이들 대부분은 농민항쟁의 다음 세대들이었기 때문에 민중의식과 민족의식에 투철했다.

야학활동은 일제의 지속적인 탄압에 의해 1930년대 후반부터 일제의 문화를 기층의 향촌사회에 소개하는 등 성격이 변모하여 민족해방운동 수행의 기능을 상실한다. 그리고 극히 일부의 민족운동세력들은 노래운동조직을 결성하여 비밀리에 민족해방운동가요를 학습하였다. 그러나 전반적으로는 일제의 침략이 강화되는 1940년대에 이르러 공동체로서의 활동을 중단했다.

근대민요학습조직들은 일제의 탄압이 강화되면서 지하화 한다. 민족운동으로 전개된 야학활동은 지역에 따라 다르지만 대개 1930년대까지 이어졌다. 근대민요는 야학을 통해 보급되었다. 완도군 소안면의 경우 일제에 의해 사립학교가 폐교되기에 이르자 그 역할을 각 마을의 야학이 담당하여 야학이 성행했다. 30년대 후반 일제의 탄압이 심해지자 민요학습조직은 활동을 중단했다. 사립학교가 폐교되거나 공립학교로 전환되었으며, 각 마을의 야학들도 활동을 중단하거나 일제의 식민지배전략의 도구화되는 경향이 일어났다. 이에따라 민요학습조직의 활동도 중단되었다.

민중들은 학습조직을 통해 민요를 연행할 기회를 잃게 되자 그동안 배웠던 노래를 조직활동이 아닌 일상 생활 속에서 불렀다. 물래질할 때 옥중가[46]를 부르며 감옥에 있는 형제들을 생각했으며, 밭매는 현장에서 애국가와 혁명가를 불렀으며, 이를 통해 모르는 사람들에게 학습시키기도 했다. 품앗이와 같은 소단위의 노동활동과 또래별 모임, 가내노동에서 근대민요를 연행하고 학습했다.

---

46 평안북도 마지막끝 신의주 감옥아
　　세상에　태어난지 몇해 되었나
　　이제부터 너와나와 둘사이에
　　잊지못할 관계가 생기었구나
　　앞뒤를　살펴보니 철갑문이요
　　곳곳이　보이는건 붉은 옷이라

그랬기 때문에 겉으로는 연행이 중단된 것처럼 보였지만 일상 생활 속에서 연행과 전승이 내밀하게 이루어졌다. 그리고 이러한 연행을 통해 근대민요주체들은 반봉건 항일민족해방과 민중해방운동에 대한 의지를 가슴에 새기기, 또는 가슴에 담아두기를 실천였으며, 그러한 의지의 불씨를 살려 나갔다. 그리고 해방이 되자 내밀하게 키워온 기운을 일시에 드러내면서 해방정국을 이끌어가는 동력을 제공했다.

근대민요의 현지작업에서 많이 대면하는 사례의 하나가 과거에는 민요를 잘 불렀으나 지금은 잊어버렸다는 경우인데, 그 요인으로는 일제의 탄압과 한국전쟁을 들 수 있다. 대부분의 사람들과 마을에서는 한국전쟁이 끝난 이후 근대민요를 부르지 않게 되었다고 한다. 한국전쟁은 일제 강점기에서도 면면히 이어오던 민족의 노래전통을 단절했다. 민족의 창조적 활력과 기상을 무참히 꺾어버린 사건이라고 할 수 있다. 특히 한국전쟁에서 희생된 사람들의 대부분이 민중들이었으며, 민족해방운동을 했던 많은 사람들이 이때 희생되었고, 일제에 항거하여 불렀던 혁명가를 부르면 사회적으로 불리해졌기 때문에 노래를 부를 수 없었다. 혁명가뿐만 아니라 일반 노래도 부를 수 없게 되어 현재는 거의 잊

아침의 세수와 저녁 운동은
허리의 베지고 조선의 수갑은
살인강도 맹수와 다름없으니
구멍으로 주는밥을 먹고 앉았네
때때로 주는밥은 수수밥이요
밤마다 자는잠은 고생잠이라
수수밥이 맛이있다 누가 먹으며
고생잠이 자고싶다 누가 자리요
슬프도다 감옥에있는 우리형제들
이런고생 저런고생 악행당할때
두눈의 눈물이 비오듯하나
장래일을 생각하니 즐거웁도다
여보시오 같이나간 우리앞길에
추호라도 낙심말고 나아갑시다

어버렸다. 그후 분단사회에서 냉전체제를 지속해 왔기 때문에 민요사회는 단절되었다. 전쟁전까지만 하더라도 남자들이 여자들과 함께 노래사회를 이끌어 왔는데, 전쟁 이후에는 여성들에 의해 겨우 명맥을 유지하는 느낌이 있다. 한국전쟁으로 인해 민요사회의 인구가 줄었을 뿐만 아니라 잔존한 사람들도 노래부를 여력이나 흥을 빼앗겨 버렸다.

4) 맺는말

이 글에서 필자는 민요사회의 성격을 기준으로 사적 체계를 구분하고 각각의 민요사회가 어떻게 변천했는가를 정리해 보았다.

전통민요사회의 민요공동체들은 어느 정도 지배계급의 문화를 반영하는 혼합된 방식으로 공동체 문화를 형성했던 것으로 생각된다. 전통민요사회의 민요공동체 활동은 노동을 통한 생산력 향상, 중세봉건사회의 사회질서와 관련을 맺는 등 봉건사회의 지배질서를 반영하였으며, 지역공동체에 기초하여 활동하였다.

전통민요사회의 변동 요인은 내적으로는 민요주체들의 민중의식 자각과 변혁추구, 민중항쟁을 통한 계급간의 갈등과 생업기술의 변화를, 외적으로는 일제의 식민지 지배전략의 영향을 들 수 있다. 농민전쟁으로 인해 계급간의 갈등이 심화되었고, 일제의 식민지 경영 전략에 의해 민요사회가 해체되었다. 생업기술과 생산작목의 변화도 전통민요사회를 분화시킨 한 요인이었다. 새로운 기술이 보급되어 이에 대응하는 문화가 적절하게 생성하지 못했기 때문에 전통민요는 자연히 박물적인 상황에 놓이게 되었고 의도적으로 물을 주어야 살아나는 기생적이고 종속적인 상황으로 전락하게 되었다. 그러나 민촌을 중심으로 형성된 민요사회는 그 뒤로 전개된 근대민요사회의 토대를 제공하였다는 점에서 주목된다.

갑오농민전쟁 이후 형성된 민요학습조직들은 수적으로는 전통민요사회에 비해 소수였지만 반봉건, 항일민족해방의식을 자각하였고, 어느 만큼 민중해방의식을 자각한 세력이었다는 점에서 전통민요사회와 뚜렷이 구분된다. 근대민요 주체들은 같은 의식을 공유한 사람들끼리 조직을 결성하였는데, 이는 전통민요주체들이 마을을 단위로 한 지역공동체로 활동했던 것과는 구별되는 현상이다. 민촌과 민족운동세력들이 주도하는 마을에서는 기층민중들이 학습을 통해 반봉건 민중의식을 각성하고 항일민족해방운동을 전개했으며 그 실천방법의 일환으로 노래를 학습하여 불렀다.

근대민요학습조직들은 일제의 탄압이 강화되면서 지하화했다. 야학활동에 의한 근대민요의 보급은 1930년대까지 이어졌다. 해방이 되자 민중들은 가슴에 새기고 있던 항일민족해방운동 때 불렀던 노래를 다시 불렀으며, 해방공간에서 생산된 민중의 노래를 수용하여 불렀다.

해방후 민중이 변혁의 주체가 되기 위한 운동 과정에서 민중세력들이 많은 노래를 불렀다. 현대민요사회의 특징은 연행주체들이 민족해방에서 민중해방, 인간해방의 문제를 구체적 과제로 삼았으며, 민족음악 건설을 실천하였다. 민족음악에 뿌리를 두고 인간의 평등과 민중해방을 실현하려는 민중정서를 반영했다는 점에서 특징을 찾을 수 있다.

한국전쟁이 끝난 이후 근대민요를 부를 수 없게 되었다. 특히 한국전쟁에서 희생된 사람들의 대부분이 민중들이었으며, 민족해방운동에 앞장섰던 많은 사람들이 희생되었다. 그후 분단사회에서 지속적으로 냉전체제를 지속해 왔기 때문에 민요사회는 활동을 중지하였으며, 민중의 인식 속에 남아있다.

민요사회의 사적 체계와 변천과정을 검토해보면 민요주체들은 일정한 지역공동체에서 점차 활동영역을 확대하여 의식단위의 조직으로 변모하였으며 민요의 연행을 통해 사회의 인간화를 추구했다는 점에서 그 방향을 찾을 수 있다.

(민요와 민중의 삶, 한국역사민속학회, 1994)

2.
한국 민요에 내재된
수직과 수평의 세계

1) 서언

　이 발표문은 한국 민요가 지닌 역동성의 한 측면에 대한 고찰이다. 한국 민중은 노동, 놀이, 의례, 쟁투, 일상사의 현장에서 노래 부르는 것이 관습화되어 있다. 이런 전통은 다른 지역, 계층의 노래를 능동적으로 수용하는 경향, 외국 노래를 수용하여 재생산하는 경향의 토대가 되었다. 트로트 음계의 노래들을 일제 강점기에 수용하여 널리 불렀던 현상, 해방 후 미국과 유럽, 남미의 다양한 음악 장르를 수용하여 한국화한 현상, 오늘날 왕성하게 대중가요를 생산, 유통, 전승하는 한국 문화사회의 현상에 대한 배경이다.

　민중이 전승하는 노래에 대하여 한중일 모두 민요라는 용어를 공통으로 사용하면서도 일본에서는 歌謠와 民謠, 중국에서는 民歌, 한국에서는 民謠라는 용어를 주도적으로 사용하고 있다. 중국에서는 民家에서 전승되는 소박한 형태의 노래를 민요라고 부르고, 격조있는 민간 노래는 民歌라고 부르고 있다. 그리고 사회의식, 정치의식을 담고 있는 민중 전승의 노래를 민요라고 부르기도 한

1　呂肯奧, 『中國古代民謠研究』, 四川出版集團, 2006年, pp.11~14.

다.[1] 일본에서는 歌謠라는 용어를 주로 사용하고 있으며, 민요라는 용어는 주류적 용어가 아닌 듯하다. 한국에서는 民謠라는 용어를 사용하며, 歌謠는 민요와는 다른 장르로 인식하는 경향이 있다. 이 용어의 차이에 민요를 대하는 각국의 태도가 담겨있다고 생각된다. 발표자가 용어의 문제를 중시하는 것은 한중일 삼국의 민요사회가 지닌 성격이 이 용어 속에 담겨 있다고 보기 때문이다. 달리 말한다면 한국에서는 노래의 형식이나 가사의 내용과 더불어 노래를 부르는 주체인 민중을 중시한다는 점을 내세우기 위한 것이다.

발표자가 민요에 내재된 수직과 수평에 관심을 갖게 된 것은 민요가 지닌 역동성의 문제에 주목했기 때문이다. 무엇이 민요를 부르게 만드는가? 라는 의문이 이 발표를 하게 만들었는데, 발표를 결심하게 된 것은 한국민요 속에 내재된 수직과 수평의 세계가 한국의 민중을 노래하는 민중으로 만드는 중요한 기능을 하고 있다고 인식하게 되었기 때문이다. 바로 이 수직과 수평의 세계와 이에 대한 민요 주체의 인식과 대응은 민요사회를 풍부하게 만든 숨겨진 배경이라고 생각하고 있다.

발표자는 한국 민요사회가 지닌 역동성, 즉 왕성하게 생산, 유통, 전승하는 힘을 민요에 내재된 수직적 세계와 수평적 세계에 대한 인식과 대응 속에서 찾아보고자 한다. 그리고 일본과 중국의 민요에 내재된 수직과 수평적 세계에 대하여 관심을 가져보고자 한다.

2) 수직과 수평의 개념과 양상

발표자가 말하려고 하는 수직과 수평은 개념화가 필요한 용어다. 수직과 수평은 시간과 공간, 전승과 演行, 지시와 자율, 억압과 해방, 변화와 보존, 명령과 소통, 보수와 진보, 질서와 해체, 차별과 평등 등의 대립구조를 가진 것들로 이해될 수 있다.

글쓴이가 말하려고 하는 수직의 세계는 전승, 지시, 변화, 명령, 질서, 억압, 차별, 상하관계 등의 개념이 두루 포괄된 것이다. 전승, 지시, 명령, 질서, 통제, 변화 등의 용어에는 상과 하의 관계성이 전제되어 있다. 전승의 경우는 시간적 맥락이 전제되고, 질서, 지시, 명령, 통제, 억압은 상하의 계층적 맥락이 전제된다. 그리고 변화는 원형과 변이형의 의식적 맥락이 전제되어 있다. 그런데, 수직의 맥락이 실제 민요사회 속에서는 긍정적 내용으로, 또는 부정적 내용으로 표현되고 있다. 어떤 요인들이 그 의미를 결정하는데 작용하고 있으며, 결정된 의미들이 어떻게 민요를 재생산하는, 또는 민요사회를 제약하는 작용을 하는가를 발표자는 주목하고 있으며, 이것이 한국민요를 역동적이게 만든다고 생각하고 있다.

수직의 세계는 전승, 질서, 변화의 맥락 속에서는 순기능을 수행하는 것 같다. 그렇지만 지시, 명령, 억압, 통제, 차별, 보수의 맥락 속에서는 갈등의 양상을 생산하게 된다. 예를 들어 시집살이 노래 사설에 나타나는 시집 식구들과 며느리의 갈등은 그 사례로 생각된다. 수직의 세계에서도 순기능적 맥락들은 주로 노동의 현장에서 부르는 노동요에서 구현되고, 갈등의 맥락을 민중은 민감하게 인식하여 이 더욱 풍부한 민요를 생산하고 있다. 이러한 면들은 다음 장의 사례를 들어 살펴보고자 한다.

또 수평의 세계는 공간, 연행, 자유, 자율, 해방, 보존, 소통, 진보, 해체, 평등 등의 개념이 두루 포괄된 것이다. 수평의 개념은 현재라는 공간성을 지닌다. 연행은 현재라는 공간적 맥락이 전제되고, 자유, 평등, 해방은 계급적 맥락이 전제되고, 소통, 해체는 관계성이 전제되고, 보존, 진보는 의식의 맥락이 전제된다. 수평적 맥락들이 일으키는 가장 큰 기능은 신명의 생산이라고 생각된다. 민요를 연행하는 현장에서 노래와 춤을 통해 서로 평등, 자유, 연대, 소통의 맥락을 경험하고 공유하게 되면 신명을 일으키게 된다. 수평의 맥락들도 수직의 맥락들과 마찬가지로 실제 민요사회 속에서는 다양한 기능을 지니고 있다.

3) 한국 민요에 구현된 수직과 수평의 맥락

민요에 구현된 수직과 수평의 맥락들은 오직 하나의 의미체계만으로 존재하지 않고 다양하게 교차되는 맥락 속에 놓여 있으며, 이들이 상호 결합하여 민요의 의미망을 형성한다. 한국민요사회를 통해 발표자는 민요사회의 수직과 수평이 어떻게 교직되고 있는지를 찾아보고 그것이 민요의 전승, 연행, 생산에 어떤 작용을 미치는지 찾아보고자 한다.

(1) 수직적 세계의 전개와 대결 양상

수직적 세계를 담고 있는 민요로는 노동요, 시집살이노래, 민족해방운동가, 노동운동가, 반독제투쟁가(민주화운동가) 등이 있다. 노동요 중 작업을 지시하는 내용의 노래들은 선창자가 노래로 작업을 지시하면 후창자인 일꾼들이 제창으로 받는소리를 하면서 선창자의 지시에 따라 일을 진행하는 구성이다. 작업의 진행, 질서 유지 등의 노래들은 지시와 수용의 맥락이 선창자와 후창자의 관계에서 이루어지고, 갈등, 또는 대결의 맥락 없이 수용되어 일이 순차적으로 진행된다. 여기에 비해 시집살이 노래와 민족운동가에는 노래 속에서 수직의 맥락이 명확히 설정되고 대결 또는 갈등의 구도가 명확하게 나타난다.

시집살이 노래를 연구한 서영숙은 시집살이노래에 나타난 갈등 양상을 분석하였는데, 시집살이를 하는 며느리의 갈등 상대역으로 시어머니, 시누, 남편을 들고, 전개 방식으로는 기대와 좌절의 반복을 들고 있다.[2] 시집살이 노래는 억압적 세계와 대면하는 민중의 심성을 반영하는 전형적 민요다. 며느리인 민요의 창자는 시집 식구들과 갈등하면서 며느리가 바라는 요구, 희망과 기대를 노

---

2   서영숙, 『시집살이 노래 연구』, 도서출판 박이정, 1996년, 29쪽 갈등양상과 전개방식 참조.

래한다. 그 희망은 시어머니가 생각하는 것과는 차원이 다른 것이다. 양동이를 깨뜨린 며느리에게 시집 식구들이 양동이 값을 가져오라고 요구한다. 그러자 며느리가 결혼으로 인해 자신의 몸이 헐린 것을 변상하라고 요구하여 시집 식구들과 대결한다. 결과는 승리하여 조화로운 관계를 설정하거나 좌절하여 자살하거나 타협을 거부하고 중이 되어 떠나는 것으로 맺어진다.

시집 식구들과의 대결에서 승리하여 시집 식구들과 대등한 관계를 확보하거나, 절망하여 죽음의 길을 선택하기도 한다. 또 타협을 거부하고 시집을 떠나 중이 되기도 한다. 민요를 노래하는 민중은 수직적 억압에 대하여 일관되게 대항하는 태도를 드러낸다. 노래에서는 그 결과가 다양하게 귀결되지만 중요한 것은 억압적 세계와 갈등하여 좌절하거나 승리하는 내용의 노래를 반복해서 부른다는 점이다. 좌절하는 노래를 통해 민중을 억압하는 수직적 세계를 고발하고 드러내고 개혁해야 할 것이 무엇인지를 알리고 공유한다. 갈등에서 승리함으로서 시집식구들과 며느리의 관계가 수평적 관계로 재정립되어야 함을 강조한다.

한국의 민족해방운동가는 일제 강점기 향촌사회 야학에서 부른 민요들로 억압과 저항이라는 수직적 맥락을 잘 담고 있는 민요다. 당시 조선 민중 최대의 소망은 일제의 식민지 지배로부터 해방되어 독립하는 것이었다. 이런 목적을 실현시키기 위해 민요를 불렀는데, 그 내용은 조선민족 해방, 평등사회 구현, 노동 해방 등이었으며, 일제 강점기 조선 민중이 바라는 바였다. 발표자가 수집한 민족해방운동가인 感動歌의 한 구절이다.

> 至公無私 하나님이 우리인류 내실때
> 남녀노소 귀천없이 각각자유 주셨네
> 그진리를 배반하고 약육강식 일삼어
> 귀중하신 남의지유 빼앗기가 상사라
> 실푸도다 애처럽다 자유없는 민족아

노예적인 그생활은 죽기만도 못하다[3] 〈이하 생략〉

　민족해방운동가의 생산과 연행, 전승하는 단체가 夜學이었다. 야학의 교과목 중 노래 시간이 있었는데, 여기서 학습한 노래들은 조선 민중의 신지식, 민주적 사고, 평등의식, 노동의 귀중함, 민족의식, 민족해방을 소원하는 것이었다. 당시 조선 민중의 가장 간절한 소망을 노래한 것이다.

　민족해방운동가를 부르면서 민중은 인류 평등사상, 민족해방 의식, 반봉건의식 등을 길렀다. 억압의 주체가 일본 제국주의였기 때문에 갈등의 대상을 일본 제국주의로 설정하고, 인류 평등사상에 근거해 볼 때 자유를 강탈한 일제는 당연히 갈등하고 저항할 대상이었다. 그래서 자유와 평등이 실현되고, 노예적 노동에서 해방되는 그날을 위하여 투쟁한다.

　수직적 억압에 저항하는 민요전통은 일제 때는 민족해방운동가, 또는 독립운동가로, 해방 후에는 반미, 반독제, 민주화운동, 노동운동에서 적용되어 노래운동으로 표출되었다.

　민중이 민요 속에서 수직적 세계를 노래하는 것은 곧 그 세계에 대한 도전이고 그 세계를 수평적 세계, 즉 평등의 세계로 전환시키려는 의지를 함의하고 있는 것이다. 시집살이노래와 민족해방운동가는 민중이 대면하는 억압적 상황에 대한 민요적 대응이며, 갈등하는 대결의 양상이 치열할수록 민요의 생산과 연행, 전승이 활발하게 전개되었다. 활발하게 되었다는 것은 바로 민요 생산과 연행, 전승의 역동성을 의미한다. 수직적 세계를 인식하고 그 세력들과 대결하여 승리하거나 패배하기를 반복하는 민요를 연행하면서 민중의 삶이 수평적 세계로 지향해 나아가고 있다는 희망이 역동성의 근본적 배경이라고 본다.

3　나승만, 「일제하 소안도 민족해방운동가의 수용과 전승」, 『比較民俗學』 제26호, 比較民俗學會, 2004년, 79쪽 수록, 1993년 3월 25일 채록, 김고막(여, 89세) 창, 전남 완도군 소안면 월항리 출신, 조사 당시 광주시 북구 용봉동 거주.

(2) 수평적 세계 구현과 신명 생산의 양상

수평적 맥락은 민요의 가창과 연행 방식, 가사 내용에 담겨 있는데, 이런 내용을 지닌 민요들은 다양하고 많다. 교환창, 윤창 형식의 노래들은 형식의 면에서 수평적 맥락에 놓여 있는 민요들이다. 강원도 메나리, 전라도 산다이, 아리랑타령 등이 있다.[4]

수평적 맥락을 담고 있는 노래들의 표본적 사례로 강강술래를 들겠다. 강강술래는 한국의 대표적인 민요이면서 놀이다. 강강술래 놀이의 기본 구조는 '손잡기', '원만들기', '되풀이'다. 손잡기라는 연대에 의해 원이 만들어지고, 반복, 회전에 의해 원이 유지된다. 그리고 원과 되풀이는 나선형적 되풀이, 또는 변화를 내포한 생성적 되풀이다.[5]

손잡기는 강강술래의 원을 유지시키고, 참여자들을 연결시켜준다. 그리고 여기에 힘을 부여하는 것은 돌기와 되풀이다. 손잡기와 원은 수평적 연대의 상징이다. 원이 지닌 수평적 연대의 상징성은 동학농민혁명에서 사용된 沙鉢通文에 잘 담겨있다. 이 원이 돌기와 되풀이에 따라 팽창한다. 돌기와 되풀이는 원을 움직이는 힘이다. 다음은 돌기와 되풀이를 조장하는 강강술래의 가사다.

　　　　돈다돈다 술래가돈다 / 강가술래
　　　　마당간데 술래가돈다 / 강가술래
　　　　돈다돈다 술래가돈다 / 강가술래

　　　　술래소리 잘맞어라 / 강강술래
　　　　먼데사람은 듣기나좋게 / 강강술래

4　김진순, 「메나리는 간다마는 밭을 친구 전혀 없소」, 『삼척민속지』 제7집, 『근덕사람들의 삶과 문화』, 삼척문화원, 2008년, 681쪽 면담자료 참조.
5　나승만, 「중요무형문화재 제8호 강강술래」, 국립문화재연구소, 2004년, 108-109쪽.

가깐데사람 보기나좋게 / 강강술래
발맞춰서 잘뛰어라 / 강강술래

고부고부 고부뛰세 / 강강술래
먼데사람 보기좋게 / 강강술래
앞발착착 맞춰감서 / 강강술래
억실억실 뛰어보세 / 강강술래

이마당이 꺼지고 보면 / 강강술래
쥔네일군 썩나선다 / 강강술래[6]

 원이 팽창하면 손놓기를 한다. 손놓기는 두 가지 양상으로 진행된다. 하나는
큰 원이 해체되면서 보다 작은 원들로 분열하는 것이고 또 하나는 원이 해체되
고 놀이가 시작되는 것이다. 원이 해체되고 놀이로 들어가면 원무의 역동성과
는 다른 차원의 재미가 전개된다. 남생아 놀아라에서는 신명 넘치는 사람들이
술래꾼들의 응원을 받으면서 원 안으로 들어와 개인춤을 춘다. 이윤선은 강강
술래의 손잡음과 손놓음, 돌기와 반복, 그리고 다양한 놀이로의 변용이 지닌 생
성력에 주목하여 무한대로 확장 가능한 생명력을 우주론적 생성력의 의미로 도
식화한 바 있다.[7] 원무와 노래, 놀이들이 수평적 맥락 속에 유기적으로 얽혀 있
어 점점 빠르게, 점점 재미있게, 점점 큰 술래판으로 확대 재생산된다. 노래와
춤, 그리고 놀이는 점점 빠르게, 또는 나선형적 되풀이를 거치면서 하나로 통합
되며 수평적 연대는 돌기와 반복, 그리고 다양한 변형을 통해 재미가 넘치는 문
화적 演行을 만든다. 강강술래가 지닌 수평적 세계의 가능성은 곧 민요가 지닌
생명력의 한 부분에 대한 증거라고 생각된다.

6　나승만, 앞의 책, 121쪽.
7　이윤선, 『강강술래의 디지털콘텐츠화 연구』, 목포대학교 대학원 박사학위논문, 2004년 참조.

4) 수직과 수평에 대한 민요적 인식과 그 역동성

시대를 초월하여 지속되는 한국민요의 주제가 있는데, 자유와 평등 지향, 생산력 향상과 신명 추구, 그리고 개방적 소통을 실현하기 위해 봉사한다는 것이다. 한국민요에 담긴 주제들은 인류사적 주제며 시대를 초월하여 한국민요가 추구해 세계다. 봉건시대의 민요라고 하더라도 그 속에는 이 다섯 가지 기능이 일관되게 담겨져 있어 인류 역사가 자유와 평등과 발전의 세계를 지향하게 만드는 원동력이 되었다.

한국 시가의 형태가 다양했던 것처럼 민요의 형식과 내용도 다양하다. 수직의 세계에 대하여 노래한 것이 있고, 수평의 세계에 대하여 노래한 것이 있다. 수직의 세계와 갈등하고 대결하며 자유와 평등, 소통을 지향하기 때문에 수직의 세계는 수평의 세계로 전향한다.

수평의 세계는 연대와 소통을 통해 사람과 사람을 연결하는 기능을 하며 신명을 생산한다. 이것이 한국민요를 역동적이게 만드는 근본이며, 민요가 민중의식에 기반을 둔 노래라고 할 때 한국 민중의 의식과 지향을 수평과 수직의 세계가 잘 보여주고 있다고 생각한다.

즐기고 놀고 싶은 마음, 솟아나는 신명, 자유와 평등 세계에 대한 지향, 생산력 향상을 성취하려는 의지, 교류와 소통을 노래로 부른다. 그래서 민요는 민중이 민중의 삶을 자신들의 노래로 표현한 것이라고 말할 수 있다.

(일본가요학회 발표, 2002)

3.
동아시아 민요학계의
연구경과와 새로운 동향

1) 민족의 민요, 민중의 민요와 그 사회에 주목하기

"동아시아 민중들의 민요와 삶, 그 연구의 쟁점" 학술대회는 아시아 민요사회가 서로 소통되기를 바라는 뜻을 가지고 마련한 것이다. 아시아에는 다양한 민족들, 다양한 문화들이 공존하고 있다. 각기 민족들은 자신들의 고유한 문화를 가지고 있으며, 그 문화를 전승하고 있다. 단일민족이라고 하는 한국의 경우도 현재 다문화 사회로 진입하고 있는 단계에 있다. 이러한 점들은 국가 단위의 지도와는 사뭇 다른 문화지도를 만들어 낸다. 아시아 문화를 보려면 민족이 매우 중요한 단위가 된다. 한 국가 내에서도 다양한 민족들이 공존하고 있으며, 각기 다른 문화적 소재들을 지니고 있다. 이런 점들은 우리가 아시아 사회를 볼 때 국가 단위와 민족 단위를 동시에 고려해야 함을 시사하는 것들이다.

민요는 민족의 노래이자 민중의 노래이기 때문에 민족단위의 문화와 함께 민중단위의 문화로서 논의하는 것이 필요하다. 이번 학술대회는 바로 이 점을 전제로 이루어진 것이다. 국가단위를 넘어서 민족단위의 문화라는 점을 주목하고, 민족의 노래이면서도 민중의 노래라는 점을 주목하여야 한다. 민요에 있어서 민족이라는 개념은 민요의 수직적 체계를 지탱하는 근간이라면, 민중이라는 개념은 민요의 수평적 소통을 연계하는 선이다. 민족 단위의 민요에 주목하고,

민요에 내재된 민중적 주제와 의식들을 연계해 보자는 것이다.

그 첫 번째 단계로서 동아시아 각국 민요 연구자들이 모여 자국의 민요연구 동향에 대하여 발표하고자 한다. 이 발표를 통해 각국 민요의 내용, 연행 방식, 연구 내용의 같고 다름에 대하여 인식하고, 이를 토대로 서로 소통하는 길을 모색해 보고자 한다.

아시아 사회는 정치 활동, 종교 활동, 여행, 교역, 전쟁, 저항, 이주를 통해 문화적, 물리적 소통을 하였다. 종교, 전쟁, 교역, 이주가 과거의 소통 방식이었다면 교역, 여행, 유학, 취업, 이주, 저항이 오늘날의 방식이다. 이렇게 보면 먼 과거로부터 오늘에 이르기까지 아시아 사회는 끊임없이 교류되어왔다. 그 과정에서 다양한 문화들이 상호 소통되었고, 상호 영향을 주었다. 상호 역동적 문화교류의 과정에서 생성된 것이 소위 동아시아 문화라고 말할 수 있다. 연구 자들이 민요 연구의 현장에서 접하는 민요, 또는 가요는 동아시아 각 민족단위의 문화 현장에서 수집되고 정리된 것들이다.

이제 동아시아 각 민족의 삶과 민요를 통해 민중의 삶이 지닌 다양성을 경험하고, 또 민요에 내재된 공통성을 확인하는 동시에 소통의 길을 모색하는 기회가 되기를 바란다. 한국민요학회에서는 앞으로 전개될 문화공동체로서의 아시아 사회를 상상한다. 아시아 사회가 소통하며 공존하며 교류하며 인정하며 공동 번영하는 문화공동체가 되기를 바란다.

이 학술대회에서는 12명의 국내 학자들과 14명의 외국 학자들이 한국, 일본, 북한, 중국(북부, 중부, 남부), 몽골, 베트남, 말레이시아, 태국, 대만, 오키나와, 조선족의 민요연구에 대하여 발표하게 된다. 이 발표의 구도는 국가 단위보다는 문화 단위를 고려하여 짠 것이다. 앞으로 지역 범주를 달리하며 중앙아시아, 서아시아, 아프리카, 아메리카, 유럽, 그리고 민요가 살아있는 민족과 공간으로 지역을 확장시켜 나아가며 학술대회가 지속되기를 기대한다.

이 학술대회를 통해 동아시아 민족 단위의 민요사회 실상이 확인되기를 바란다. 동아시아 각 민족의 민요를 통해 거기에 담긴 민족과 민중의 삶이 무엇인지, 삶의 주제가 무엇인지를 확인하며, 동아시아 각국 민요의 같고 다름에 대해

서로 이해되기를 바란다. 그리고 삶의 고백이자 리듬의 표출인 민요를 서로 비교해보며 다른 점들을 확인하고, 같은 점들을 통해 소통과 연대의 가능성을 모색하고자 한다. 동아시아 민요들이 소통하고, 민요연구자들이 교류하며 동아시아 민중의 삶이 교류되고 상호 이해되며 소통하는 동아시아 문화공동체를 구현하는 한 부분이 되기를 바란다.

그리고 한국민요학회의 이번 기획을 계기로 지속적으로 아시아 민요사회에 관한 논의가 지속되기를 바라며, 나아가 민요에 대한 연구 모델이 학술대회를 통해 소통되고 교류되어 연구발전에 기여하기를 희망한다.

2) 아시아 민요학계의 연구경과와 최근의 새로운 동향들

한 · 중 · 일 삼국을 비교해 보면 민요에 대한 인식에서 차이가 있음을 알 수 있다. 민중이 전승하는 노래에 대하여 한 · 중 · 일 모두 민요라는 용어를 공통으로 사용하면서도 일본에서는 가요와 민요, 중국에서는 민가(民歌), 한국에서는 민요라는 용어를 주도적으로 사용하고 있다. 중국에서는 민가(民家)에서 전승되는 소박한 형태의 노래를 민요라고 부르고, 격조있는 민간 노래는 민가(民歌)라고 부르고 있다. 그리고 사회의식, 정치의식을 담고 있는 민중 전승의 노래를 민요라고 부르기도 한다.[1] 일본에서는 가요라는 용어를 주로 사용하고 있으며, 민요라는 용어는 주류적 용어가 아닌 듯하다. 한국에서는 민요라는 용어를 사용하며, 가요는 민요와는 다른 장르로 인식하는 경향이 있다. 이 용어의 차이에 민요를 대하는 각국의 태도가 담겨있다고 생각된다.

발표자는 이 용어에 한 · 중 · 일 삼국 민요 인식의 차이가 담겨 있다고 본다. 한국에서는 노래의 형식이나 가사의 내용과 더불어 노래를 부르는 주체인 민

---

1   呂肯奐, 『中國古代民謠研究』, 四川出版集團, 2006年, pp.11-14.

중을 중시하는 경향이 있고, 중국에서는 정치의식을 담고 있는 노래, 보다 소박한 노래를 민요라고 보고 있으며, 민간에서 전승되는 수준 높은 노래를 민가로 인식하는 경향이 있다. 그리고 일본에서는 노래로 표현되는 시가를 모두 가요로 인식하고 있어서 향유 주체보다는 가창이라는 형식을 중시하는 경향이 있다. 한 · 중 · 일 삼국의 민요 인식은 동아시아 여러 나라의 경우를 두루 포괄하고 있다고 생각된다.

용어에 담긴 차이에 대하여 발표자는 그 간극을 좁혀야 한다는 주장보다는 연구자 상호간에 그 차이를 인식하고 서로 공유할 수 있는 부분들을 찾아내고 그 부분을 통해 소통하는 지혜를 발휘할 필요가 있다는 점을 강조하고 싶다. 이때 중심적 부분이란 어떤 것인가의 문제가 제기될 수 있는데, 예를 들어 일본 가요학회 회장인 眞鍋昌弘교수가 연구책임을 맡고 있는『東アジアにおける農耕文化とウタ』는 좋은 시사점을 주고 있다. 그가 구상하고 있는 거시적 주제는『東アジア(日本.中國.韓國)におけ歌謠の比較研究』인데, 그 첫 3년 과제로서 한 · 중 · 일 삼국이 공유하고 있는 농경가요를 소재로 삼았다. 농경가요는 한 · 중 · 일 삼국 민요의 중심적 위치에 있는 노래다. 뿐만 아니라 동아시아, 나아가 세계적으로 확장시켜도 연구가 가능한 매우 유용한 주제가 될 수 있다. 이처럼 상호 공유할 수 있는 주제를 찾아서 연구자끼리 공동연구, 또는 공동의 자료 교환하기 등의 작업을 통해 소통의 가능성을 타진해 보는 것이다. 가령 노동과 관련된 다양한 민요들, 청춘 남녀들이 부르는 대가(對歌), 농경가요의 또 다른 측면으로서 밭농사 민요, 유교적 이데올로기에 저항하는 민요로서 시집살이노래 등은 좋은 소재들이다. 더 나아가 민중의 역사의식을 담고 있는 서사민요, 사회의식을 담고 있는 민중해방가의 영역에까지 나아갈 수 있다.

지금까지 아시아권에서 민요연구의 주된 흐름은 자료 수집과 정리, 문자텍스트 해석, 악곡 분석과 해석이었다. 이러한 경향은 일본을 중심으로 형성된 근대 학문의 흐름과도 무관하지 않다고 본다. 실증주의적 학문에 주력한 일제의 학풍이 동아시아에 영향을 주면서 민요연구도 크게는 이런 경향에 종속되어 왔다. 그래서 자료의 수집과 정리, 문자텍스트에 담긴 의미 해석, 악곡의 해석 틀을 굳건히 유지하고 있는 실정이다. 그리고 무엇보다도 민중사회에서 연행되고 있는 살아있는 민요에 대해 주목하기보다는 수집되어 문자텍스트, 또는 악곡텍스트로 전환된 자료를 대상으로 하는 연구에 관심이 높았다. 따라서 민요를 부르는 시간과 공간의 현장, 민요를 부르는 주체, 민요를 부르는 상황에 대해서는 별 관심을 기울이지 않았다. 한·중·일, 그리고 동아시아 민요학계의 주된 경향도 이런 틀에서 크게 벗어나지 않고 있다.

최근 일본 가요학회 회장 眞鍋昌弘교수가 지적한 사항들을 통해 과거 일본 가요연구의 동향과 앞으로의 경향을 짐작케 한다. 마나베교수는 일본 가요연구의 향후 과제로서 분석과 종합의 양면적 연구, 장소 기능에 대한 입체적, 실증적 연구 융합, 동아시아적 차원에서의 확대 연구를 제시하였으며, 한 사례로 가요와 동작의 관련성에 대하여 논증하였다.[2] 櫻井龍彦교수는 청춘 남녀가 교환창으로 부르는 산다이(한국의 산다이, 중국의 對歌, 일본의 歌垣)를 소재로 「노래 주고받기 문화권, 〈歌掛け 문화권〉」의 설정의 제안하며, 공동연구의 필요성을 제안한 바 있다.[3] 그리고 시간과 공간의 축을 설정하고 시간의 추이에 따라 공간적 이동이 이루어져 영향을 미치게 된 관계를 도식화하여 설명하고 있다.[4]

중국의 경우 민가 텍스트를 고전에서 찾아내 문학사의 편년 속에서 정리하는 작업과 동시에 각 지역 소수민족의 민가를 수집 정리하는 작업이 매우 활발하

2 　眞鍋昌弘, 「日本における 歌謠史とその硏究」, 國際シンポジウム 『東アジアにおける農耕文化とウタ』, (科學硏究費(基盤硏究B) 東アジア(日本.中國.韓國)におけ歌謠の比較硏究), 2009.8. 14-15쪽.

3 　櫻井龍彦, 「歌掛け」めぐる比較硏究の課題」, 國際シンポジウム 『東アジアにおける農耕文化とウタ』, (科學硏究費(基盤硏究B) 東アジア(日本.中國.韓國)におけ歌謠の比較硏究), 2009.8. 230쪽.

4 　櫻井龍彦, 앞의 논문, 231쪽.

5 　呂肖奐, 「中國古代民謠硏究」, 四川出版集團, 2006年, 참조.

6 　賀學君, 「中國民間歌謠史槪說(先秦至淸代)」國際シンポジウム 『東アジアにおける農耕文化とウタ』, (科學硏究費(基盤硏究B) 東アジア(日本.中國.韓國)におけ歌謠の比較硏究), 2009.8. 40쪽.

다.[5] 특히 明淸 시기 중국의 민가가 전면적으로 발전하고 번영한 것으로 판단하였다.[6] 何積全은 중국의 농경가요를 가사 텍스트 분석과 더불어 작업 기능과의 관련성, 현장의 공간적 상황, 노래 부르기 방식, 가창 방식과 악곡 형식 등을 고려한 연구를 시도하였다.[7] 한편 徐贛麗는 광서 장족자치주장족 민가에 대하여 현지조사를 하였으며, 민가와 민가 주체의 생존환경을 결합한 연구를 수행했다.[8] 그리고 민가의 관광자원화 방안에 대하여 궁리하였다.[9]

한국의 경우 민요 연구가 체계화되었고, 학회가 결성되어 있으며, 학술지를 발행하고 있다. 중국, 일본과 마찬가지로 초기에는 문자, 악곡 텍스트를 기준으로 하는 연구가 활발했다. 임동권, 지춘상, 김영돈은 모두 현지조사에 기반을 둔 1960년대부터 활동한 본격 민요연구자들이다. 한국학중앙연구원(舊한국정신문화연구원)이 주관한 한국구비문학대계 작업을 통해 전국을 대상으로 민요자료를 포함한 구비문학자료를 수집 정리하였다.[10] 또 MBC가 주관하여 전국의 민요자료를 수집하여 문자와 악곡 텍스트, 음성자료로 정리한 『한국민요대전』을 책과 CD로 발행하였다.[11] 1980년대 이후 연구는 문자텍스트와 악곡의 결합, 현장과 결합된 연구, 음악학자들에 의한 음악학적 연구가 활발히 진행되고 있다. 민요의 현장론적 연구로서는 민요의 전승 공간으로서 지역 연구, 가창

---

7   何積全,「中國農耕歌謠研究中存在的問題-以貴州少數民族爲中心-」,國際シンポジウム『東アジアにおける農耕文化とウタ』,(科學研究費(基盤研究B) 東アジア(日本,中國,韓國)におけ歌謠の比較研究), 2009.8. 164쪽 이하 참조.

8   徐贛麗,《中国广西壮族的农事歌谣及其生存境况》,《韩国民谣学》(韩国), 2008年第23辑。

9   徐贛麗,《生活与舞台──关于民俗旅游村歌舞表演的考察与思考》,《南道民俗研究》(韩国), 2007年第6期。

10 韓國口碑文學大系 작업은 한국정신문화연구원이 주관한 국책사업으로, 1979년에 발간하기 시작하여 1984년에 완료하였으며, 전 85권이다. 2009년 현재 재수집 및 보완작업이 재개되었으며, 문자, 음성, 영상, 악보화 작업이 표준화된 방식에 의해 진행되고 있다.

11 1989년부터 1996년까지 7년간 이 사업으로 수집된 민요는 남한 900여 마을에서 녹음된 14,300여곡에 달하며, 이 가운데서 2,255곡은 CD 103장과 해설서 9권에 담겨져 국내외 대학교, 연구기관, 학자들에게 연구용으로 기증되었고, 다시 그 가운데 255곡은 영문 번역을 곁들여 12장의 CD 전집으로 시중에 출판되었다.

주체로서 민요 창자의 생애담 연구, 연행 집단으로서 민요 공동체 연구, 노동현장과 노래와의 상관성 연구, 민요의 문화콘텐츠 활용에 관한 연구, 민요의 사회적 기능과 변화에 대한 사회사적 연구, 교육적 활용에 관한 연구, 민요에 내재된 갈등과 해소에 관한 연구, 민요에 내재된 민중의 불패의 신념에 관한 연구 등이 진행되었다. 1980년대 이후 이런 류의 연구자로는 강등학,[12] 유종목, 김기현, 나승만, 서영숙,[13] 이윤선, 이보형,[14] 김영운, 최헌,[15] 김혜정,[16] 그리고 많은 연구자들이 있다.

아시아 민요학계에 새로운 연구 동향들이 나타나고 있다. 하나는 국가단위를 넘어서는 공동연구 기획이고, 또 하나는 문화콘텐츠로서의 활용이다. 2004년 강등학, 김영운 등의 한·중 농업노동요 비교연구,[17] 일본 가요학회 회장 眞鍋昌弘교수가 주도하여 2007년부터 시작한『東アジア(日本·中國·韓國)における歌謠の比較研究』는 새로운 연구 동향으로서 시사하는 바가 크다. 한·중·일 가요 연구자들이 공동으로 참여하였으며, 공동연구의 길을 열었다. 2008년, 2009년 두 해에 걸쳐 한국민요학회가 기획한 학술대회에서 동아시아 민요연구자들이 모여 각국 민요연구의 동향을 발표한다. 이 발표를 통해 동아시아 각국

---

12 강등학,『한국민요학의 논리와 시각』, 민속원, 2006.

13 서영숙,『시집살이 노래연구』, 박이정, 1996;「서사민요의 구조적 성격과 의미」,『민요론집』 6집, 2001년.

14 이보형,「무속음악 장단의 음악적 특성」,『한국음악연구』 19권, 한국국악학회, 1991년.

15 최 헌,「정선아라리의 선율구조 분석연구 -한국전통음악 선율구조 분석의 논리적 방법론 모색을 위한 시론-」,『한국민요학』 21집, 한국민요학회, 2007.

16 김혜정,『우리 몸에 새겨진 강강술래』, 한얼미디어, 2004년.

17 강등학, 김영운, 김예풍,「한, 중 논농사요의 기초적 문제 비교연구(1): 존재양상과 문학적 상황, -중국 호북성과 안휘성을 중심으로-」,『한국민요학』 제15집, 한국민요학회, 2004.
강등학, 김영운, 김예풍,「한, 중 논농사요의 기초적 문제 비교연구(2): 음악적 상황, -중국 안휘성과 호북성을 중심으로-」,『한국민요학』 제15집, 한국민요학회, 2004.

18 이윤선,「디지털 시대의 강강술래에 대한 민속학적 소고」,『한국민요학』 제15집, 한국민요학회, 2004.

민요연구의 동향이 상호 교환되고, 민요연구 방법, 주제의식, 활용 방안 등이 논의되기를 바란다. 문화콘텐츠로서의 활용은 관광을 중시하는 중국과 아시아 각국에서 활발하게 전개되고 있다.[18] 민요를 활용한 관광자원화 과정은 민요의 현대적 활용에 중요한 시사를 던진다. 그리고 아직 감춰져 있는 동아시아 각국의 민요 연구 동향, 그리고 활용에 관한 다양한 연구 성과와 지식들은 앞으로 동아시아 민요 연구와 활용을 더욱 풍부하게 할 것이다.

3) 질적 연구에 주목하기

시대적 흐름을 관류하면서도 변함없이 지속되는 民衆들의 삶의 主題가 있다. 그 주제들은 민중의 생존 기반이 되는 것이고, 삶을 지속 가능하게 하는 동력이 된다. 〈삶의 아름다움 인식하고 표현하는 기쁨 맛보기〉, 〈신명에 도달하여 완전성의 기쁨 누리기〉, 〈평등과 자유를 성취하여 자기 존재의 존엄성 갖기〉, 〈생산력 향상을 통한 풍요로운 삶 누리기〉, 〈개방적 교류와 소통을 통해 즐거운 공동체 만들기〉가 그것이다. 삶에 담긴 아름다움 인식하기, 신명을 경험하기, 평등한 인간관계 설정하기, 자유로운 삶을 누리기, 풍부한 생산력 이룩하기, 소통과 교류하기는 시대를 초월하여 민중이 꿈꿨던 삶의 주제들이며, 또한 인류 사적 주제다. 역사적으로 봉건시대의 민요라고 하더라도 그 속에는 이런 주제가 담겨져 있어 인류 역사가 자유와 평등과 발전의 세계를 지향하게 만드는 원동력이 되었다. 민요에 담긴 이런 정신이야말로 민요의 가치를 웅변하는 것이고 이런 가치들이야말로 동아시아에서 민요가 왜 필요한가를 말해주는 요소들이다. 그리고 이런 가치는 과거로부터 미래로 지속되는 양심있는 인류가 추구해 왔던 오래된 것이며 미래로 이어져 지속되는 가치인 것이다.

민요는 민중이 소망하는 삶의 주제들을 반영하고 있다. 그래서 어떤 형식의 노래, 어떤 기능의 노래든지 민요의 주제들을 반영하고 있다. 여기에 동아시아 민요연구의 새로운 과제가 담겨있다고 생각된다. 형식 위주의 연구, 기능 위주의 연구에 더하여 이제 주제연구, 또는 질적 연구로 나아가야 할 때라고 생각된다. 예를 들어 〈갈등 해소 방식〉에 대하여, 우리는 동시대 동일 지역 민요사회에서 다양한 갈래의 민요 속에 그 내용이 담겨 있는 것을 발견할 수 있고, 시간을 통과하면서 역사적으로 일관되게 지속되면서 동일한 갈등 해소 방식의 구조를 지닌 노래가 형식과 기능을 달리하면서도 내용에 있어서는 동일한 의미로 해석되는 것들이 전승되는 것을 발견할 수 있다.

그러나 민요가 연구자들과 만나는 순간 생명성이 빛나야 하는데, 그 반대로 형식만 남게 된다. 민요 그 자체가 지닌 생명력, 상상력, 역동성, 창조성이 거세되어 버린다. 과거에 축적되어 왔던 민요의 현장이 사라져버리고 새로운 민요의 콘텐츠들이 등장한다. 과거의 민요들은 학자들에 의해 수집된 음성과 문자자료로 소개되거나 공연물로 재구성되어 소개된다. 현장의 생명체로서의 민요와 만나기 어렵다. 이를 극복하기 위해서는 민요가 연행된 공간, 전승된 시간, 연행된 현장, 연행하는 민요창자에 대하여 주목해야 하고, 이들이 연행하는 민요자료를 통합적으로 인식하는 방법론의 구사가 필요하다. 그래야만이 시대를 이어가는 민요의 전통을 해석할 수 있고, 풍부한 창조력과 상상력을 제공하는 질적 연구가 가능하게 될 것이다. 오늘날 민요 연구가 형식 위주, 기능 위주의 양적 연구에 머물다 보니까 민요가 지닌 풍부한 상상력의 세계를 구현하지 못한 연구가 되어버린 경향이 있다.

발표자는 민요를 민중의 삶과 함께 전승 변화 발전하는 문화사회의 활동으로 보았기 때문에 민요사회에 주목했다.[19] 민요사회는 체계를 이루고 있는데, 그 체계는 인간, 공간, 시간의 세 축으로 이루어진다. 우리가 접하는 민요는 당대 민요사회라는 시스템이 만들어낸 구체적 성과물이다. 인적 체계는 민요의 소리꾼, 민요 공동체로 구성된 사회조직이다. 공간의 체계는 연행 공간으로서의 지

---

19 나승만, 「민요사회의 사적 체계와 변천」, 『민요와 민중의 삶』, 역사민속학회, 1994년, 참조.

역과 일터, 연행 현장인 노래판이다. 시간의 체계는 민요사회의 사적 체계로, 민요사회의 지속과 변화, 변화를 유인하는 요소들에 대한 체계로 지속적으로 전승 가능하게 하는 체계다. 그런 연유 때문에 민요의 소리꾼, 민요 공동체, 연행 공간으로서의 지역과 일터, 연행 현장인 노래판, 연행의 지속과 변화, 지속을 가능케 하는 요소들이 민요 연구의 주요 주제들이며, 발표자는 평소 민요 연구에서 중시해 왔던 연구 단위들이다. 설정된 주제 단위들을 유기적으로 엮어 보면 과거부터 현재, 그리고 미래로 지속되는 하나의 문화사회가 그려지는데, 글쓴이는 이를 민요사회라는 용어로 표현했다. 민요사회란 민요주체들의 활동이 이루어지는 장(場)이며, 민요의 소리꾼들, 민요 공동체, 연행이 이루어지는 노래판, 연행 현장으로서 공간과 시간, 변화와 지속을 유인하는 요소라는 체계로 짜여진다.

민요사회를 연구하고자 할 때 주목하는 것은 민요의 소리꾼과 민요공동체다. 소리꾼은 민요사회의 기초적 구성 인자다. 소리꾼들은 민요를 생성 또는 수용하고, 지속시키고, 변화시키는 중심에 있어서 민요사회 미시적 연구 대상이 된다. 민요의 소리꾼들과 그 동료들, 그를 둘러싼 후원자들이 모여 민요공동체를 구성한다. 글쓴이는 민요사회 연구에서 민요사회의 기초 구성 인자로서 소리꾼과 민요공동체에 주목했다. 특히 민요공동체는 그 공동체를 구성하는 인적 조직과 활동했던 시간, 공간, 그리고 지향하는 목적성을 두루 포괄하기 때문에 민요사회를 연구하고자 할 때 키포인트다.

민요공동체는 민중의 삶과 의식을 노래로 연행하는 공동체이기 때문에 민중의 삶과 그 의식이 지배적으로 작용한다. 즉 삶의 양식이 바뀌면 거기에 적응하여, 또는 당대 민중사회가 당면한 중요한 목표에 따라 민요공동체가 생성되고 소멸된다는 것이다. 한국의 경우, 일제 강점기 이전부터 전승된 공동체들과 일제 강점기에 생성 조직된 공동체들과 일제 이후 생성 조직된 공동체들이 각기 형편대로 존재하고 있다. 과거로부터 지속적으로 활동해오고 있는 공동체, 활동을 중단하고 잔존태로 기억 속에 있는 공동체, 새롭게 형성된 공동체들이 있다.

4) 아시아 민족, 민중의 민요사회를 연결하는 민요공동체를 상상한다

1929년 당시 보통학교에 다니던 김학철은 원산부두노동자 파업 현장에서 일본인 선원들이 조선 부두노동자들의 파업에 응원을 보내면서, 공동 투쟁하는 현장을 경험하면서, 민족 정체성에 대하여 혼란을 겪었던 경험을 기술하였다.[20] 김학철은 그 후 조선 의용군으로 참전하여 중국 팔로군에 소속되어 공동으로 항일전쟁에 참전하였다. 이런 정황들은 20세기 초 아시아 민중의식에 기반을 둔 공동체들이 이미 존재하였음을 인지하게 하며, 이런 공동체의 존재들은 아시아권에서 이미 그 이전부터 국경을 넘어서는 공동체들의 존재를 추리하게 만든다.

현재, 아시아 공동체 담론은 주로 정치, 경제, 군사의 세 면에서 이루어지고 있으며, 이들이 서로 성격을 달리함으로서 미묘한 긴장관계를 형성하고 있다. 더구나 한반도는 분단된 상태이기 때문에 아시아 갈등의 중심축에 놓이게 된다. 따라서 평화와 공존을 지향하는 아시아 공동체에 대하여 생각해보지 않을 수 없다. 더구나 20세기 초부터 민족과 민족이 소통하며, 민중적 의식이 중심을 이룬 공동체들이 중국을 중심으로 아시아에서 활동하였다. 이제 이런 공동체에 주목하며, 민족끼리, 민중끼리, 동종의 직업인들끼리 경계를 초월하여 연대했던 공동체의 존재를 상상할 수 있다. 그 상상의 실체로서 아시아 민요공동

---

20 김호웅, 김해양 편저, 『김학철 평전』, 실천문학사, 2007년, 41-2쪽 서술 자료 참조.

21 茶谷十六, 「朝鮮民謠の收集と飜譯の先驅」, 國際シンポジウム 『東アジアにおける農耕文化とウタ』, (科學研究費(基盤研究B) 東アジア(日本,中國,韓國)におけ歌謠の比較硏究), 2009.8, 317쪽 참조.
    茶谷十六는 김소운이 번역한 시집살이 노래 술잔을 깨뜨렸다고 구박받는 며느리의 저항에 관한 노래와 오키나와 민요인 〈元の十五にしておくれ〉와 츠가루 민요인 彌三郎節가 같은 정서적 맥락에 있는 것이라고 서술하고 있다.

체를 상상하는 것이다. 예를 들어 한국에서 널리 유행했던 조선 후기 시집살이 노래가 같은 시기 일본 부녀자들도 불렀다는 것은 의미심장한 일이다.[21] 서로 소통했던 증거로서가 아니라 서로 의식을 공유하고 있으면서 노래라고 하는 방식으로 갈등의 해결에 도전했다는 점에서 소통의 실마리를 찾을 수 있다.

그러므로 이제 민요연구의 질적 전환을 통해 아시아 민요사회가 지향한 공통의 주제와 의식을 찾아보고 의식의 공유를 통한 소통의 가능성, 또는 소통을 통한 의식의 공유를 상상한다.

(한국민요학회 국제학술대회 기초발표, 2009)